I0564946

Reliure serrée

Texte détérioré — reliure défectueuse

NF Z 43-120-11

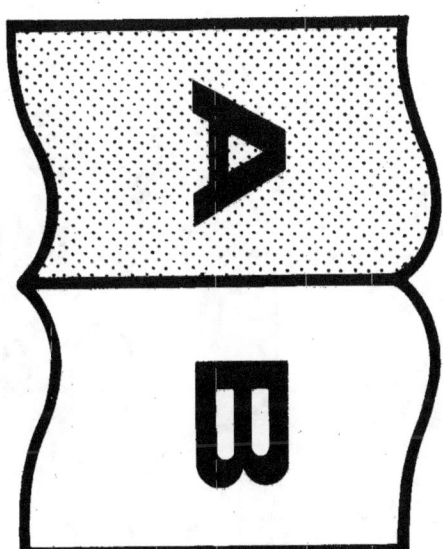

Contraste insuffisant

NF Z 43-120-14

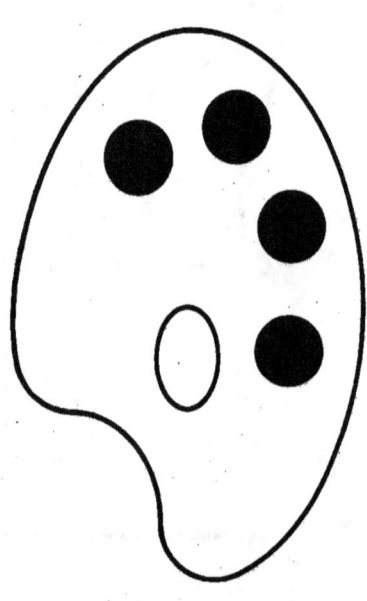

Pour faire suite aux ROMANS NATIONAUX

ERCKMANN-CHATRIAN

CONTES
ET
ROMANS POPULAIRES

CONFIDENCES
D'UN JOUEUR DE CLARINETTE
ILLUSTRÉ PAR THÉOPHILE SCHULER
LA TAVERNE DU JAMBON DE MAYENCE
LES AMOUREUX DE CATHERINE — ENTRE DEUX VINS.
ILLUSTRÉS PAR YUNDT

ŒUVRES COMPLÈTES
ILLUSTRÉES

ROMANS
NATIONAUX

Le Conscrit
de 1813
Madame Thérèse
ou les
Volontaires de 92
L'Invasion
Waterloo
L'Homme du peuple
Le Blocus
La Guerre

ROMANS
POPULAIRES

Docteur Mathéus
Hugues le Loup
Daniel Rock
Contes
des Bords du Rhin
L'ami Fritz
Joueur de Clarinette
Maison forestière
Le Juif Polonais

ŒUVRES COMPLÈTES
ILLUSTRÉS

HISTOIRE
DE LA
RÉVOLUTION
FRANÇAISE
RACONTÉE
PAR UN PAYSAN
1789 à 1815

CONTES ET ROMANS
ALSACIENS

Hist. du Plébiscite
Histoire
d'un Sous-Maître
Les Deux Frères
Brigadier Frédéric
Campagne en Kabylie
Chef de chantier
Gaspard Fix

Contes vosgiens
Grand-père Lebigre
Les Vieux
de la Vieille
Quelques mots
sur l'Esprit humain

L'OUVRAGE COMPLET, PRIX : 1 FR. 60 C.

PARIS
J. HETZEL ET Cie, ÉDITEURS, 18, RUE JACOB

CONFIDENCES

D'UN JOUEUR

DE CLARINETTE

PAR

ERCKMANN-CHATRIAN

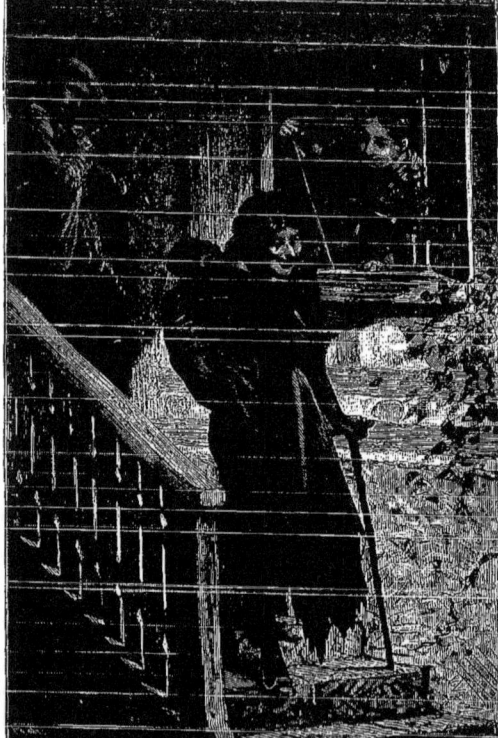

La Bohémienne Waldine. (Page 13.)

1

Lorsque mon oncle Stavolo acheta son quinzième arpent de vigne, à la succession du vieux Hans Aden Fischer, en l'an de grâce 1840, et qu'il le paya comptant mille écus entre les mains du notaire Bischof, tout le village d'Eckerswir en fut émerveillé. Plusieurs proposèrent de le mettre dans les honneurs, de le nommer bourgmestre ou conseiller municipal; d'autres, plus judicieux, dirent que la place de dégustateur-juré serait plutôt son affaire, attendu qu'il n'y avait pas de plus fin connaisseur en vins que l'oncle

Stavolo; mais il ne tenait pas à ces choses, et répondit modestement :

« Laissez-moi tranquille avec votre place de bourgmestre et de conseiller municipal. Dieu merci, je suis délivré de toute espèce d'ennuis pour mon propre compte; est-ce que j'irai maintenant, à cinquante-trois ans, m'en donner pour la commune? Non, non, ôtez-vous cela de l'esprit. La place de dégustateur-juré me conviendrait mieux, car il est toujours agréable de boire un bon verre de vin qui ne vous coûte rien; mais, grâce au ciel, mes caves sont assez bien fournies en *rikevir*, en *kütterlé*, en *drahenfetz* de toutes qualités, pour n'avoir pas besoin d'aller marauder à droite et à gauche, et mettre le nez dans le crû de mes voisins. Savez-vous ce que je vais faire maintenant? Je n'ai pas l'idée de me croiser les bras sur le dos, vous pouvez le croire. Je vais cultiver mes vignes avec prudence et sagesse; je vais faire remplacer les vieux plants, qui ne donnent plus rien, par des jeunes, et ceux de qualité médiocre, par de meilleurs, autant que possible. Je me promènerai tous les matins le long de la côte avec ma serpe dans ma poche, et si je vois de mauvaises herbes, j'irai les enlever; je rattacherai les sarments défaits à leurs piquets... Les occupations ne me manqueront pas. Ensuite je retournerai tranquillement dans ma maison, me mettre à table avec ma fille Margrédel et mon neveu Kasper; nous boirons un bon coup après le souper, et Kasper nous réjouira d'un air de clarinette. Au temps des vendanges, je soufrerai mes tonneaux, je surveillerai ma cuvée; enfin, au lieu de me mêler de ce qui ne me regarde pas, j'aurai soin de veiller à ce qui me regarde. Il ne suffit pas, mes chers amis, de savoir acquérir, il faut encore savoir conserver; combien de gens, à force de vouloir des honneurs et de la gloire, finissent par se ruiner de fond en comble! Allons, allons, vous êtes de bons enfants; vous avez voulu me faire plaisir, je le sais, mais vous avez pris un mauvais moyen. Ma place n'est pas au conseil municipal, elle est dans mes vignes : je ne veux rien être que Conrad Stavolo... et je le suis, par la grâce de Dieu. »

Ainsi parla mon oncle, et tout le monde comprit qu'il avait raison.

Or, tout ce qu'il avait dit, il le fit exactement, et non-seulement il soigna ses propres vignes, mais il mit encore les miennes en bon état.

Depuis la mort de ma mère, je vivais chez l'oncle Conrad en famille, et, pour vous dire franchement les choses comme elles sont, j'étais amoureux de ma cousine Margrédel : je trouvais ses cheveux blonds, ses joues roses à petites fossettes et ses grands yeux bleus les plus beaux qu'il soit possible de voir. Sa petite toque de taffetas noir, son corset à paillettes d'or et d'argent, sa robe rouge bordée de velours, tout ce qu'elle mettait, me semblait avoir une grâce surprenante, et je me disais : « Dans tout le pays, depuis Münster jusqu'à Saint-Hippolyte, il n'y a pas une jeune fille aussi belle, aussi bien faite, aussi riante, aussi gentille que Margrédel. »

De son côté, Margrédel me regardait d'un œil tendre; à toutes les fêtes de village elle ne dansait qu'avec moi. Nous partions le matin dans la charrette, sur deux bottes de paille, *Fox* et *Rappel* en avant; l'oncle Conrad conduisait, et tout le long de la route nous ne faisions que rire et causer. Encore aujourd'hui, quand je songe à ces petits voyages, à notre arrivée au *Cruchon d'or*, sur la place de Hünevir, à nos danses, il me semble revivre dans un temps meilleur. L'oncle Conrad savait bien que j'aimais Margrédel, mais il nous trouvait encore trop jeunes pour nous marier.

« Kasper, disait-il quelquefois, tâche d'amasser de l'argent avec ta musique, cours les villages, n'oublie aucune fête; on m'a dit que tu es la première clarinette de l'Alsace; que Waldhorn, avec son cor, et toi, vous valez tout un orchestre; c'est le père Niklausse qui m'a raconté ça, et je pense comme lui. Eh bien! quand tu auras amassé de quoi acheter deux arpents de vigne, garçon, je te dirai quelque chose qui te fera plaisir. »

Et, parlant de la sorte, il regardait Margrédel, qui baissait les yeux en rougissant; moi, je sentais mon cœur sauter dans ma poitrine.

Vous ne sauriez croire combien j'aimais Margrédel; souvent, quand je suis seul et que je rêve les yeux tout grands ouverts, il me semble remonter la rue du village dans ce temps-là; je vois la maison de l'oncle Conrad à mi-côte, avec son pignon pointu taillé en dents de scie, qui se détache sur la Fréland couvert de vignes; je vois la petite lucarne à la pointe du toit où voltigeaient les pigeons blancs et bleus, qui faisaient la grosse gorge et tournaient sur la petite fourche en roucoulant; je vois les deux petites fenêtres de la chambre de Margrédel au-dessous, avec ses pots de fleurs en terre vernissée, ses œillets et ses résédas. Je vois Margrédel, qui me regarde venir de loin sans bouger. Elle croyait que je ne la voyais pas; mais je la voyais, et j'étais heureux comme un roi; je serrais ma clarinette, je me redressais, je boutonnais mon habit-veste, j'écartais mes cheveux et je marchais d'un bon pas pour qu'elle pense : « Kasper est le plus beau garçon du village! »

Et quand je montais l'escalier, jetant un regard de côté dans la salle, je la voyais déjà déployer la nappe, arranger les verres et les assiettes sur la table; elle était descendue comme un oiseau, et ne voulait pas avoir l'air de savoir que j'arrivais; mais moi j'étais heureux, car elle m'avait attendu, et je me disais : « Elle m'aime ! »

« Hé! tiens, te voilà, Kasper? faisait-elle; je te croyais encore en route ce matin.

—Oui, Margrédel, me voilà, disais-je en accrochant mon sac au dos du fauteuil, et déposant ma clarinette sur le bord de la fenêtre; j'arrive d'Orbay, de Kirschberg ou de tel autre village des environs.

—Tu t'es bien dépêché?

—Oui, je me suis dépêché. »

Alors nous nous regardions; elle me souriait en me montrant ses petites dents blanches; j'aurais voulu l'embrasser, mais elle m'échappait toujours, criant :

« Kasper, Kasper, voici mon père ! »

Elle se sauvait dans la cuisine; et presque toujours, quand je regardais dans la rue, l'oncle Conrad, avec ses larges épaules, son feutre noir et sa veste grise, était là qui revenait de la vigne. Ah! toutes ces choses, je les vois, j'y suis. Pourquoi faut-il que ce bon temps de la jeunesse passe si vite, et qu'on y songe toujours !

J'avais le plus grand respect pour l'oncle Conrad, et je l'aimais comme mon propre père, malgré sa voix rude quand il était de mauvaise humeur et surtout quand il se fâchait; cela n'arrivait pas souvent, mais quand cela arrivait, c'était terrible : son grand nez crochu se recourbait en bec d'aigle sur ses lèvres, ses yeux gris lançaient des éclairs, et sa voix éclatait comme la trompette du jugement dernier. Il ne levait jamais la main, connaissant lui-même sa force extraordinaire et craignant de faire mal aux gens.

Une fois cependant je le vis à l'auberge des *Trois-Roses*, où nous étions allés le soir, selon notre habitude, prendre une bouteille de vin en société des vignerons d'Eckerswir, qui se réunissaient en cet endroit, je le vis s'emporter et devenir tout pâle, à propos d'une façon particulière de planter la vigne. Le vieux Mériâne prétendait que les plants de *tokayer* doivent se traîner un peu dans le sillon pour bien venir, et l'oncle Conrad qu'il fallait les mettre tout droit. Mériâne finit par dire que l'oncle Stavolo ne connaissait rien à la vigne, et qu'il ne distinguerait pas un plan de *tokayer* d'un autre de Drahenfeltz. L'oncle se fâcha, et frappant de la main sur la table, les verres, les chopes et les bouteilles sautèrent au plafond. Il

s'était levé, criant d'une voix de tonnerre :

« Voyons, vous autres, voyons, qui soutient les propos de Mériâne? Je ne veux pas lui répondre à lui; mais vous autres... mettez-vous trois, quatre, six contre moi ! »

Il regardait autour de la salle; personne ne bougeait. Je sus alors que l'oncle Conrad était l'homme le plus fort du pays; je le vis de mes propres yeux. Il m'était bien arrivé d'entendre raconter que M. Stavolo avait terrassé dans son temps tous les hercules qui se présentaient aux luttes de villages, et que même, peu d'années avant, il était allé provoquer un certain bûcheron Diemer, qu'on appelait le *Chêne des Vosges*, à cause de sa force extraordinaire, et qu'il l'avait renversé sur les deux épaules, oui; mais avec nous il se montrait si raisonnable, il avait tellement l'habitude de dire que la force ne signifie rien, que l'on ne doit pas se vanter d'être fort, et, disant cela, il se caressait le menton d'un air de saint homme tellement convaincu de ces choses, que j'avais fini par le croire sur parole et le considérer comme un être très-pacifique. Sans cesse il me répétait :

« Kasper, s'il t'arrive jamais de te trouver dans une dispute, sais-tu ce qu'il faudra faire?

—Non, mon oncle.

—Eh bien ! comme le Seigneur t'a pourvu de grandes jambes, tu prendras tout de suite la porte et tu gagneras les champs. Toi qui n'es guère plus fort qu'un lièvre, au premier coup tu roulerais à terre, et l'on se battrait sur ton corps. De la prudence, garçon, de la prudence; c'est la première vertu d'un joueur de clarinette qui veut se marier. »

Allez donc croire, après ces paroles judicieuses, que l'oncle Conrad n'était pas prudent, et qu'il aimait autre chose que la vigne, le bon vin et la musique! Mais ce jour-là, je vis qu'il était glorieux de sa force, et cela me surprit.

Toutefois, s'étant calmé presque aussitôt, il fit des excuses au vieux Mériâne, et dit qu'il avait parlé de la sorte pour voir si, parmi ces jeunes gens, quelques-uns auraient le courage de soutenir les cheveux gris. Après quoi le père Mériâne avoua que l'oncle Conrad était un bon vigneron, qu'il se connaissait en plants de toute sorte, en culture, en vendanges, en cuvées, en fermentation et en tout. Il en dit même tant et fit de l'oncle Stavolo de tels éloges, que celui-ci, tout à fait apaisé, lui répondit en souriant qu'il allait trop loin, qu'on ne connaissait jamais à fond la culture de la vigne, que plus on apprenait de choses, plus il en restait à savoir, et que l'expérience étant toujours ce qu'il y a de plus sûr, les jeunes ne pourraient se mettre sur les rangs pour le

savoir, que quand les vieux, comme le père
Mériane, ne seraient plus là.

De sorte que, finalement, tous les deux
étaient attendris, et que vers onze heures, au
moment où le *watchmann* vint nous prévenir
qu'il fallait s'en aller, ils s'embrassèrent, en
s'appelant l'un l'autre les meilleurs vignerons
et les plus honnêtes gens de toute la côte jusqu'à Thann et encore plus loin. Les assistants
s'attendrissaient avec eux.

Et voilà comment j'appris que l'oncle Conrad
ne méprisait pas la force autant qu'il voulait
bien le dire pour se donner des airs raison-
nables.

II

Or, cette année-là, vers la fin de l'été, l'oncle
Stavolo eut une vache prête à vêler. C'était
la plus belle vache d'Eckerswir, de l'espèce
suisse, grande, couleur café au lait, très-bonne
laitière, et qui s'appelait *Rœsel*. Depuis huit
jours, le vétérinaire Hirsch venait la voir et
disait chaque fois : « Ce sera pour demain. »
Dans l'intervalle arriva la fête de Kirschberg, où nous allions tous les ans danser et
goûter du kirsch-wasser. L'année étant très-
abondante en toute espèce de fruits, — cerises
noires, prunes, prunelles, mûres, myrtilles,
— tous ceux qui revenaient de Kirschberg
disaient que la montagne autour du village et
jusqu'à la lisière du bois, était couverte d'arbres tellement chargés de prunes, qu'il fallait
les étayer pour les empêcher de se rompre. Ils
disaient aussi qu'on distillait nuit et jour à la
ferme du père Yéri-Hans, qu'on avait trouvé
le moyen de ne plus les employer d'alambics, en
faisant passer la fumée dans de grosses tonnes
cerclées de fer, et autres choses semblables.
On pensait donc que la fête serait magnifique,
ce qui nous ennuyait beaucoup, car nous
voyions bien, Margrédel et moi, que l'oncle
Conrad aurait de la peine à quitter la maison.
Enfin lui-même nous prit à part dans la salle
et nous dit :

« Cette année, nous n'irons pas à la fête de
Kirschberg. Ce vétérinaire dit tous les jours :
« Ce sera pour demain! » et je ne puis pas
abandonner *Rœsel* dans un pareil moment;
non, je ne puis pas laisser entre les mains de
Hirsch et de la servante une bête qui me coûte
cent écus et qui me rapporte six pots de lait
matin et soir; je n'aurais pas une minute de
tranquillité là-bas. Ecoutez, mes enfants, nous
irons à la fête de Wintzenheim, dans quinze

jours, cela nous fera autant de plaisir, et nous
pourrons boire alors du kirschwasser à l'auberge du *Bœuf rouge*, aussi bien qu'au *Cruchon
d'or;* il sera même meilleur étant plus vieux.

—Vous avez raison, mon père, » répondit
Margrédel d'un air assez triste.

Et les choses étant réglées de la sorte, nous
restâmes à la maison, tandis que la moitié
d'Eckerswir allait à Kirschberg. On ne voyait
que des voitures partir à la file avec quatre,
cinq et six bottes de paille couvertes de gens
en habits de fête, rubans aux chapeaux et ver-
roteries dans les cheveux. Nous les regardions
tristement de la fenêtre, et les jeunes filles
criaient à Margrédel :

« Hé! Margrédel, tu ne viens donc pas?
Allons, mets ta belle jupe; nous avons encore
de la place.

—Merci, répondait Margrédel, ce sera pour
une autre fois. »

Et les garçons me criaient.

« Kasper, prends donc ta clarinette; arrive!
Tu te mettras à cheval sur *Schwartz*. Hop,
hop, en avant! »

Et je hochais la tête.

L'oncle Conrad, dans son petit verger derrière la maison, étayait les arbres pour ne pas
voir ces choses. Cela dura jusque vers dix
heures; alors le silence se rétablit, le village
était abandonné, on ne voyait que les vieux,
assis devant leur porte au soleil; les chiens
même avaient suivi les voitures, et l'on
n'entendait plus aboyer comme à l'ordinaire.

Pendant le dîner, l'oncle Stavolo dit qu'il
y aurait sans doute trop de monde à la fête,
qu'on ne pourrait pas se retourner, et que les
aubergistes profiteraient de l'occasion pour se
débarrasser de leur plus mauvaise piquette et
de leurs fromages moisis. Il dit encore que
nous serions mieux à Wintzenheim, chez le
père Michel Bloum, un de ses anciens camarades, qui l'invitait depuis longtemps à venir
manger du *kougelhof* et à goûter son *brim-
bellewasser.* Puis nous descendîmes ensemble
à l'écurie voir *Rœsel,* et il m'avoua qu'elle ne
pouvait pas tarder à faire veau, et que, si
c'était pour la nuit, nous partirions le lendemain de bonne heure à la fête; mais la
chose traîna jusqu'au mardi, alors il était
trop tard.

Cependant, le soir du même jour, après
souper, l'oncle Conrad, qui fumait rarement,
et jamais que du tabac qu'il avait planté lui-
même dans son jardin, derrière la maison,
l'oncle prit une petite pipe de buis en forme
de tulipe, et, l'ayant mise dans la poche de
sa veste, il me dit :

« Kasper, arrive; nous allons voir ce qui se

passe aux *Trois-Roses;* je suis sûr que plusieurs sont déjà revenus de Kirschberg : le
vieux Brêmer, Mériâne, Zaphéri; c'est leur
habitude de coucher chez eux depuis trente
ans; ils ne restent jamais jusqu'au lendemain.
Margrédel, s'il se passe quelque chose à l'é-
curie, envoie Orchel me chercher tout de
suite. »

Nous sortîmes ensemble.

En descendant l'escalier, l'oncle ajouta :

« Je suis pourtant curieux de savoir si l'on
s'amuse à la fête; nous allons tout apprendre.»

Et nous traversâmes la rue silencieuse :
quelques instants après, nous entrions dans
la grande salle des *Trois-Roses.*

L'oncle Conrad ne s'était pas trompé; déjà
bon nombre de vieux étaient de retour et
fumaient là, les deux coudes sur la table, en
se racontant ce qu'ils avaient vu de remar-
quable en ce jour, et se rappelant l'un à l'autre
qu'en telle année, en telle autre année, il y
avait de cela dix, vingt ou trente ans, la
fête de Kirschberg avait été plus belle, soit au
passage du roi Charles X, soit à l'arrivée de
Marie-Louise en France, soit du temps de
Saint-Just, lorsqu'on avait planté le grand
peuplier au milieu du village. Ils se plai-
gnaient que tout dépérissait de jour en jour,
que la jeunesse n'avait plus la même ardeur
qu'autrefois, que les impositions augmen-
taient, que le kirsch-wasser, le vin, la bière,
la farine, la viande enfin, tout coûtait plus
cher; qu'on ne savait pas quand cela finirait,
et que c'était l'abomination de la désolation
prédite par les saintes Écritures.

Le vieux greffier de la mairie surtout, le
père Brêmer, avec sa perruque roussâtre bien
peignée, en forme de bonnet à poil, et sa
grosse pipe d'Ulm toute noire, dont il tirait
une bouffée de demi-heure en demi-heure, le
vieux Brêmer semblait mélancolique selon son
habitude, et, les deux oreilles entre ses mains,
il regardait dans son verre en parlant des
temps écoulés.

L'oncle Conrad et moi, nous nous assîmes
parmi les autres; Zaphéri Mutz, le cabaretier,
nous apporta deux verres et une bouteille, en
nous demandant si *Rœsel* avait mis bas;
l'oncle répondit que non; puis nous écoutâmes
ce qu'on racontait.

Jusqu'à dix heures, on ne fit que parler des
anciennes fêtes, et surtout de la dernière.
Malgré l'avis du greffier, plusieurs soutinrent
qu'il n'y avait jamais eu plus de monde à
Kirschberg, plus de danseurs et de danseuses;
que la *Madame Hütte* en était pleine comme
une ruche; que le vieux Yéri-Hans, ayant
affermé les jeux deux cents écus, avait re-
construit la baraque en planches neuves, qu'il
avait renouvelé les drapeaux et mis des bancs
à l'intérieur tout autour, ce que chacun devait
approuver, puisqu'il est bon que la grand'mère
et le grand-père puissent s'asseoir, et regarder
leurs petites-filles ou leurs petits-fils qui
dansent. Ils dirent aussi que le kirsch-wasser
avait un goût très-fin, que là vigne se présentait bien, que les jeux de *rampô,* de quilles,
du coq et du mouton avaient déjà couvert les
frais de Yéri-Hans.

Enfin on causait de ceci, de cela : des jeunes
gens, de la nouvelle mode des bonnets de
tulle, que Soffayel Kartiser avait apportée de
Strasbourg, avec les manches à gigot et les
cheveux arrangés en croix, sur des peignes
hauts d'un demi-pied. Le vieux greffier trouvait les vieilles modes du Kirschberg bien
autrement belles : les toques de velours à
grands rubans, les manches plates, les corsets
de satin brodés d'or, les jupes de soie à grands
ramages, les longues tresses tombant derrière
les oreilles, jusqu'au talon; bref, toutes les
anciennes modes, depuis le tricorne, le gilet
écarlate, les souliers ronds à boucles d'argent,
jusqu'à la veste grise du meunier et au tablier
blanc du marchand de fromage, tout lui paraissait plus beau que la blouse et le bonnet
de coton.

Mais ces choses n'intéressaient pas l'oncle
Conrad, qui bâillait dans sa main, et semblait
pouvoir à peine ouvrir les yeux.

« Écoutez, monsieur Brêmer, s'écria tout à
coup le vieux Mériâne, vous avez raison en
bien des choses. Oui, les anciennes robes et
les anciennes toques étaient plus belles que
les cheveux en croix et les sarraux gris; je
dirai même plus, la choucroûte et le petit-salé
étaient meilleurs autrefois, parce qu'on fumait
mieux la viande, et qu'au lieu d'avoir une
vis en bois, pour serrer la choucroûte, on
mettait une grosse pierre dessus, de sorte que
la pierre descendait toujours, au lieu que
maintenant, quand on oublie de tourner la
vis, la choucroûte se gâte à la cave. Je suis de
votre avis pour tout cela; mais il y a pourtant
des articles sur lesquels les jeunes gens nous
valent. »

Le greffier hocha la tête.

« Vous avez beau hocher la tête, dit Mériâne,
c'est certain. Ainsi, par exemple, pour la lutte,
pour la force et l'adresse, là, franchement,
avez-vous jamais vu un homme mieux bâti,
plus solide que le fils de Yéri-Hans, un gaillard
qui revient d'Afrique, et qui assommerait un
bœuf d'un coup de poing? Avez-vous jamais
vu de notre temps un hercule pareil, je vous
le demande?

Le greffier sembla réfléchir. L'oncle Conrad se remuait sur son banc; il toussa comme pour répondre, mais il se tut, et le vieux Mériâne ajouta :

« Ce grand canonnier, voyez-vous, Brêmer, ne craindrait pas six hommes, des hommes ordinaires, bien entendu, pas comme maître Stavolo ici présent, non, ce serait aller trop loin; mais je soutiens qu'il n'y a jamais eu, de notre temps, un homme qui puisse se comparer à celui-là pour la véritable force. »

Alors le vieux Mériâne vida son verre, et l'oncle Conrad, d'un air d'indifférence, demanda :

« De quel canonnier est-ce qu'on parle donc? Des hommes forts, il y en a eu dans tous les temps, mais ça m'étonne tout de même d'entendre parler pour la première fois de ce canonnier.

—Hé! c'est le fils de Yéri-Hans, le fermier de la côte de Kirschberg, fit Mériâne.

—Ah! ah! bon... bon... je me rappelle... un grand maigre de six pieds, blond, les joues roses, long comme un fil; oui... oui... le fils de Yéri, dit l'oncle en faisant tourner ses pouces; tiens, tiens, il est si fort! Eh bien! je ne m'en serais jamais douté; non, ça me paraît étonnant.

—Il était long et blond avant de partir pour Alger, dit Mériâne, mais à cette heure il est roux, maître Stavolo, il a la peau brune et des épaules, des épaules, — tenez, larges comme cela, fit-il en écartant ses mains d'un air d'admiration.

—La longueur ne fait pas la force, dit l'oncle Conrad en vidant son verre brusquement. Hans, une chopine! Non, la longueur d'un homme ne prouve pas sa force; j'en ai vu de très-longs qui n'étaient pas forts. Quand on me parle d'un homme fort, je demande, moi, qu'est-ce qu'il a fait?

—On voit bien que vous ne revenez pas de la fête, maître Conrad! répondit Mériâne, sans cela vous sauriez qu'on ne parle dans tout le pays que du fils de Yéri-Hans; vous sauriez qu'il a renversé tous ceux qui se permettaient d'avoir l'audace de lutter contre lui.

—Qui? demanda l'oncle.

—Mon Dieu! je ne me rappelle pas leurs noms; des hommes très-forts, tout ce qu'il y avait de plus solide en vignerons, en bûcherons, en charbonniers, en hercules de toute espèce. Ça ne durait pas une minute; on les voyait sur le dos, les jambes en l'air; cela faisait frémir... Quel homme... quel homme que ce Yéri-Hans! »

L'oncle Conrad ne dit rien d'abord; il toussa, puis tirant sa pipe de sa poche :

« Il y a vigneron et vigneron, fit-il avec un sourire étrange. Je veux bien croire que votre grand canonnier est fort; il aura sans doute appris au régiment quelques-uns de ces bons tours dont parle le barbier Münch, et qui consistent à vous accrocher la jambe, ou même à vous donner des coups de pied sur la tête; oui, oui, j'ai souvent entendu parler de choses pareilles; les soldats s'apprennent ces tours entre eux, et puis ils rentrent dans leurs villages renverser des gens faibles, des boiteux, des bossus, de pauvres créatures qui n'ont que le souffle, et par ce moyen on les craint, on répète à droite et à gauche : « Voilà l'homme terrible, l'homme fort! » Seigneur Dieu! il faudrait pourtant, quand on a des cheveux gris, réfléchir avant de parler. Moi, ce que je dis là, vous pensez bien, père Mériâne, que je m'en moque; si votre canonnier est fort, tant mieux pour lui. La force ne prouve pas qu'on ait raison; les bœufs sont aussi très-forts, et cela ne leur donne pas deux liards de bon sens; mais d'entendre répéter des choses semblables, cela vous agace les nerfs. Je souhaite de tout mon cœur que Yéri-Hans soit l'homme le plus fort du monde; son père est un de mes vieux camarades. Enfin, je dis qu'il faut réfléchir, quand on parle devant des gens sérieux. »

Ayant dit cela, l'oncle Conrad alluma sa pipe à la chandelle, et le greffier Brêmer s'écria :

« Tenez, Mériâne, si j'avais à parier pour quelqu'un, entre votre canonnier et maître Stavolo, ce ne serait pas long; tout vieux qu'il est, maître Conrad... »

Mais l'oncle l'interrompit :

« A quoi pensez-vous donc, monsieur Brêmer? Moi... moi... aller lutter contre un jeune homme! Il y a dix, quinze ans, je ne dis pas, oui, ça m'aurait peut-être fait quelque chose, d'entendre répéter sans cesse qu'un autre se vante d'être le plus fort du pays; j'aurais voulu voir; mais à cette heure, non, non, qu'il aille se battre ailleurs, qu'il se retrousse les manches jusqu'aux coudes, je lui prédis qu'il trouvera son maître, mais ce ne sera pas Conrad Stavolo.

—Oh! je pense bien, maître Conrad, que vous êtes incapable d'aller, à votre âge, vous empoigner avec un jeune homme, fit Brêmer; mais, franchement, si vous en veniez là je parierais pour vous. »

L'oncle sourit, et dans ce moment le watchmann, frappant le plancher de sa grande canne, nous dit :

« Messieurs, il est onze heures! »

Tout le monde se leva et chacun prit le chemin de sa maison.

Tandis que nous étions en route, l'oncle Conrad, tout pensif, reprit :

« Ce vieux Mériâne perd la tête, il est toujours le même depuis trente ans; quand il voit quelque chose, c'est toujours là la plus belle chose; un homme en bat un autre, c'est l'homme le plus fort de l'univers; s'il en bat deux, on n'a jamais vu son pareil depuis Adam et Ève. Je ne peux pas souffrir qu'on voie tout en gros. Mais nous sommes à la maison; bonsoir, Kasper. Pourvu que *Rœsel* se décide cette nuit.

—Oui, mon oncle; Margrédel ne serait pas fâchée tout de même d'aller faire quelques tours de valse à Kirschberg, elle a l'air un peu triste ! »

Je montai dans ma chambre, et l'oncle Stavolo entra dans la sienne.

III

L'oncle Conrad, qui ne pouvait quitter la maison à cause de *Rœsel*, monta le lendemain de bonne heure au pigeonnier. Il ouvrit ma porte en passant et me dit de venir avec lui. Le pigeonnier était tout à la pointe du toit, au-dessus du grenier à foin; il fallait grimper une échelle pour l'ouvrir. L'oncle Stavolo avait eu soin d'en garnir l'intérieur de planches clouées contre les lattes, et de mettre de longues pointes autour de la lucarne, pour empêcher les fouines et les martres d'y entrer, car ces animaux carnassiers sont très-avides de sang. Nous entrâmes donc l'un après l'autre, et les pigeons nous connaissaient si bien, qu'ils volaient sur nos épaules. J'avais même l'habitude de mettre du grain dans ma bouche, où ils venaient le prendre en se battant.

L'oncle visita les nids, et tout à coup se pencha dans la lucarne, regardant les trois côtes de Fréland, de Mittelweiser et de Kiensheim couvertes de vignes, aussi loin que pouvait s'étendre la vue. Longtemps il resta penché dans cette ouverture; les pigeons, ne voyant plus le jour, se mettaient les ailes étendues sur leurs petits; moi, je me demandais : « Qu'est-ce que l'oncle regarde donc? »

Il regardait ses vignes, ne pouvant aller les visiter depuis trois jours.

A la fin, il se retira de la lucarne et me dit d'un ton joyeux :

« Kasper, si nous conservons ce temps encore six semaines, nous aurons ce qui s'appelle une année riche en tous les biens de la terre. La vigne n'a plus rien à craindre, le grain est formé, et maintenant il ne lui faut plus que la force du soleil, qui renferme dans ses rayons une douceur singulière ; c'est, à proprement parler, la vie et l'âme des hommes, et cette grande douceur vient des comètes. Oui, nous aurons une fameuse année, et je suis bien content de n'avoir pas vendu mes futailles, malgré le bon prix que m'en offrait Mériâne. Les gens de la haute montagne n'auront pas à se plaindre non plus, car il est tombé de la pluie en abondance au printemps; les pommes de terre se sont fortifiées et les blés ont pris du corps. Regarde tout là-haut, sur la côte, ces plaques jaunes comme de l'or entre les sapins, ce sont les avoines de l'anabaptiste Pelsly; il en a six arpents d'une pièce. Et là-bas, dans l'ombre de Réethal, ces grands carrés bruns, ce sont les pommes de terre de Turckheim; les tiges commencent à se flétrir à cause de la grande chaleur, mais elle ne peut plus leur nuire; elles sont toutes formées. Enfin, enfin, tout le monde peut être content, car le Seigneur comble de ses bénédictions toute la terre. Descendons, Kasper; ferme bien la porte, que les fouines n'entrent pas. »

Il descendait alors l'échelle à reculons. Je le suivis dans l'obscurité, après avoir bien refermé la porte et tiré le verrou. Arrivés dans le grenier au-dessous, l'oncle, me posant la main sur l'épaule, me dit en riant :

« C'est pour le coup, Kasper, qu'il va falloir te mettre en route et souffler dans ta clarinette; plus l'année est bonne, plus les gens sont généreux : ils ne regardent pas à deux *groschen*, ni à trois non plus. Tâche de gagner de l'argent, tâche d'avoir tes deux arpents de vigne cet hiver; avec les trois que tu as déjà et les miens, cela fera du bien au ménage. Hé ! hé! garçon, pense qu'il faut profiter de ta jeunesse. »

Alors je me sentis vraiment heureux, car, en parlant de la sorte, l'oncle Conrad songeait à mon mariage avec Margrédel. Il descendit ensuite dans la cour, et de ma fenêtre, qui donnait de ce côté, je le vis entrer sous la grande échoppe, visiter ses tonnes et ses foudres, examiner les cercles l'un après l'autre, puis s'arrêter quelques instants devant le pressoir. Enfin il ouvrit la porte du cellier à droite, et je l'entendis frapper sur les tonnes vides, qui retentissaient au fond des voûtes sonores.

Le soleil était magnifique.

Midi ayant sonné, je descendis dans la grande salle, où je trouvai Margrédel en train de mettre la nappe. Alors je lui racontai les paroles de son père en lui prenant la main; elle baissait les yeux et ne disait rien.

Kasper, tu es un bon garçon. (Page 14.)

« Ah! Margrédel, m'écriai-je, je crois bien que tu m'aimes... mais si tu me le disais, vois-tu, je serais le plus heureux des garçons du village. »

Mais elle alors d'une voix douce répondit :

« Pourquoi donc, Kasper, ne t'aimerais-je pas? N'es-tu pas le plus honnête homme, le plus...

—Non, non, ce n'est pas comme cela, Margrédel, qu'il faut me répondre. Dis seulement : « Kasper, c'est toi que j'aime! »

—Hé! fit-elle en ouvrant la porte de la cuisine, tu n'es jamais content. »

Comme l'oncle traversait alors l'allée, je n'eus pas le temps d'en dire davantage. Il entra d'un air grave, et, s'asseyant, il déploya sa serviette sur ses genoux, quoique Margrédel n'eût encore rien servi.

« C'est drôle, fit-il en regardant des femmes qui passaient sous nos fenêtres avec de grands paniers sur la tête, c'est drôle, quelle masse de gens reviennent de Kirschberg! Depuis ce matin, on ne voit que des paniers de prunes et des tonnelets de kirsch-wasser. »

Margrédel entrait au même instant et déposait la soupière fumante sur la table. Je m'assis à côté d'elle, et l'oncle nous servit; puis Orchel apporta le plat de choucroûte avec un morceau de petit salé. L'oncle Conrad servait et mangeait en silence; personne ne songeait à rien, quand vers la fin du dîner, se redressant sur sa chaise, il s'écria :

« On ne parle plus que de ce canonnier;

Qu'il prenne garde!... (Page 18.)

tout à l'heure encore, deux vieilles, qui tra-
versaient l'allée des houx derrière le hangar,
disaient . « Le canonnier a fait ceci ! le canonnier a fait cela ! » C'est étonnant, étonnant ! »

Je vis alors qu'il pensait encore à ce que le
père Mériâne nous avait dit la veille aux *Trois-
Roses*, et cela me surprit beaucoup, car l'oncle
Conrad ne songeait d'habitude qu'à ses propres affaires, et non à celles des autres.

Margrédel aussi parut étonnée.

« De quel canonnier est-ce que tout le
monde parle? fit-elle.

—De ce grand Yéri-Hans, qui vient de finir
son congé, dit-il, et qui se donne l'air d'être
l'homme le plus fort du pays.

—Le fils du vieux Yéri du Kirschberg? ah !
je le connais bien, dit Margrédel toute réjouie.

C'est un beau garçon, grand et tout blond,
n'est-ce pas, mon père? Il me semble encore
le voir, comme il y a aujourd'hui sept ans, la
première fois que vous m'avez conduite à la
fête. Il dansait dans la *Madame-Hütte*, et tout
le monde disait : « Quel beau garçon! comme
« il danse bien! Il n'y en a pas un au village
« pour danser comme le fils du vieux Yéri. »
Moi, j'étais encore bien jeune dans ce temps-là,
je me tenais derrière les autres avec la tante
Christine, mais j'aurais bien voulu danser
tout de même; mes jambes fourmillaient. Je
regardais tout le monde qui s'amusait, et personne ne pensait à moi. Voilà que tout à coup
Yéri, qui se promenait autour de la salle, me
voit, et aussitôt il s'arrête en disant : « Faites
« place! faites place! » Je ne savais pas ce

qu'il voulait, et, comme les voisins tournaient la tête : « Tiens, tiens, mademoiselle Mar- « grédel, c'est vous? fit-il; maître Conrad est « donc ici? Je ne vous avais pas vue. Mon « Dieu! mon Dieu! pourquoi donc ne dansez- « vous pas? — A quoi pensez-vous? s'écria la « tante Christine; elle est encore trop jeune, « monsieur Yéri! — Trop jeune! C'est main- « tenant une grande demoiselle... et la plus « jolie de la fête encore : je veux être son ca- « valier! » Et il me prend par la main, il me tire dehors, et aussitôt la musique recom- mence. Seigneur Dieu! que nous avons dansé cette nuit-là jusqu'à deux heures du matin! Toutes les autres étaient jalouses. Je m'en rappellerai toute ma vie! »

Ainsi parla Margrédel, les yeux brillants, les joues toutes rouges, en songeant à ces choses. Moi, pendant qu'elle parlait, je sentais mon cœur se serrer, j'étais triste, mais je ne pouvais rien dire. L'oncle Conrad aussi se tai- sait, tout rêveur.

« Comment! Yéri est revenu maintenant! fit Margrédel. Il ne pense plus à cela, bien sûr; mais c'est égal, il m'a bien fait plaisir tout de même ce jour-là : c'est la première fois que j'ai dansé!

—Eh bien! oui, justement, c'est ce grand blond dont tout le monde parle, répondit l'oncle. Je ne dis pas qu'il ne soit pas fort; je dis seulement qu'on a tort de le mettre au- dessus de tout l'univers. Si j'étais garçon, cela ne pourrait pas aller. Heureusement Kasper est raisonnable, lui; il n'ira jamais chercher dispute à des gens de cette espèce; mais chacun voit les choses à sa manière, et je ne m'éton- nerais pas qu'à la fin, un homme solide comme le charbonnier Polack, du Hartzberg, par exemple, ou le bûcheron Diemer, de la Schnée- thâl, ennuyé d'entendre toutes ses vanteries, n'aille tranquillement le prendre au collet et le jeter sous la table. Oui, cela pourrait bien arriver à Yéri, et ce serait bien fait, car c'est trop fort aussi ce que disait hier le vieux Mé- riâne, c'est trop fort. »

Alors l'oncle Conrad se leva, prit son feutre et fit trois ou quatre tours dans la chambre, les lèvres serrées. J'étais content de ce qu'il venait de dire; Margrédel ôtait les couverts et repliait la nappe en silence. Et comme nous étions ainsi depuis quelques minutes, Orchel entra en criant que Rœsel allait vêler.

Alors toutes ces choses furent oubliées; l'oncle Conrad se débarrassa de sa veste et nous dit, à Margrédel et à moi :

« Restez dans la chambre, vous ne feriez que nous gêner; arrive, Orchel. Quand ce sera fini, vous viendrez. »

Ils sortirent, et Margrédel aussitôt me de- manda pourquoi son père était si fâché contre Yéri-Hans. Je lui dis que c'était à cause de ses vanteries extraordinaires; que ce grand canonnier se glorifiait toujours, depuis son retour d'Afrique, d'être l'homme le plus fort et le plus beau garçon du pays, et que toutes les filles devaient tomber amoureuses de lui.

Margrédel m'écouta sans répondre, et quand j'eus fini, baissant les yeux, elle rentra dans la cuisine et se mit à laver les assiettes.

Une demi-heure après, Orchel étant venue nous annoncer que Rœsel avait mis bas, nous descendîmes tous ensemble à l'écurie, où nous vîmes la bonne bête qui léchait son veau d'un air tendre, et l'oncle Conrad tout joyeux qui s'écriait :

« Maintenant, je ne regrette plus mes peines. Dans cinq ou six ans, nous n'aurons plus que de l'espèce suisse, c'est la meilleure. A mesure qu'il me viendra des veaux, je me déferai des vieilles bêtes. »

Margrédel et moi, nous étions tout émer- veillés de voir que le petit cherchait déjà le pis de sa mère; c'était vraiment curieux à cet âge, et l'oncle lui-même disait :

« Qu'on vienne encore nous chanter après cela que les animaux n'ont pas d'esprit! Quel enfant pourrait se tenir debout en venant au monde? Lequel aurait assez de bon sens pour prendre le sein lui-même, et regarder les gens comme ce petit animal? »

Il célébrait aussi la beauté du veau, sa gros- seur, la forme de ses genoux bien carrés et so- lides. Orchel, la corbeille sous le bras, répandait du sel dessus, pour engager Rœsel à le lécher.

Enfin, toute cette journée se passa de la sorte; la joie était dans la maison, et, jusqu'au soir, la porte de l'écurie resta ouverte, pour que les voisins et les voisines pussent venir admirer la belle petite bête. Il y en avait tou- jours trois ou quatre devant la crèche; l'oncle Conrad, au milieu d'eux, ne tarissait pas en éloges sur l'espèce suisse, et leur expliquait que, pour le travail, la qualité du lait et la viande, il n'y en avait pas de meilleure.

Tout le monde nous enviait, et le soir étant venu, nous bûmes un bon coup de kütterlé à la santé de Rœsel. Après quoi chacun alla se coucher, l'oncle Conrad en ayant assez, disait-il, d'entendre tous les bavardages des Trois-Roses et les propos inconsidérés du père Mériâne.

IV

Le lendemain, qui se trouvait être le mercredi de la fête de Kirschberg, l'oncle Conrad sortit de grand matin pour aller voir ses vignes. Il faisait un temps superbe, et lorsque je descendis vers sept heures, les trois fenêtres de la salle étaient ouvertes. Margrédel, le balai à la main, causait dehors sur l'escalier avec la petite Anna Durlach, la grande Berbel Finck et trois ou quatre autres de ses camarades revenues de la fête.

« Ah ! qu'on s'est amusé ! Ah ! qu'on a dansé ! Ah ! qu'on s'est fait du bon temps ! Quel dommage, Margrédel, que tu ne sois pas venue ! Il y avait des garçons de tous les villages, d'Orbay, de Turckheim, des Trois-Épis, de Ribauvillé, de Saint-Hippolyte, de partout. Nickel s'est fâché parce que j'ai fait une valse avec Fritz, mais cela m'est bien égal. »

Et ceci... et cela... *comme de véritables pies.*

Tout le long de la rue, on ne voyait, devant les portes, que des charrettes en train de décharger leurs *kougelhof*, leurs pâtés, leurs sacs de prunes, leurs tonnelets de kirsch-wasser ; des enfants soufflant dans leurs trompettes de bois, des garçons dételant et conduisant les chevaux à l'écurie.

Moi, tranquillement assis devant la table, je déjeunais seul et j'entendais tout ce qui se disait sur l'escalier, sans y faire grande attention ; mais tout à coup on parla de Yéri-Hans, et comme j'écoutais, voilà que Margrédel, qui me tournait le dos depuis un quart d'heure, regarda de mon côté par la porte entr'ouverte en se penchant un peu, et dans le même instant tout se tut. Cela ne me parut pas naturel ; je me dis :

« Pourquoi donc Margrédel a-t-elle peur qu'on parle de Yéri-Hans devant moi ? »

Toute la matinée, cette idée me poursuivit. Je ne pouvais tenir en place ; j'aurais donné la moitié de mon bien pour apprendre qu'on avait cassé trois dents sur le devant de la bouche de ce canonnier, ou qu'il avait eu le nez aplati d'un coup de poing terrible. J'allais d'une maison à l'autre, causant de la fête, et partout on me disait que Yéri-Hans était le plus fort de l'Alsace et des Vosges. Quel malheur d'être ennuyé de la sorte, sans qu'il y ait de votre faute !

Enfin, vers onze heures, étant rentré chez nous, je vis l'oncle Conrad qui remontait la rue presque aussi triste que moi. Il s'arrêtait de temps en temps pour causer avec les voisins, chose contraire à ses habitudes. Moi, le coude au bord de la fenêtre, je regardais. Et comme il arrivait devant la maison, voilà que le grand Bastian, notre maître d'école, avec son feutre râpé, son large habit vert-pomme à boutons de cuivre larges comme des cymbales, ses culottes courtes, ses grands souliers plats garnis de boucles de cuivre, se met à descendre la rue majestueusement.

M. Bastian revenait de la fête, son parapluie de toile bleue sous le bras, le nez en l'air ; il avait été *jeter au coq* à trois pierres pour deux sous, sur le Thirmark, et comme il ne s'était encore trouvé personne de comparable à lui pour lancer les pierres, l'oncle Conrad pensait naturellement qu'il avait remporté le prix du coq, ainsi que les années précédentes.

M. Bastian était aussi fort grave et fort triste ; ses jambes d'une demi-lieue s'allongeaient en cadence ; il se tenait raide et sévère, et quand les enfants lui criaient en passant : « Bonjour, monsieur Bastian ! bonjour, monsieur Bastian ! » il ne répondait pas et regardait les nuages.

« Hé ! bonjour, maître Bastian, lui dit l'oncle Conrad, comment ça va-t-il ? »

Le maître-d'école, reconnaissant cette voix, abaissa les yeux, et levant aussitôt son grand feutre, l'échine inclinée, il répondit humblement :

« Mais ça va bien, monsieur Stavolo, ça va bien ; pour vous rendre mes devoirs. »

Alors, l'oncle Conrad l'attirant à part devant l'escalier, sous la fenêtre, commença par lui dire :

« Venez donc un peu par ici, maître Bastian, hors du chemin des voitures ; j'ai toujours du plaisir à causer avec vous.

— Vous êtes bien honnête, monsieur Stavolo, bien honnête, » fit le maître d'école, très-flatté de ces paroles.

Ils s'avancèrent près du banc de pierre en souriant.

« Eh bien ! fit l'oncle, comment la fête s'est-elle passée au Kirschberg ? Vous revenez de la fête, maître Bastian ?

— Mais oui, monsieur Stavolo, comme vous voyez ; elle s'est passée assez bien... assez bien... il y a eu beaucoup de monde.

— Oui, oui, le temps a été favorable, c'est

tout simple, tout naturel. — A combien les prunes?

—A trente-deux sous le boisseau, monsieur Stavolo.

—Ah! bon... c'est bon! Et le kirsch-wasser?

—A vingt-quatre sous le litre, bonne qualité.

—Ah! ce n'est pas cher; non, ce n'est pas cher. »

L'oncle Conrad se tut un instant; je voyais bien qu'il ruminait quelque chose, mais je ne savais pas quoi, quand il demanda :

« Et vous avez remporté le prix du coq, maître Bastian, comme toujours? Cela va sans dire, cela ne se demande pas. »

A ces mots, le maître d'école rougit jusqu'aux oreilles, son nez s'effila, il leva les yeux, allongea les lèvres en toussant, et finit par répondre :

« Pardon, monsieur Stavolo, je dois reconnaître... la conscience me force de reconnaître... que cette année... je n'ai pas gagné le prix du coq.

—Comment! comment! vous n'avez pas gagné le prix du coq! fit l'oncle vraiment étonné; mais qui donc l'a gagné? »

Maître Bastian reprit un peu de calme, ses joues se décolorèrent, et il dit :

« C'est un militaire... un canonnier. »

Alors l'oncle se redressant, ses grosses épaules effacées, le nez haut, s'écria :

« Quel canonnier?

—On l'appelle, je crois, monsieur Yéri-Hans fils; c'est un jeune homme du pays. Oui, il a gagné le prix du coq, et plusieurs autres prix considérables, monsieur Stavolo. Il faut rendre hommage à la supériorité de ses émules, et je crois remplir un devoir en publiant ma propre défaite. »

L'oncle Conrad se tut quelques secondes, puis élevant la voix :

« Ah! il a gagné le coq! Il jette donc bien, ce garçon-là!

—Très-bien, très-bien, je dois l'avouer. »

Puis, après une pause, comme pour se recueillir, maître Bastian, les deux mains appuyées sur son parapluie, derrière son long dos plat, le feutre sur la nuque et les yeux levés, reprit d'un accent mélancolique :

« Oui, ce jeune homme a remporté le prix du coq! Je pourrais diminuer l'éclat de ma propre défaite en rabaissant mon adversaire, mais je ne le ferai pas; je n'imiterai pas l'exemple déplorable de ceux qui croient s'élever en abaissant les autres. Seulement, monsieur Stavolo, je ne suis pas le premier qui ait souffert les injustices du sort; je pourrais citer, dans les temps anciens, l'exemple de Cyrus, vaincu par une simple femme, après tant d'éclatantes victoires; d'Annibal...

—Bon, bon, interrompit l'oncle, je sais tout cela; mais voyons, comment cela s'est-il passé? Est-ce honorablement, loyalement?

—Très-loyalement. »

Alors maître Bastian, tirant de sa poche de derrière un grand mouchoir de toile bleue à raies rouges, s'essuya le front, où coulait la sueur, et dit :

« Vers neuf heures et demie, lorsque j'arrivai, le coq était sur sa perche. Je vis d'abord qu'on avait reculé la distance d'une toise et demie, que je mesurai moi-même, ce qui ne laisse pas que d'être considérable, avec les douze autres toises. N'importe, la condition étant égale pour tous, je me décide à concourir. On avait déjà touché le coq plusieurs fois, mais si faiblement, que toutes ses plumes lui restaient. J'assistai jusque vers onze heures au concours, sans y prendre part.

« A cette heure, monsieur Stavolo, je choisis trois pierres et je touche le coq deux fois. Cela m'encourage, et, jusqu'à trois heures, je dépense douze sous, ce qui fait dix-huit pierres, dont plus d'un cinquième avaient touché; mais ce coq, étant de la race sauvage des hautes Vosges, avait la vie si dure, que la moindre goutte d'eau-de-vie le remettait sur ses pattes. Enfin, entre trois et quatre heures, je commençais à désespérer; la somme dépensée était tellement en dehors de mes habitudes et de la valeur du prix, que je restai là fort indécis. Je me décidai pourtant à jeter encore trois pierres, et, de la troisième, j'abasourdis tellement le coq, qu'il resta plus d'une minute à fermer et à rouvrir les yeux. Toute l'assistance proclamait ma victoire, lorsque le jeune homme dont je vous ai parlé tout à l'heure arrive; il ouvre le bec du coq et lui souffle dedans, de sorte que l'animal se réveille comme d'un rêve, se redresse sur la planche et secoue sa crête, comme pour se moquer du monde. J'étais vraiment désespéré, monsieur Stavolo; pareille chose ne s'était jamais vue en Alsace, de mémoire d'homme. Cependant la confiance me restait encore que personne ne ferait mieux que moi; et c'était aussi l'opinion générale. Personne ne voulait plus jeter sur un animal si rebelle au sort qui nous est réservé à tous tôt ou tard.

« Mais cette opinion n'effraya point le fils Yéri-Hans : sans y prendre garde, il choisit trois pierres tranchantes, le fond d'un vieux pot, déclarant qu'il ne dépassera pas ce nombre, et que s'il ne tue pas le coq de ces trois pierres, il l'abandonnera, sans nouvelle tentative, à sa destinée.

« Tout le monde considérait cela comme une vaine fanfaronnade, et moi-même, monsieur Stavolo, je me disais en riant : « Voilà bien la folle présomption d'une jeunesse inconsidérée, nourrie d'elle-même ! » Enfin monsieur Yéri-Hans ôte sa veste de canonnier et lance sa première pierre, qui frappe à deux lignes au-dessous de la planchette, avec une force telle, que tous les assistants purent en voir la marque. De la seconde, il toucha le coq et lui fit sauter tant de plumes, qu'il était véritablement plumé de tout le côté droit. On croyait la chose finie ; mais alors, à mon tour, et par une juste réciprocité, je soufflai dans le bec du coq, qui se redressa sur la planche, les narines pleines de sang. Tout restait donc encore indécis ; mais de sa troisième pierre, le canonnier frappa si juste, qu'il coupa la tête du coq à la naissance du cou, et, par cet accident, il devint impossible de le ranimer, soit en lui versant de l'eau-de-vie, soit en lui soufflant dans le bec, puisque la tête était à terre. Cela décida de la victoire ! »

Pendant ce récit, l'oncle Conrad écoutait tout émerveillé ; enfin il dit :

« Oui, c'est adroit. J'ai toujours pensé que ce garçon était plus adroit que les autres ; mais la force est toujours la force, et l'adresse ne peut pas faire qu'un sapin soit plus fort qu'un chêne ; voilà ce que je soutiens, moi.

—Monsieur Stavolo, faites excuse, dit le maître d'école, ce jeune homme est aussi fort qu'il est adroit. De même qu'il m'a vaincu pour le prix du coq, de même il a vaincu les plus forts de la fête à la lutte.

—Qui ? s'écria l'oncle.

—Le nombre en est incalculable, répondit maître Bastian en gonflant ses joues et levant les yeux au ciel ; mais, pour ne vous en citer qu'un seul, vous connaissez le bûcheron Diemer, de la Schnéethâl ?

—Sans doute je le connais, fit l'oncle Conrad.

—Eh bien ! monsieur Stavolo, il a terrassé Diemer comme une mouche.

—Il a mis Diemer à terre sur les deux épaules ?

—Précisément sur les deux épaules.

—Ça, monsieur Bastian, si vous me dites que vous l'avez vu, j'en serai plus étonné que de tout le reste.

—Je l'ai vu, monsieur Stavolo.

—Vous l'avez vu ! Mais connaissez-vous les règles de la lutte ? Avez-vous observé s'il n'y a pas eu de tours de crochets dans les jambes ; si l'on s'est pris au-dessous des bras à la taille, ou si l'on s'est fait de mauvaises feintes ?

—Je n'ai vu qu'une chose, c'est que Yéri-Hans fils a pris le bûcheron aux épaules, et

qu'il l'a renversé sur le dos ; après quoi, comme l'autre voulait recommencer, il l'a enlevé brusquement et jeté par-dessus la palissade de la *Madame-Hütte*, comme un sac.

—Tout cela, ce sont des tours, dit l'oncle devenu tout pâle. Mais voici midi. Merci, monsieur Bastian, il faut que je monte dîner.

—J'ai bien l'honneur, monsieur Stavolo, » dit le maître d'école en levant son feutre.

Puis il ajouta :

« Telle je vous ai raconté cette chose, telle elle est.

—Oui, oui, fit l'oncle, vous n'avez rien vu de ce qu'il fallait voir. Mais, c'est égal, il est adroit tout de même, ce Yéri-Hans. »

Et sur ce, l'oncle Conrad gravit l'escalier tout rêveur ; M. Bastian s'éloigna.

Dans l'après-midi du même jour, Waldhorn vint me dire que nous étions engagés à faire de la musique aux noces de Lotchen Omacht, la fille du meunier de Bergheim ; qu'il y avait le trombone Zaphéri de Guebwiller, Coucou-Peter et son neveu Mathis, pour la contre-basse et le violon, et moi pour la clarinette ; qu'il tâcherait d'avoir un tambour à Zellemberg, et que s'il n'en trouvait point, le *watchman* Brügel consentirait volontiers à remplir cette partie, moyennant trois francs la soirée.

Nous partîmes ensemble à la nuit. Et comme les noces durèrent deux jours, je ne revins à Eckerswir que le samedi suivant, vers dix heures du matin. J'avais gagné mes six écus, ce qui naturellement me mettait de bonne humeur.

V

En remontant la grande rue, je savais déjà que Margrédel était seule à la maison. Elle avait l'habitude, quand son père allait aux vignes le matin, d'ouvrir les fenêtres de la grande salle pour donner de l'air, et justement les fenêtres étaient ouvertes.

Je courais donc, ma clarinette sous le bras et le cœur joyeux, pensant la surprendre ; mais au moment de monter l'escalier, qu'est-ce que je vois ? La bohémienne Waldine, — avec sa longue figure de chèvre, son bout de pipe entre ses lèvres bleues, son petit Kalep, noir comme un pruneau, dans un sac sur l'épaule, — qui sortait en traînant ses savates et qui riait en se grattant le bas du dos.

L'oncle Conrad ne pouvait pas souffrir cette espèce de gens ; il disait que les bohémiens ne sont bons qu'à voler, à piller, à porter les commissions des filles et des garçons d'une maison à l'autre, en cachette, pour attraper deux liards. Quand par hasard quelques-uns d'entre eux se trompaient de porte et venaient chez nous, il leur criait d'une voix de tonnerre :

« Voulez-vous bien sortir, tas de gueux !... Voulez-vous bien vous en aller !... Prenez garde !... On n'attrape ici que des coups de bâton ! »

Aussi ne venaient-ils presque jamais.

Vous pensez donc bien que la vue de cette femme m'étonna ; je me dis en moi-même : « Bien sûr qu'elle vient de prendre quelque chose, du chanvre, du lard, des œufs, dans l'armoire de la cuisine, n'importe quoi... d'autant plus qu'elle rit. » Cela me paraissait très-clair, et j'allais crier, quand elle se dépêcha de descendre de l'autre côté de l'escalier, et, presque en même temps, je vis Margrédel qui se penchait à la fenêtre, pour la regarder d'un air de bonne humeur. Alors je me tus, mais je ne sais combien d'idées me passèrent par la tête. Margrédel, m'ayant vu, se retira comme pour balayer la salle, et moi j'entrai, disant :

« Hé ! bonjour, Margrédel ; me voilà de retour. »

Elle semblait un peu fâchée, et répondit :

« Tiens, c'est toi, Kasper ; tu n'as pas été longtemps dehors.

—Ah ! Margrédel, ce n'est pas bien ce que tu dis là, m'écriai-je en riant, mais tout de même triste à l'intérieur ; non ce n'est pas bien, il paraît que tu n'as pas trouvé le temps long après moi. »

Elle parut alors tout embarrassée, et répondit au bout d'un instant :

« Tu vois du mal à tout, Kasper. Chaque fois que nous nous trouvons seuls, la première chose que tu as à me dire, ce sont des reproches.

—Eh bien ! est-ce que je n'ai pas raison ? » m'écriai-je.

Mais voyant qu'au lieu de s'excuser, elle allait entrer dans la cuisine et me planter là.

« Tiens, Margrédel, lui dis-je, quoique tu ne penses pas à moi, je ne t'oublie jamais. Regarde, je viens encore d'acheter cela pour toi.»

Et je lui remis un magnifique ruban de soie bleue que j'avais dans mon sac.

Elle ouvrit le papier d'un air moitié fâché, moitié content, et quand elle eut regardé le ruban et qu'elle l'eut trouvé beau, tout à coup, me souriant les larmes aux yeux, elle me dit :

« Kasper, tu es un bon garçon tout de même !... Oui... oui... je t'aime bien ! »

En même temps elle m'embrassa, ce qu'elle n'avait jamais fait. Je me sentis tout triste ; j'aurais bien voulu lui demander pourquoi la bohémienne était venue à la maison, mais je n'osais pas. Je lui dis seulement :

« Cela me réjouit de voir que ce ruban te plaît, Margrédel ; j'avais peur tout le long de la route qu'il ne fût pas de ton goût.

—Oui, il me plaît, dit-elle en s'approchant du miroir, et le pliant en flot sous son joli menton rose ; il est très-beau ; tu m'as fait plaisir, Kasper. »

En entendant cela, tout le reste fut oublié, et je demandai :

« Qu'est-ce que la bohémienne est venue faire ici ? »

Margrédel rougit, et dans ses yeux je vis un grand trouble.

« Waldine?... fit-elle.

—Oui, Waldine ; qu'est-ce qu'elle est venue faire ?

—C'est une pauvre femme... avec son petit enfant... Je lui ai donné des noix... Mais il est temps que j'aille voir si le dîner avance ; voici onze heures, mon père va bientôt revenir. »

Elle entra dans la cuisine. Moi, je montai dans ma chambre, déposer mon sac et ma clarinette, rêvant à ce qui venait d'arriver, au trouble de Margrédel, et pensant en moi-même qu'elle s'était fait dire la bonne aventure ; car des amoureux, elle n'en a pas d'autre que moi dans le village. Chacun savait que le père Stavolo ne plaisantait pas sur ce chapitre.

Ces idées me parurent naturelles, et je finis par trouver que j'avais tort d'être inquiet ; que Margrédel faisait comme toutes les jeunes filles, et qu'elle avait bien raison de me reprocher ma méfiance. Cela me rendit tout joyeux. Enfin, au bout d'un quart d'heure, comme je rêvais encore à ces choses, j'entendis la voix forte de l'oncle Conrad, qui me criait d'en bas, au pied de l'escalier :

« Hé ! Kasper, descends donc te mettre à table. Te voilà de retour ! Hé ! quel beau ruban tu as apporté à Margrédel ! Tu vas te ruiner, garçon ! »

Je descendis, et l'oncle riait de si bon cœur, que moi-même j'en fus content. Une grosse omelette au lard était déjà sur la table. Tout en mangeant, je racontai comment s'était passée la noce de Bergheim, ce que Margrédel aimait toujours à entendre.

Mais vers la fin du dîner, et comme nous allions nous lever, voilà qu'une hotte et un panier grimpent l'escalier devant les fenêtres ; on frappe à la porte.

« Entrez ! Hé, c'est la mère Robichon et son fils ! crie l'oncle Conrad. Bonjour donc, bonjour, il y a longtemps qu'on ne vous a vus. »

C'était la mère Robichon et son garçon Nicolas, les colporteurs de la verrerie de Wildenstein. La vieille avait son grand panier rempli de verres, des *maënneiglæsser*, qui se vendent par centaines en Alsace, et Nicolas, sa grande hotte, qui lui remontait en forme de casque jusque par-dessus la tête, pleine de bouteilles. Ces gens n'étaient pas fâchés de s'asseoir, car il faisait chaud dehors, et la route de Wildenstein à Eckerswir est longue,

« Mon Dieu, oui, c'est nous, maître Conrad, fit la vieille; nous venons voir s'il ne vous faut pas de gobelets. »

—Bon, bon, asseyez-vous, mère Robichon ; nous causerons de cela tout à l'heure. »

Il aida la vieille à descendre son panier, pendant que je soutenais la hotte de Nicolas au bord de la table, pour qu'il pût retirer ses bretelles. On appuya la hotte au mur, et l'oncle Conrad, qui aimait les gens laborieux, s'écria :

« Margrédel, va chercher deux verres ; la mère Robichon et Nicolas prendront un verre de vin avec nous. Asseyez-vous ; avancez des chaises par ici, près de la table.

—Vous êtes bien bon, dit la mère en s'asseyant; ce n'est pas de refus un verre de vin, par la chaleur qu'il fait dehors. »

Nicolas, avec son bonnet de coton bleu rayé de rouge, sa blouse, ses pantalons de toile grise et ses souliers à gros clous, tout blancs de poussière, se tenait debout au milieu de la salle, sans oser s'asseoir.

« Allons donc, assieds-toi, Nicolas, » lui dit l'oncle en lui montrant une chaise.

Alors il s'assit.

Margrédel apporta des verres et l'oncle versa jusqu'aux bords.

« A votre santé, mère Robichon.

—A la vôtre, et que Dieu vous le rende ! »

On but, et l'oncle, plus joyeux, se mit à causer de ceci, de cela : des peines du métier de colporteur, des mauvaises payes, du chemin qu'il fallait faire pour gagner sa vie, etc. Il s'informa du prix des verres ; de ce que contenaient les auberges, de ce que rapportait chaque tournée, enfin de tout ce qui se passait en Alsace depuis Belfort jusqu'à Strasbourg, car c'était son habitude d'interroger ainsi les étrangers : il aimait à tout connaître.

La mère Robichon soupirait; elle disait que les temps devenaient plus durs. Nicolas, les deux mains sur ses genoux et le dos tout rond, ne disait rien; seulement il regardait la bouteille, et l'oncle Conrad remplit encore une fois les verres, ce qui lui fit plaisir, car il rit de ses grosses lèvres et s'essuya le nez du revers de sa manche, comme pour s'apprêter

à boire; mais la vieille n'était pas pressée, et il attendait qu'elle avançât la main.

Margrédel et moi nous écoutions, plaignant ces pauvres gens, qui font un bien rude métier, été comme hiver, tant qu'ils peuvent aller, et qui finissent par rester misérables malgré leurs peines. Je bénissais le ciel de m'avoir donné le goût de la clarinette plutôt que la hotte de Nicolas.

Finalement, après avoir fait un grand détour, l'oncle Conrad s'écria :

« A propos, mère Robichon, vous avez été bien sûr à la fête de Kirschberg?

—Oui, monsieur Stavolo, oui, nous y avons été. A la fête de Kirschberg, voyez-vous, le kirsch-wasser et l'eau-de-vie de myrtilles font casser plus de verres et de bouteilles qu'à toutes les autres fêtes de l'Alsace. Nous arrivons toujours avec nos paniers pleins, et nous retournons à Wildenstein les paniers vides. Quelquefois Nicolas emporte sur sa hotte une petite tonne de kirsch-wasser, pour les messieurs de Wildenstein, mais pas tous les ans.

—Ah! vous avez été à Kirschberg. Et dites donc, est-ce que vous avez entendu parler du fils Yéri-Hans, le canonnier?

—Si nous en avons entendu parler, Seigneur Dieu ! dit la mère en joignant ses mains sèches ; je crois bien que oui, monsieur Stavolo, et beaucoup.

—Ah! bon ! Est-ce que tout ce qu'on dit sur son compte est-il vrai ?

—Si c'est vrai, Dieu du ciel ! je crois bien, on ne peut pas en dire assez. Ça, monsieur Stavolo, c'est un homme des vieux temps, un homme beau, un homme...

—Voyons, mère Robichon, voyons, interrompit l'oncle, vous avez couché dans la grange du père Yéri-Hans, n'est-ce pas, comme toujours, et... »

La mère devina tout de suite ce que l'oncle voulait dire et répondit :

« Pour ça, oui, monsieur Stavolo, nous avons logé dans la grange de M. Yéri-Hans ; mais ce n'est pas ce qui nous fait parler, non, c'est la vérité : le canonnier est tout ce qu'il y a de plus beau, de plus dansant, de plus riant et de plus honnête.

—Je ne dis pas le contraire, s'écria l'oncle, mais...

—Et d'abord, fit la vieille, vous saurez qu'en arrivant il m'a reconnue tout de suite et qu'il a crié : « Hé ! voici la mère Robichon ! bonjour, la mère Robichon ! ça va-t-il toujours bien ? » Et il m'a fait asseoir, il m'a versé un verre de vin. Après cela, vous le croirez si vous le voulez, il m'a même acheté sur la foire un pain d'épice d'une demi-livre en disant

Hue, *Fox!* hue, *Rappel!* (Page 19.)

« Mère Robichon, vous vous rappelez que dans
« le temps, il y a dix-huit ans, quand vous arri-
« viez à la ferme, vous m'apportiez toujours
« des petits pains d'épice anisés! » Et c'est la
pure vérité, monsieur Stavolo, ce pauvre enfant était tout pâle, tout pâle; la mère Yéri ne
pensait pas le conserver; je lui apportais des
pains d'épice contre les vers, de chez le phar-
macien Hospes. Et à cette heure, quel homme,
Seigneur Dieu, quel homme! Ah! quand on
voit des enfants, on ne peut pas savoir ce
qu'ils deviendront. »

Ainsi parla la vieille d'une seule haleine.
L'oncle Conrad semblait impatient; Margrédel
écoutait, la bouche entr'ouverte, et moi je regardais Margrédel, pensant : « Comme ses
yeux brillent! »

L'idée de la bohémienne me revenait malgré
moi.

« Bon, bon, cria l'oncle, il vous a donné du
pain d'épice, c'est beau de sa part, ça prouve
qu'il est reconnaissant; mais pourquoi donc
est-ce qu'on dit qu'il est l'homme le plus fort
du monde?

—Du monde, monsieur Stavolo, pour ça, je
ne sais pas; non, dans le monde, il doit y en
avoir d'aussi forts, mais le plus fort du pays,
ça, c'est sûr.

—Du pays! dit l'oncle. Et le charbonnier
Polak, le bûcheron Diemer...

—Il les a mis par terre, interrompit la vieille.

—Comment... qui?

—Le charbonnier, monsieur Stavolo

—Le charbonnier était là?

On dirait qu'ils n'ont jamais vu d'entorse. (Page 26.)

—Oui, c'est le dernier qu'il a renversé; même qu'après la lutte, il a fallu faire prendre à Polak trois grands verres de kirsch-wasser, à cause des efforts qu'il s'était donnés; ses genoux tremblaient, ses mains et ses épaules aussi; on aurait cru qu'il allait mourir.

—Vous avez vu ça?

—Je l'ai vu, monsieur Stavolo. N'est-ce pas, Nicolas?

—Oui, ma mère, » répondit le garçon à voix basse.

Alors l'oncle Conrad, regardant la table et sifflant entre ses dents je ne sais quoi, ne dit plus rien. De sorte qu'au bout d'une minute, la mère Robichon reprit :

« Et même, monsieur Stavolo, tenez, à cette heure ça me revient : il m'a parlé de vous.

—De moi, fit l'oncle en relevant la tête.

—Oui, il m'a dit en se frottant les mains : « Mère Robichon, je les ai tous mis sous la « table, mais il en reste encore un plus fort « que les autres : le père Conrad Stavolo, il « faut que nous nous regardions le blanc des « yeux, et quand je l'aurai couché sur le dos, « celui-là, sans lui faire du mal, bien entendu, « car c'est un homme que je respecte, je « pourrai me croiser les bras, en attendant « qu'il arrive des hercules du Nord. »

Pendant que la mère Robichon parlait, les joues de l'oncle Conrad se tiraient lentement; son nez crochu se courbait, ses yeux lançaient des éclairs en dessous.

« Il a dit ça? fit-il.

—Oui, monsieur Stavolo.

—Polisson! bégaya l'oncle en se contenant; parler ainsi d'un homme comme moi, d'un homme de mon âge, d'un homme...

—Mais, cria la vieille, ce n'est pas pour vous faire du mal.

—Du mal, dit l'oncle d'une voix éclatante, du mal! Qu'il prenne garde, lui, que Conrad Stavolo n'aille le trouver. Du mal! »

Et levant le doigt :

« Qu'il prenne garde!... Défier un homme paisible... un homme qui a livré plus de cinquante batailles... »

Alors il se dressa.

« Un homme qui a bousculé Staumitz, le fameux Staumitz, de la haute montagne, comme une mouche.... oui, je l'ai bousculé! Et Rochart, le terrible Rochart, qui portait douze cents; et le grand ségare Durand, qui renversait un taureau par les cornes, et Mütz, et Nickel Loos, et le contrebandier Toubac, et le boucher Hertzberg, de Strasbourg... tous, tous m'ont passé sous les jambes! » s'écria-t-il d'une voix qui faisait trembler les vitres.

Puis tout à coup il se calma, se rassit, vida son verre d'un trait et dit :

« De ce grand canonnier, je me moque comme d'une pipe de tabac. Que le Seigneur lui fasse seulement la grâce de ne pas me rencontrer, voilà tout ce que je lui souhaite. Mais c'est bon, je n'ai pas le temps de bavarder comme une pie-borgne. Que Yéri-Hans soit fort ou faible, cela m'est égal. Margrédel, donne-moi ma veste; je vais au Reethal poser, comme arbitre, une pierre entre Hans Aden et le vieux Richter. Voici bientôt deux heures; le juge de paix m'attend à la mairie. »

Margrédel, toute tremblante, alla chercher la veste. La mère Robichon et son fils rechargèrent leur hotte et leur panier sans rien dire, et l'oncle sortit comme si personne n'avait été là.

Moi, je ne revenais pas de toutes les batailles dont l'oncle Conrad s'était glorifié pour la première fois. Il paraît que, durant sa jeunesse, l'ardeur de la guerre le faisait aller jusqu'à douze ou quinze lieues, dans les Vosges, provoquer les hommes forts pour son plaisir: mais l'âge avait calmé son enthousiasme. Voilà ce que je me dis.

La mère et le fils Robichon nous souhaitèrent le bonjour, et s'en allèrent comme ils étaient venus.

VI

L'oncle Conrad, en rentrant le soir, ne dit plus rien de ces choses; il soupa tranquillement et se coucha de bonne heure, étant fatigué.

Je n'étais pas fâché non plus, après avoir passé deux nuits à faire de la musique, de m'étendre dans un bon lit. Mais le lendemain vers sept heures, comme je dormais encore, l'oncle m'éveilla :

« Lève-toi, Kasper, dit-il, nous allons acheter des petits cochons à Kirschberg, chez la mère Kobus; sa truie a fait la semaine dernière; il me faut six petits cochons pour envoyer à la glandée, on ne trouve pas de bonnes occasions d'acheter tous les jours.

—Des cochons de lait pour aller à la glandée, vous n'y pensez pas, mon oncle, lui dis-je. Dans six semaines, à la bonne heure, ils auront des dents; mais...

—Je te dis qu'il me faut des petits cochons, reprit-il d'un ton sec; quand on a deux vaches fraîches à lait et des eaux grasses, on peut nourrir six et même huit petits cochons, je pense. D'ailleurs je vais seulement les choisir; la mère Kobus me les enverra dans une quinzaine de jours par le *hardier* Stenger. Allons, habille-toi et descends.

—Tout de suite, mon oncle; seulement vous avez tort de vous fâcher; je n'ai pas voulu vous contrarier.

—Bon, bon, je n'étais pas fâché, mais arrive! »

Alors il descendit, et moi en m'habillant je pensai : « C'est tout de même un peu drôle que l'oncle, au lieu de faire du beurre avec le lait de ses vaches et d'envoyer la grosse Orchel le vendre au marché de Ribauvillé, comme toujours, veuille maintenant nourrir des petits cochons avec; ce sera de la viande bien délicate. »

Et songeant à ces choses, je descendis dans la grande salle. La voiture était déjà sous les fenêtres, tout attelée. L'oncle Conrad avait déjeuné.

« Bois un coup, Kasper, me dit-il; prends un morceau de viande et du pain dans ton sac, tu mangeras en route. »

On aurait cru que la foire était sur le pont. Je vis aussi que l'oncle avait mis sa belle camisole grise, son grand feutre, ses culottes brunes et ses bas de laine, qui lui donnaient un air respectable. Il avait relevé le col de sa chemise par-dessus ses oreilles, et je pensais en moi-même : « Est-ce qu'il a besoin de s'habiller en dimanche pour acheter des cochons? »

Comme nous descendions l'escalier, Margrédel se pencha par la petite fenêtre de la cuisine pour nous crier de sa voix douce :

« Vous serez de retour avant la nuit?

—Sois tranquille, répondit l'oncle en m'aidant à monter sur la botte de paille, et s'asseyant auprès de moi. — Hue, *Fox!* hue, *Rappel!* »

La voiture partit comme le vent.

L'oncle Conrad paraissait grave. Lorsque nous fûmes hors du village, galopant entre les deux longues files de peupliers qui mènent à Kirschberg, il dit :

« Je vais acheter des cochons. C'est la bonne saison; voici le temps de la glandée. Je vais au village de Kirschberg, parce que la mère Kobus m'a dit, il y a cinq jours, qu'elle a des petits cochons à vendre. Nous arriverons pour cela; tu comprends, Kasper?

—Hé! c'est facile à comprendre.

—Justement, c'est facile à comprendre; voilà ce que je voulais dire.—Hue, *Fox*, hue! »

Il tapait sur les chevaux.

Moi, je pensais : « L'oncle Conrad me croit donc bien bête, puisqu'il m'explique les choses comme à un petit enfant : « Nous allons acheter « des cochons... c'est la bonne saison... Nous « arriverons pour cela chez la mère Kobus, « et non pour autre chose... Tu comprends, « Kasper. »

Au bout d'un instant, il dit encore :

« Moi, je suis un homme de la paix, de la tranquillité, un bon bourgeois d'Eckerswir, qui s'en va tranquillement acheter des petits cochons dans un village voisin; mais si quelqu'un lui cherche dispute, il se défendra, naturellement. »

Alors je regardai l'oncle, et je me dis en moi-même : « Ah! ah! voilà donc pourquoi nous allons à Kirschberg! »

Et rien qu'à voir sa figure paisible, j'en avais la chair de poule; il arrondissait son dos, il s'était fait raser le matin, il avait mis une chemise blanche : il avait la figure d'un bon bourgeois, c'est vrai; mais en regardant son nez crochu et ses yeux gris, je pensai tout de suite : « Celui qui voudrait nous attaquer se tromperait joliment; ce serait une drôle de surprise pour lui. » Et toutes les histoires de bataille de mon oncle me revenaient à l'esprit. Je ne pouvais m'empêcher de l'admirer en moi-même, avec son air de bon vigneron, amateur de la paix. Et comme nous galopions toujours, je lui dis :

« Qui est-ce qui pourrait vouloir nous attaquer, oncle Conrad? Il n'y a plus de brigands sur les grandes routes.

—Je dis seulement, « si on nous attaquait; » Kasper, tu comprends, ce serait bien mal d'insulter un homme paisible comme moi, qui a des cheveux gris, un père de famille qui ne demande qu'à passer son chemin; n'est-ce pas?

—Oh! oui, ce serait bien mal, lui dis-je. Celui qui ferait cela pourrait s'en repentir.

—Ça, oui! car on se défendrait; il faudrait faire son possible. On ne peut pourtant pas se laisser bousculer sans répondre, fit l'oncle d'un air bonhomme; ce serait trop commode pour les gueux, si les gens de bien se laissaient battre, cela les engagerait dans le mal, et finalement ils se croiraient les forts des forts, parce qu'on n'aurait rien dit. — Hue, *Rappel!* »

Je vis bien alors que l'oncle Conrad allait exprès au Kirschberg pour se faire attaquer par Yéri-Hans, et d'abord j'eus peur de ce qui pouvait arriver. Je songeais au moyen de prévenir cette terrible rencontre, car le grand canonnier ne pouvait manquer de venir au *Cruchon d'or*, en apprenant que l'oncle s'y trouvait; c'était sûr, d'après ce que nous avait dit la mère Robichon. Que faire? Comment engager l'oncle à revenir?

Je le regardais du coin de l'œil en rêvant à ces choses; la voiture galopait; il semblait si calme, il avait mis tellement le beau jeu de son côté, il paraissait si ferme avec son air de bonhomme, que je ne savais la manière de m'y prendre.

Comme je rêvais ainsi, l'idée me vint que l'oncle Conrad pourrait bien renverser Yéri-Hans, et qu'alors la guerre serait entre eux; que le grand canonnier ne pourrait jamais se montrer à Eckerswir sans honte, qu'il ne ferait plus danser Margrédel, et cette idée me réjouit intérieurement. Ensuite je me dis que si l'oncle Conrad était le plus faible, ce serait bien pire encore : qu'il ne pourrait plus revoir Yéri-Hans, qu'il le maudirait, qu'il défendrait à Margrédel d'en parler devant lui, qu'il le traiterait de bandit, de va-nu-pieds, etc. C'était une mauvaise pensée, je le sais bien; mais que voulez-vous? J'aimais Margrédel, et l'idée que la bohémienne pouvait être venue de Kirschberg m'inquiétait; je songeais à Yéri-Hans comme à la peste, depuis que Margrédel s'était rappelée qu'il l'avait fait danser sept ans auparavant. Enfin les choses sont comme cela; je ne cache rien, ni le bien ni le mal. Voilà donc ce que je me dis; et je pensais même que si le grand canonnier ne venait pas au

Cruchon d'or, l'oncle le mépriserait ; de sorte que, de toutes les façons, Margrédel ne reverrait plus Yéri.

Bien loin de détourner l'oncle Conrad d'aller à Kirschberg, ma seule crainte était alors qu'il n'eût lui-même le bon sens de retourner à Eckerswir, soit par crainte ou tout autre motif. Je me figurais d'avance ce grand canonnier roulant à terre, et je riais en moi-même. Voilà pourtant comme les idées des hommes changent d'une minute à l'autre, quand ils voient leur intérêt quelque part.

Enfin, vers onze heures, le village de Kirschberg se montra sur la côte, au milieu des arbres fruitiers ; la grande ferme du père Yéri-Hans en haut contre le bois, et les petites maisons, avec leurs hangars, le long de la route.

Nous approchions vite ; le bouchon de *l'Arbre vert* et les premières maisons, séparées les unes des autres par des tas de fumier, furent bientôt dépassés.

L'oncle Conrad, à la vue du *Cruchon d'or*, au détour de la rue, sur notre gauche, fouetta les chevaux, et dans le même instant, la diligence, toute couverte de conscrits en blouse bleue et calotte rouge, passa comme le tonnerre. Elle sortait de l'auberge, la porte cochère était encore ouverte, et beaucoup d'autres conscrits, des marchands d'hommes, des vieillards, des femmes et quelques jeunes filles se tenaient sur le chemin, saluant ceux qui partaient, et qui secouaient leur bonnet par toutes les fenêtres de la diligence. Quelques-uns, debout en haut, levaient le bras et chantaient la bouche ouverte jusqu'aux oreilles, mais le roulement de la voiture empêchait de les entendre.

C'est au milieu de ce bruit que nous entrâmes dans la cour de l'auberge. Le garçon d'écurie vint prendre les chevaux ; nous descendîmes de voiture, et l'oncle, secouant la paille de ses habits, me dit :

« Arrive, Kasper, arrive, nous allons boire une bouteille de *rangen* avant de dîner ; ensuite nous irons chez la mère Kobus. »

Je le suivis sous la voûte, et nous entrâmes dans la grande salle, où fourmillait le monde. Quelques femmes pleuraient, le tablier sur les yeux, d'autres se consolaient en buvant du vin blanc et mangeant des *bredstelles*. Les marchands d'hommes fumaient gravement dans leurs grandes pipes de porcelaine, et madame Diederich, avec son grand bonnet de tulle et sa figure ronde toute réjouie, tenait l'ardoise derrière son comptoir.

On ne fit d'abord pas attention à nous ; mais quand nous fûmes assis près des fenêtres, dans un coin à droite, madame Diederich, nous voyant, vint dire bonjour à l'oncle Conrad d'un air agréable. Elle lui demanda pourquoi nous n'étions pas venus à la fête, comment se portait mademoiselle Margrédel, si tout le monde jouissait d'une bonne santé chez nous, etc. A quoi l'oncle répondit aussi d'un air joyeux. Alors madame Diederich se retira et j'entendis plusieurs personnes murmurer autour de nous :

« Monsieur Stavolo, d'Eckerswir... monsieur Stavolo. »

Et tout le long des tables, les têtes se tournaient pour nous voir. Le tonnelier Gross, près de la porte, dit d'une voix enrouée :

« Celui-là... c'est le plus fort d'Eckerswir : M. Conrad Stavolo, je le connais, il n'aurait pas peur de Yéri-Hans. »

L'oncle entendit ces mots, et je vis à sa figure que cela lui faisait plaisir.

Ensuite la servante nous ayant apporté une bouteille de *rangen* et deux verres sur un plateau, l'oncle versa gravement.

« A la santé, Kasper, dit-il.

—A la vôtre, mon oncle, » lui répondis-je.

Quelques instants après, la servante nous apporta des biscuits sur une assiette, car à des personnes distinguées comme l'oncle Stavolo, on n'apporte pas des *knapwurst* avec des petits pains blancs, mais des biscuits ou des macarons, pour leur faire honneur.

Voyant ces choses, je commençais à penser en moi-même que Yéri-Hans n'oserait pas défier l'oncle, et que, s'il venait, nous aurions raison de le mépriser, puisque des gens considérés comme nous ne pouvaient pas aller s'empoigner avec le premier venu. Et je me disais que tout le monde donnerait tort à ce garçon, de sorte que nous aurions remporté la victoire sans nous être battus.

Enfin, pour la seconde fois, je changeais d'idée depuis le matin, quand tout à coup un grand canonnier, avec son petit habit-veste bien rembourré et serré comme le casaquin d'une fille à la taille, sa casquette pointue, à visière relevée, sur l'oreille, le pantalon de toile grise très-large, un homme brun, les yeux bleus, le nez carré, les moustaches blondes tirant sur le roux, les oreilles écartées de la tête, enfin un gaillard de huit pouces, solide comme un chêne, passa devant la fenêtre, tenant une petite baguette de noisetier, avec quelques feuilles au bout, qu'il balançait agréablement, et suivi du tonnelier Gross, les mains dans les poches sous son tablier.

Deux secondes après, la porte s'ouvrit, et cet homme, sans entrer, se pencha du dehors dans la salle, en regardant à droite et à gauche ;

puis il monta les trois marches, la main ouverte près de son oreille droite, et dit :

« Pour vous rendre mes devoirs ! »

Tous les jeunes gens criaient :

« Yéri ! Hé ! Yéri ! par ici !... un verre ! »

Lui riait d'un air de bonne humeur, suivant les tables, donnant des poignées de main et frappant doucement sur l'épaule des vieux qui pleuraient, en leur disant :

« Hé ! père Frantz... père Jacob... allons donc... du courage, que diable ! Il reviendra ; je suis bien revenu, moi ! »

A quoi les vieux hochaient la tête sans répondre, ou, se cachant la figure dans leurs mains crevassées, murmuraient d'une voix sanglotante :

« Laisse-moi tranquille, Yéri ; laisse-moi tranquille. »

On voyait tout de même que ce Yéri-Hans était un bon garçon, je ne peux pas dire le contraire ; mais voilà justement ce qui m'ennuyait le plus ; j'aurais voulu pouvoir penser que c'était un gueux, et que Margrédel, en le voyant, le trouverait abominable.

L'oncle Conrad faisait semblant de rêver. Il sortit sa pipe et la bourra tranquillement, puis, au lieu de l'allumer, il la remit dans sa poche et me dit :

« Kasper, il fait beau temps aujourd'hui.

—Oui, mon oncle, très-beau temps.

—Le raisin va profiter jusqu'à la fin du mois.

—Ça, c'est sûr ; tous les jours il profite.

—Nous ferons au moins cent mesures cette année.

—C'est bien possible, oncle Conrad ; et du bon.

—Oui, Kasper ; il vaudra celui de 1822 : c'était un bon petit vin tendre, et qui s'est vendu jusqu'à trente-cinq francs la mesure trois ans après. »

Pendant que l'oncle disait ces choses, il avait l'air de regarder le forgeron Martine, en face de l'auberge, qui ferrait un cheval, le sabot sur son tablier. Moi, j'aurais voulu faire comme lui, mais je regardais toujours Yéri-Hans, qui, de son côté, ne paraissait pas nous voir. Finalement Gross lui toucha l'épaule, ce que je remarquai très-bien, mais il ne se retourna pas tout de suite ; il dit encore quelques paroles en riant à une jeune fille qui le regardait de bon cœur, puis, se balançant d'un air content de lui-même, il tourna doucement sur ses talons et regarda de notre côté.

L'oncle Conrad, l'oreille dans la main et le coude sur la table, lui montrait le dos ; mais, au bout d'une minute, ayant repris son verre pour le boire, il se retourna vers la salle, et

Yéri-Hans fit semblant de le reconnaître :

« Eh ! je ne me trompe pas ; s'écria-t-il, c'est monsieur Stavolo, d'Eckerswir. »

Il s'approcha la main à sa casquette ; et l'oncle, toujours assis, le nez en l'air, lui répondit, faisant l'étonné :

« C'est vrai que je suis Stavolo, d'Eckerswir, mais votre figure ne me revient pas.

—Comment ! vous ne reconnaissez pas le petit Yéri-Hans, le fils du père Yéri ? dit l'autre.

—Ah ! c'est toi, Yéri ? dit l'oncle en riant un peu ; tiens, tiens, te voilà donc revenu du régiment ! eh bien ! ça me fait plaisir.

—Oui, monsieur Stavolo, il y aura demain douze jours que je suis de retour au pays, dit le canonnier. Vous avez peut-être entendu parler de moi ?

—Mon Dieu, non, fit l'oncle, à trois lieues les uns des autres, on ne reçoit pas de nouvelles du jour au lendemain ; je te croyais encore en Afrique. »

Alors Yéri-Hans ne sut plus que dire ; un instant il regarda de mon côté du coin de l'œil, et d'un ton de bonne humeur :

« C'est que, fit-il, voyez-vous, père Stavolo, on s'est un peu travaillé les côtes à la fête, et, ma foi, je pensais... hé ! hé ! hé !... que le bûcheron Diemer, le charbonnier Polak et trois ou quatre autres de vos anciennes connaissances auraient pu vous donner de mes nouvelles.

—Quelles nouvelles ?

—Hé ! je les ai mis sous la table.

—Ah ! ah ! fit l'oncle, tu es donc le fort des forts, Yéri ? Tu as rapporté des tours de la guerre ?... Diable... diable... oh ! oh !... c'est que maintenant on n'osera plus te regarder de travers, te voilà comme qui dirait à la cime de la gloire ! »

Il disait ces choses d'un air tellement drôle, qu'on ne savait pas trop si c'était sérieux. Plusieurs même, le long des tables, tournaient la tête pour cacher leur envie de rire.

Le canonnier, malgré sa peau brune, devint tout rouge, et seulement au bout d'une minute, il répondit :

« Oui... c'est comme cela, monsieur Stavolo ; je les ai mis sur le dos, et s'il plaît à Dieu, ce ne seront pas les derniers. »

Alors les joues de l'oncle tremblèrent, et, comme il allait répondre, Yéri-Hans lui dit :

« Faites excuse, mon verre est là.

—Ne te gêne pas, » répondit l'oncle d'un ton sec.

Yéri-Hans alla s'asseoir en face de nous à l'autre table, parmi trois ou quatre de ses camarades qui lui gardaient un verre.

« A votre santé, monsieur Stavolo, s'écriat-il en clignant les yeux.

—A la tienne, Yéri-Hans, » répondit l'oncle. Ils continuèrent à se parler ainsi d'une table à l'autre, en élevant la voix. Toute la salle écoutait; moi, j'aurais bien voulu m'en aller; je me repentais d'être venu là. L'oncle, lui, semblait être plus jeune de vingt ans, tant il relevait la tête, tant ses yeux gris étincelaient, mais il conservait son calme; seulement son grand nez en bec d'aigle se recourbait plus fièrement, et ses cheveux gris semblaient se dresser autour de ses oreilles.

« Ainsi, monsieur Stavolo, s'écria le canonnier en riant, vous n'avez pas entendu parler de la fête? C'est étonnant !

—Pourquoi ?

—Mais vous, un ancien, qu'on disait si terrible dans la bataille, il me semble que l'âge n'a pu refroidir tout à fait votre sang, et que ces choses-là devraient vous toucher; cela devrait vous réveiller, comme on voit les vieux chevaux de cavalerie hennir et dresser l'oreille quand on sonne la charge. Après ça... la vieillesse... la vieillesse ! »

L'oncle était devenu tout pâle, mais il voulut encore se contenir et répondit :

« Les chevaux sont des bêtes, Yéri-Hans; l'homme avec l'âge apprend la raison. Tu ne sais pas encore cela, mon garçon, tu l'apprendras plus tard. C'est bon pour la jeunesse de se battre à tort et à travers. Les hommes d'âge, comme moi, se montrent rarement, mais quand ils se montrent, les autres voient que le vieux sang est comme le vieux vin : il ne pétille plus, mais il réchauffe. »

En parlant, l'oncle Conrad avait quelque chose de beau, et j'entendis dans toute la salle les vieux se dire entre eux :

« Voilà ce qui s'appelle parler. »

Le grand canonnier lui-même, un instant, regarda l'oncle d'un air de respect, puis il dit:

« C'est égal, j'aurais voulu vous voir à la fête, monsieur Stavolo. Puisque vous ne luttez plus, vous auriez jugé des coups.

—Tout cela, dit l'oncle, c'est pour faire entendre que je suis vieux, n'est-ce pas? que je ne suis plus bon qu'à me tenir dans le cercle et à crier comme les femmes : « Ah ! Seigneur Dieu... ils vont se faire du mal... séparez-les ! » Eh bien, tu te trompes; regarde-moi bien en face, Yéri, quand j'arriverai, ce sera pour te montrer ton maître.

—Oh! oh!

—Oui, garçon, ton maître; car c'est aussi trop fort d'entendre un homme se glorifier hautement; mais aujourd'hui je suis venu

pour acheter des petits cochons chez la mère Kobus.

—Des petits cochons! » s'écria Yéri-Hans en poussant un éclat de rire.

Alors l'oncle se leva tout pâle en criant d'une voix terrible :

« Oui, des petits cochons, braillard! Mais je ne me laisserai pas marcher sur le pied, tout vieux que je suis. Lève-toi donc, lève-toi, puisque tu n'es venu que pour ça, puisque tu me défies ! »

Et d'un ton plus grave, regardant toute la salle :

« Est-ce qu'un homme de mon âge, par vanité, par amour de la bataille, ou autre chose sotte pareille, serait arrivé tout exprès à Kirschberg ? Non, ce n'est pas possible; il n'y a qu'un fou capable de pareille chose. J'étais venu pour mes affaires; mon neveu peut le dire. Mais, vous l'avez vu, ce jeune homme se moque de mes cheveux gris. Eh bien ! qu'il vienne, qu'il essaye de me renverser!

—Ceci vaut mieux que des paroles, s'écria Yéri-Hans; moi je suis pour ceux qui s'avancent hardiment, et je laisse les femmes parler ensuite. »

Il sortit de sa place, et déjà tout le monde rangeait les bancs et les tables aux murs en disant :

« Ce sera cette fois une véritable bataille, une terrible bataille; le père Stavolo est encore fort; Yéri-Hans aura de la peine. »

L'oncle Conrad et Yéri, seuls au milieu de la salle, attendaient que tout fût en ordre. Madame Diederich et les servantes s'étaient sauvées dans la cuisine; on les voyait, dans l'ombre, regarder les unes par-dessus les autres.

Moi, je ne savais plus que penser; je me tenais debout, dans un coin de la fenêtre, regardant le canonnier, qui me paraissait alors plus grand et plus fort qu'auparavant. Et je me disais en moi-même qu'il avait une figure de lion, avec ses moustaches blondes, d'un lion joyeux, qui est sûr d'avance de tout renverser, de tout avaler : cela me faisait frémir. Ensuite, regardant l'oncle Conrad, large, trapu, carré, le dos rond, les bras gros comme des jambes, le nez en forme de crampon, et ses cheveux plats descendant sur le front jusqu'aux sourcils, cela me rendait un peu de confiance, et je croyais qu'il finirait tout de même par être le plus fort. Mais, en même temps, je sentais froid le long du dos; et tout le bruit de ces tables qu'on reculait, de ces bancs qu'on traînait, me tombait en quelque sorte dans les jambes. Je regardais à droite et à gauche pour m'asseoir, il n'y avait plus de chaises; toute la grande salle était débarrassée, et les gens, debout sur les tables, la tête près du plafond, attendaient. Yéri-Hans ouvrit son habit et remit sa casquette à quelqu'un pour la tenir.

« Attrape, Kasper! » me cria l'oncle en me jetant son feutre, qui tomba à terre.

Cela me parut de mauvais augure, mais, lui, n'y prit pas garde; et retroussant les manches de sa veste, comme lorsqu'il travaillait à la vigne :

« Qu'on n'aille pas me soutenir plus tard, dit-il encore, que j'ai provoqué ce jeune homme; c'est Yéri qui m'a défié.

—Oui, oui, je prends tout sur moi, s'écria le canonnier en riant.

—Vous l'entendez, dit l'oncle. Eh bien donc, à la grâce de Dieu! »

En même temps, il arrondit son dos, la jambe gauche en avant et demanda :

« Y es-tu, Yéri?

—Oui, monsieur Stavolo. »

Et ils se prirent aussitôt au collet de la veste, à la mode des Alsaciens, sans se toucher le corps. Il faut que les collets de leurs habits aient été d'un bon drap, car d'abord l'oncle Conrad enleva Yéri-Hans de terre à la force des poignets, et le tint ainsi un instant comme pour le lancer au mur; puis ce fut son tour d'être soulevé de la même manière. Tous deux retombèrent d'aplomb. On ne respirait plus dans la salle.

« Tu as de solides poignets, dit l'oncle, je dois le reconnaître, hé! hé! hé!

—Et vous aussi, monsieur Stavolo, » dit le canonnier.

Presque aussitôt, l'oncle le poussa de toutes ses forces, les bras en avant et la tête en bas, comme un taureau qui veut enfoncer quelque chose avec ses cornes; il essayait de le lever en même temps, mais Yéri-Hans, penché contre lui, glissa sur ses pieds tout le long de la salle avec un bruit de rabot; et à peine l'oncle eut-il fini de le pousser que, jetant un cri sauvage : « A mon tour! » il repoussa l'oncle de la même manière, sans parvenir à le renverser. Et quand il fut au bout, tous deux se levèrent en se regardant le blanc des yeux, et l'on entendit toute la salle reprendre haleine. On voyait les traces de leurs clous sur le plancher. L'oncle Conrad était pâle, le canonnier rouge comme une brique. Ils se lâchèrent un instant, et Yéri-Hans dit d'un ton de colère :

« C'est bon!

—Tu es déjà las? fit l'oncle.

—Ah! las... las... »

Et, dans le même instant, il reprit l'oncle Conrad au collet, en le secouant, comme pour essayer quelque chose; l'oncle l'avait aussi repris. Ils s'observèrent ainsi plus d'une minute, en riant d'un rire étrange. Puis, tout à coup, Yéri attira l'oncle avec tant de force, qu'il eut besoin de se pencher en arrière pour résister, et comme il se penchait, l'autre, poussant un cri sourd du fond de sa poitrine, se jeta sur lui brusquement, de sorte que l'oncle Conrad, qui ne s'attendait pas à cela, fut culbuté les deux jambes en l'air et les épaules sur le plancher.

Mille cris de triomphe s'élevèrent alors de toutes les tables, et Yéri-Hans se frotta les mains en se gonflant les joues jusqu'aux oreilles; il avait eu de la peine, car ses yeux étaient rouges comme du sang.

L'oncle, les lèvres pâles et tremblantes, se releva; mais il était à peine debout, pour recommencer la bataille avec acharnement, que sa jambe plia, et qu'il dut s'appuyer contre une table pour se soutenir. Il se fit aussitôt un grand silence dans la salle, et Yéri demanda :

« Qu'est-ce que vous avez donc, monsieur Stavolo? Est-ce que vous avez mal?

—Va-t'en au diable, mauvais gueux! cria l'oncle, tu m'as cassé la jambe. Ah! le bandit, il m'a pris en traître, et voilà que j'ai la jambe cassée! »

En entendant cela, je m'écriai :

« Seigneur Dieu! mon oncle est estropié; vite un médecin! »

Et Yéri-Hans, remettant sa casquette dit :

« J'en suis bien fâché, monsieur Stavolo, oui, bien fâché; vous avez tort de vous mettre en colère; je ne l'ai pas fait exprès.

—Ah! le gueux! il me casse la jambe avec ses tours, et il ose me soutenir qu'il ne l'a pas fait exprès! dit l'oncle, qu'on avait fait asseoir, et qui grinçait des dents pendant qu'on lui ôtait le soulier. Tu me répondras de cela, Yéri, tu m'en répondras!

—Oui, monsieur Stavolo, quand vous voudrez, dit Yéri-Hans; mais vous avez tort de tant crier; parole d'honneur, cela me fait de la peine. »

On voyait qu'il disait la vérité; mais l'oncle, qui croyait remporter la victoire, ne pouvait comprendre cela.

« Va-t'en! va-t'en! disait-il; de te voir, ça me retourne le sang! Ah! le bandit, estropier un homme de mon âge! »

Alors Yéri-Hans sortit tout triste, et, comme on avait ôté le soulier et le bas à l'oncle Conrad, Summer, le charcutier de la petite place, s'agenouilla devant la chaise, et se mit à tâter la jambe du haut en bas. Tout le

« Mon pauvre père !... mon pauvre père !... Page 26.)

monde en cercle regardait. La colère de l'oncle passait vite; il bégayait :

« Être boiteux maintenant pour le restant de mes jours, et par la faute de ce bandit! Ah! quelle mauvaise idée j'ai eue de venir acheter des petits cochons à Kirschberg!... Ah! le brigand!... Moi qui buvais là tranquillement sans penser à rien! Encore si ce n'était pas un tour de régiment qu'il a rapporté d'Afrique, le gueux, pour estropier les gens de bien! »

Le vieux Summer, avec son bonnet de coton et son tablier blanc, tâtait toujours, et finalement il dit :

« Des os cassés, je n'en trouve pas, mais une grosse entorse.

—Une entorse? fit l'oncle.

—Oui, c'est encore pire qu'un os cassé, monsieur Stavolo. Il faut bien vite mettre le pied dans un baquet d'eau froide; car, voyez-vous, si l'on tardait longtemps, on pourrait être forcé de couper la jambe. »

L'oncle alors me regarda, tellement pâle, que je sentis les larmes me remplir les yeux; il voulut parler, mais il ne put dire que deux mots :

« De l'eau, Kasper! de l'eau, bien vite! »

Je courus dans la cuisine, où la servante Zeffen était en train de pomper un baquet d'eau; c'est moi-même qui l'apportai dans la salle, et l'oncle y mit le pied en grelottant; c'était de l'eau de roche, froide comme la glace.

Madame Diederich dit alors :

« Vous ne sauriez croire, monsieur Stavolo,

Je m'assis sur mon vieux bahut, la tête entre les mains. (Page 31.)

combien je suis désolée qu'un pareil malheur se soit passé dans mon auberge!

—Et moi encore plus! cria l'oncle vraiment fâché.

—Vous coucherez ici?

—Moi, coucher à Kirschberg? Jamais! Je ne resterai pas ici plus d'un quart d'heure. On ne me reverra plus dans ce gueux de pays. Dieu me préserve de venir jamais acheter de petits cochons dans un pays pareil. »

Tous les gens de l'auberge s'en allaient l'un après l'autre répandre la grande nouvelle; au bout d'un quart d'heure, il n'y avait plus dans la salle que l'oncle Conrad, Summer, les servantes et moi, car madame Diederich était aussi sortie pour dire au domestique d'atteler.

« Monsieur Stavolo, vous feriez bien de rester, dit Summer; il serait dangereux de vous mettre en route.

—Cela m'est égal, dit l'oncle; j'ai ce pays en horreur.

—Vous êtes décidé!

—Oui.

—Eh bien! nous pouvons sortir la jambe du baquet et mettre du linge mouillé autour, cela fera le même effet jusqu'à votre arrivée là-bas. »

Il regarda la jambe et dit encore :

« C'est une grosse entorse. »

Puis il l'entoura de linges, que madame Diederich venait d'apporter. Il versa de l'eau dessus, et l'on transporta l'oncle, dans un fauteuil, jusqu'à la voiture. On le mit derrière, la jambe sur une botte de paille, et c'est moi qui pris le fouet.

Tout le village était aux fenêtres pour nous voir passer. Madame Diederich ne parla pas de sa note, et le père Stummer cria :

« J'irai vous voir un de ces quatre matins, monsieur Stavolo ; savoir de vos nouvelles.

— C'est bon, c'est bon ! fit l'oncle en claquant des dents, car il avait froid. Dépêche-toi, Kasper. »

Nous partîmes à travers le village au grand galop ; l'oncle était honteux de voir tant de monde sur les portes et criait :

« Comme les gens sont bêtes à Kirschberg ; on dirait qu'ils n'ont jamais vu d'entorse !... Cela peut arriver au premier venu de glisser. »

Enfin, quand nous fûmes dehors, sur la grande route, il se calma d'un coup et ne dit plus rien. La colère de sa défaite le rendait comme sauvage. Moi, je fouettais les chevaux, et je me disais que dans ces malheurs il y avait encore quelque chose de bon, puisque Margrédel allait maudire Yéri-Hans, et que l'oncle entrerait dans des fureurs terribles chaque fois qu'on lui parlerait de cet homme.

C'est au milieu de ces pensées que nous arrivâmes à Eckerswir, vers trois heures du soir. L'oncle regardait à droite et à gauche d'un air inquiet, craignant la rencontre du père Brême, de Mériane ou de tout autre de ceux que nous voyions le soir à l'auberge des *Trois-Roses*, et qui n'auraient pas manqué de nous saluer, ou même de nous arrêter pour s'informer de notre voyage, surtout en voyant l'oncle Conrad assis derrière la voiture et moi sur le devant. Heureusement, rien de tout cela n'eut lieu ; nous arrivâmes près de la maison au petit trot, sans avoir fait de pareilles rencontres. Mais à peine étions-nous arrêtés, que Margrédel regarda par une des fenêtres de la salle, et parut tout étonnée de nous voir déjà de retour. Puis, voyant l'oncle Conrad la jambe en l'air, elle quitta son ouvrage et courut sur l'escalier en criant :

« Qu'est-ce qui se passe ? qu'est-ce que tu as, mon père ?

— Rien, Margrédel, répondit l'oncle ; ce n'est rien, j'ai glissé.

— Glissé ! ou donc, mon Dieu ?

— Dans l'auberge du *Cruchon d'or*, et ça m'a fait une petite entorse, voilà tout. »

Margrédel voyait bien à notre mine que c'était plus grave qu'il ne le disait ; aussi, sans écouter davantage, se mit-elle à crier :

« Orchel ! Orchel ! vite, vite, cours chercher M. Lehmann ! »

Elle descendit de l'escalier et grimpa sur la voiture, en disant d'une voix si tendre : « Mon pauvre père ! mon pauvre père ! » et en l'embrassant tellement, que j'aurais souhaité d'être à sa place avec son entorse.

Lui paraissait attendri :

« Ce n'est rien... ce n'est pas dangereux, Margrédel, faisait-il ; seulement je ne peux pas descendre tout seul ; il faut chercher le vieux Rœmer et le grand Hirsch pour m'aider. »

Déjà plusieurs voisines étaient sorties de leurs baraques aux cris de Margrédel. On prit l'oncle sous les bras et sous les jambes, et on le porta de la sorte, la tête en bas, jusqu'au haut de l'escalier.

Margrédel pleurait à chaudes larmes. Orchel était partie, et l'oncle se trouvait étendu sur le lit depuis quelques minutes, les fenêtres ouvertes, et la moitié des commères autour de lui, parlant toutes à la fois, disant que le blanc d'œuf, les oignons hachés avec du persil, de l'huile de noix avec du poivre étaient tout ce qu'il y avait de mieux pour les entorses ; et l'on ne savait quoi choisir parmi toutes ces choses, lorsque le docteur Lehmann entra, disant :

« Qu'on commence d'abord par évacuer la chambre ; je n'aime pas à entendre toutes ces pies bavarder autour de moi. »

Puis s'approchant de l'oncle Conrad, qui le regardait les yeux écarquillés :

« Eh bien ! monsieur Stavolo, fit-il en lui serrant la main, que diable avons-nous ?

— J'ai glissé, dit l'oncle, j'ai glissé dans la salle de l'auberge du *Cruchon d'or*, à Kirschberg, et cela m'a dérangé le pied.

— Voyons. Venez ici, Kasper, et que mademoiselle Margrédel nous fasse le plaisir d'aller voir ce qui se passe dans la chambre voisine, » dit Lehmann.

Après quoi il se mit à défaire les linges de la jambe, regarda et dit :

« C'est bel et bien une bonne entorse. Comment diable, père Stavolo, vous, un homme si solide, avez-vous pu, dans une salle, sur un plancher, attraper une entorse pareille, d'avant en arrière, car vous avez glissé brusquement d'avant en arrière, cela se voit ; il n'y avait donc rien pour vous retenir ?

— Cela s'est fait, dit l'oncle après avoir ruminé quelques secondes, par un coup de traître. »

Le docteur Lehmann se redressa de toute sa hauteur en disant :

« Comment ! un coup de traître ?

— Oui, monsieur Lehmann, c'est la pure vérité ; Kasper est là pour le dire. »

Alors il raconta comment nous étions partis le matin, avec l'idée d'acheter des petits cochons à Kirschberg, chez la mère Kobus ;

comment Yéri-Hans l'avait attaqué par surprise dans la salle du *Cruchon d'or*, et comment il avait glissé sur un noyau de prune; ce qui sans doute était cause de son entorse.

« Ah! bon, bon, maintenant je comprends, dit le docteur en riant un peu; nous avons voulu essayer nos forces, père Stavolo, cela ne réussit pas toujours, vous avez eu le dessus assez longtemps, et...

—Non, non, cria l'oncle tout honteux, Kasper est là pour dire que Yéri-Hans m'a pris en traître, et que sans le noyau... N'est-ce pas, Kasper? »

Je n'avais rien vu de ces choses; mais l'oncle Conrad me paraissait bien assez malheureux avec son entorse, sans aller le contredire encore.

« C'est clair comme le jour, lui dis-je; le canonnier vous a d'abord attiré pour vous tendre la jambe, ensuite il vous a poussé en arrière, et vous avez glissé sur le noyau.

—Oui, il m'a tendu la jambe... c'est un bandit! Mais si le noyau n'avait pas été là!...

—Enfin, n'importe! L'entorse est forte, dit Lehmann, elle pourra vous tenir six semaines sur le flanc, si vous commettez la moindre imprudence. Vous avez bien fait de mettre le pied dans l'eau froide, seulement le bandage ne vaut rien. »

Alors il lia le pied de l'oncle Conrad tellement bien, qu'il aurait pu marcher; mais il lui recommanda de ne pas bouger et de mouiller le linge le plus souvent possible. Cela fait, le docteur sortit comme il était venu, disant qu'il reviendrait le lendemain.

L'oncle Stavolo était consterné de voir que Lehmann avait découvert la vérité d'abord. C'est pourquoi, quand nous fûmes seuls, il me dit :

« Ces médecins ne valent pas la corde pour les pendre; on a beau leur dire la vérité cent fois, ils ne croient à rien. Puisque c'est comme cela, je ne dirai plus rien du tout; quand on me demandera comment la chose s'est passée, je répondrai : « Demandez à Kasper, il sait bien ce que c'est par un coup de traître qu'on m'a renversé; il a tout vu, le crochet dans mes jambes et le noyau! Mais il ne convient pas que je le dise moi-même, car j'aurais l'air de vouloir m'excuser, de me défendre avec la langue; cela ne peut pas aller. Kasper, tu diras la pure vérité, comme tu l'as dite à Lehmann, voilà! Et maintenant laisse-moi tranquille, toutes ces choses m'ont chagriné, j'ai sommeil. »

Je sortis de la chambre, et trouvant Margrédel qui pleurait près de la fenêtre, sa jolie figure dans les mains, je lui dis que Yéri-Hans était cause de tout; qu'il avait attaqué son père, qu'il l'avait défié, et finalement renversé par un coup de traître.

Elle ne répondait pas et sanglottait toujours.

Au souper, elle prit son assiette et alla se mettre près de son père, pour le veiller; et moi je soupai seul, pensant que Margrédel ne se fâchait pas assez contre Yéri-Hans, et qu'à sa place je l'aurais maudit mille et mille fois.

VII

Le bruit de ces événements s'étant répandu dans le pays, la réputation de l'oncle Conrad en fut singulièrement diminuée. On ne parlait plus que de Yéri-Hans; on célébrait sa force extraordinaire, on disait que tous les autres n'étaient rien auprès de lui.

Vers la même époque, l'oncle Conrad se mit à faire des réflexions profondes sur la vanité des choses humaines. Il rêvait du matin au soir, et souvent, quand j'étais assis près de son lit, il commençait à dire.

« Kasper, plus j'y pense et plus je vois que les hommes sont des fous de s'échiner comme ils font. Qu'est-ce que la gloire? Je te le demande un peu. Je me rappelle que le vieux curé Jéronimus criait toujours : « La gloire, c'est la fumée de la fumée! » Tant que vous êtes fort, vous avez de la gloire, parce que les autres ont peur de vous, parce qu'ils vous en veulent sans oser le dire; mais quand vous devenez vieux, ou qu'il vous arrive de glisser sur un noyau, par hasard, la gloire s'en va. Et pour l'argent, c'est la même chose : à quoi sert d'avoir du bien, quand on ne peut plus en profiter? Moi, par exemple, Kasper, à quoi me sert d'avoir quinze arpents de vignes, puisque je ne peux plus aller les voir? A quoi me sert d'avoir du vieux vin dans ma cave, puisque Lehmann me défend d'en boire, de peur d'enflammer mon entorse? A quoi me sert tout ce que j'ai maintenant? J'aimerais autant n'en avoir que la moitié et pouvoir en jouir! Pour le reste, on en peut dire autant, car autrefois j'avais une bonne femme que j'aimais, et j'aurais eu du bonheur de vivre avec elle jusque dans mes vieux jours; tous mes biens m'auraient fait cent fois plus de plaisir, si j'avais pu les avoir avec Christine; mais c'est du temps perdu quand on parle d'elle, puisqu'elle est morte! Sait-on seulement bien si elle pense à nous, si elle voit ce qui se passe à Eckerswir? Je le crois, mais je n'en suis pas sûr. Et ma fille Margrédel? je l'ai élevée, je l'ai fait danser sur mes genoux, je l'ai vue grandir, et c'était mon bonheur. Eh bien ! voilà qu'elle a vingt et un ans ; supposons que tu ne sois pas là, Kasper, un autre viendrait, il trouverait Margrédel belle, et il faudrait encore que je donne de l'argent pour qu'il la prenne en mariage. N'est-ce pas abominable cela, d'élever sa fille pour des gaillards qu'on ne connaît ni d'Ève ni d'Adam, et qui croient encore vous faire beaucoup d'honneur en se laissant graisser la patte ? Je soutiens, moi, que tout n'est rien, et que sans notre sainte religion, qui nous promet la vie éternelle, il vaudrait bien mieux n'être pas venu dans ce monde ! »

Ainsi parlait l'oncle à cause de son entorse ; on n'avait jamais vu d'homme plus raisonnable, et je lui disais :

« Vous avez raison, mon oncle ; seulement il faut faire comme tout le monde, et se marier, puisque c'est la mode en Alsace. Quand vous serez guéri, vous penserez autrement ; vous irez voir vos vignes, vous boirez du vieux *kutterlé*. Et moi, vous me connaissez, si j'ai le bonheur de plaire à Margrédel, nous resterons tous ensemble et nous serons heureux. »

L'oncle ne voulait plus voir personne du dehors ; le vieux Brêmer, le père Mériâne et plusieurs autres s'étant présentés, il avait défendu de les laisser entrer.

Ce qui le fâchait surtout, c'était d'entendre parler de Yéri-Hans ; chaque fois qu'on prononçait son nom, il changeait de couleur et bégayait :

« Ah ! le gueux... si je le rencontre jamais au détour d'un chemin ! »

Margrédel ayant un jour voulu dire quelques paroles en faveur du canonnier, sous prétexte qu'il n'était pas cause de l'entorse, mais le noyau, il devint tout pâle et dit d'une voix sourde :

« Tais-toi, Margrédel, tais-toi ; si tu veux m'achever, tu n'as qu'à soutenir ce brigand. »

Je reconnus alors que Margrédel aimait Yéri-Hans, et je bénis le Seigneur de tout ce qui s'était accompli, me disant en moi-même :

« C'est le bon Dieu qui, dans sa sagesse, a fait ces choses, afin que l'oncle Conrad et le grand canonnier fussent ennemis l'un de l'autre ! »

Et pendant que l'oncle trouvait que tout allait mal, je trouvais, moi, que tout allait bien.

Margrédel était triste, elle ne chantait plus à la cuisine, elle ne riait plus à table ; elle rêvait, les yeux abattus.

« Ah ! me disais-je en la regardant aller et venir tout inquiète, maintenant je sais pour-quoi la bohémienne est venue à la maison ; je sais pourquoi tu rougissais, Margrédel, le jour où je te demandais : « Qu'est-ce que cette vieille est venue faire ici ! » Je sais pourquoi tu te rappelais si bien ce grand blond qui t'avait fait danser autrefois à Kirschberg ; jo sais pourquoi tu t'attristes. Mais tout cela, Margrédel, ne sert à rien ; Yéri-Hans ne viendra jamais dans la maison du père Conrad Stavolo ; non, non, c'est fini, Margrédel, il faut penser à quelque autre brave garçon qui t'aime bien ; ce grand canonnier est un gueux, pourquoi t'obstiner ? »

Je la plaignais intérieurement, et j'étais content tout de même ; je me disais :

« Quand Margrédel se sera bien attristée de la sorte, elle oubliera l'autre, et je serai là pour la consoler. Nous nous marierons et tout sera très-bien. Même un jour, dans cinq, six ou dix ans, quand nous aurons des petits enfants, et qu'elle sera tranquillement assise un soir au coin du feu, je lui demanderai tout à coup : « Hé ! Margrédel, est-ce que, dans le « temps, tu n'as pas eu des idées pour Yéri- « Hans, de Kirschberg ? Dis-le hardiment ; tu « n'as pas besoin de te cacher. » Alors elle rougira et finira par répondre : « Comment « peux-tu croire ces choses, Kasper ? Jamais, « jamais une idée pareille n'est entrée dans « ma tête. »

Et, me figurant cela, j'en avais les larmes aux yeux ; je bénissais le Seigneur d'avoir inspiré l'idée de la bataille à l'oncle Conrad, pour avancer mon mariage avec Margrédel.

Cela dura trois semaines. De temps en temps, l'oncle m'envoyait dehors voir si le raisin mûrissait ; je lui rapportais quelques grappes qu'il goûtait ; mais il aurait voulu sortir, visiter la côte lui-même, préparer ses tonnes, retenir ses gens pour les vendanges. On ne saurait s'imaginer sa désolation d'être étendu là sans pouvoir bouger, et toutes les paroles qu'il inventait pour maudire celui qui l'avait mis dans cet état.

Le docteur Lehmann, avec sa longue casaque de velours jaune clair et son bonnet gris à visière relevée, les bras fourrés jusqu'aux coudes dans ses poches, et ses demi-bottes de cuir roux au bout de ses longues jambes en échasses, venait le voir chaque matin.

« Cela va bien, disait-il après avoir levé le bandage. Encore un peu de patience, père Stavolo, votre pied se fortifie, l'enflure disparaît ; dans quelques jours, vous pourrez sortir avec un bâton.

— Dans quelques jours ! criait l'oncle ; ça ne finira donc jamais ?

— Eh ! que voulez-vous ? pour les entorses, il

faut de la patience. Je sais bien que c'est ennuyeux de rester étendu sur le dos, à rêver qu'il fait beau temps, que la vigne avance, que le raisin mûrit, qu'il faudra soufrer les tonnes, dresser le chantier, nettoyer la cave et graisser le pressoir; je sais tout cela, mais qu'y faire? Vous avez encore de la chance, maître Conrad.

—Comment, de la chance?

—Sans doute ; la même chose aurait pu vous arriver en pleines vendanges; il aurait fallu laisser à d'autres le soin de tout; et puis l'entorse aurait pu être plus forte. Enfin tout va bien; seulement du calme, maître Stavolo. »

Alors, passant la main sur sa longue barbe fauve en pointe, et souriant en lui-même, il entrait dans la grande salle et s'arrêtait toujours une minute à causer avec Margrédel, qui cousait près de la fenêtre.

« Eh bien! eh bien! Margrédel, on est toujours fraîche et jolie comme un bouton de rose, hé! hé! hé!

—Oh! monsieur Lehmann, vous dites toujours de belles choses aux gens.

—Non pas, non pas; je dis la vérité, je dis ce que je pense. Kasper n'est pas malheureux; je voudrais bien être à sa place. »

Margrédel rougissait, et lui, riant, sortait en me serrant la main.

Voilà comment les choses se passaient.

L'oncle Conrad n'y tenait plus, quand un beau matin le docteur, après avoir vu le pied, dit :

« Cette fois, monsieur Stavolo, tout est en ordre. Vous pouvez vous lever et marcher avec un bâton. »

La figure de l'oncle s'éclaircit :

« La jambe est remise? dit-il.

—Oui, il ne faut plus qu'un peu d'exercice pour fortifier les nerfs. »

Puis le docteur, se relevant, se prit à rire et s'écria :

« Seulement, père Stavolo, prenez garde; vous savez, il y a tant de noyaux dans le monde! Il ne faut pas mettre le pied dessus; ce serait pire que la première fois. »

L'oncle, en entendant parler de noyau, devint tout rouge.

« C'est bon, fit-il, les noyaux ne sont pas toujours pour les mêmes!

—Non, père Stavolo, mais il ne faut pas non plus les chercher, sans cela on les rencontre plus souvent qu'à son tour. Allons, au plaisir de vous revoir le plus rarement possible. »

Et sur ce, le docteur sortit en riant, et l'oncle Stavolo, s'asseyant sur son lit, s'écria :

« Ce grand Lehmann m'ennuie avec ses noyaux; il a l'air de dire que Yéri-Hans m'a renversé sans noyaux; je ne peux pas souffrir les gens qui se moquent de tout.

—Bah! lui dis-je, il vous a remis la jambe en bon état, qu'est-ce que le reste peut vous faire?

—Oui, mais je ne l'avais pas envoyé chercher pour me parler de noyaux. »

Malgré sa mauvaise humeur, l'oncle Conrad se leva, s'habilla, et, sans écouter la recommandation du docteur, il sortit le même jour, dans l'après-midi, pour aller voir ses vignes. Il revint au soir très-content et nous dit :

« Tout va bien ; mes deux jambes sont aussi solides l'une que l'autre. Allons, allons, il aurait pu m'arriver pire que d'attraper une entorse. Ne pensons plus à ces choses. La vigne est belle, nous aurons une bonne année, voilà le principal. »

J'étais très-content de voir l'oncle Conrad entièrement rétabli.

Depuis ce moment jusque huit jours avant les vendanges, vers la Saint-Jérôme, qui se trouve être le patron d'Eckerswir, l'oncle ne parla plus de Yéri-Hans et ne s'occupa que de ses vignes, de ses caves et de son pressoir.

Moi je sortais souvent avec Waldhorn; je gagnais de l'argent et je disais : « Encore deux cents écus, et j'aurai mes deux arpents de vignes, avec Margrédel. »

C'était mon bonheur de rêver à cela. Tout le long des chemins, en écoutant chanter les alouettes, je ne faisais que penser à mes noces. En revenant de chaque tournée, j'apportais quelque chose à Margrédel : un ruban, des boucles d'oreilles, enfin ce qu'il y avait de plus beau. Elle recevait tout cela d'assez bon cœur, mais plus pourtant avec la même joie que dans les premiers temps. Elle ne souriait plus, elle ne me remerciait plus et semblait dire : « C'est tout simple qu'il m'achète ces choses, puisqu'il veut m'avoir! »

Cette différence me faisait de la peine, mais je me consolais en songeant que l'oncle Conrad ne pouvait pardonner à Yéri-Hans, et qu'une fois marié avec Margrédel, elle oublierait l'autre et deviendrait une bonne petite femme de ménage.

VIII

Or, cinq ou six jours avant la fête d'Eckerswir, un matin qu'il faisait très-chaud, je jouais un air de clarinette dans la grande salle, mon cahier appuyé contre le mur, entre les deux fenêtres ouvertes. L'oncle Conrad fendait du bois dehors, au bas de l'escalier, et j'entendais Margrédel laver des assiettes dans la cuisine. Cela durait depuis environ une demi-heure, lorsque l'oncle entra en manches de chemise et se mit à se promener autour de moi tout rêveur. Et comme j'allais toujours mon train, tout à coup, m'appuyant la main sur l'épaule, il me dit :

« C'est un bel air que tu joues là, Kasper ; mais laisse un peu ta musique, causons ; qu'est-ce que les gens disent de moi dans le village ? »

Alors je déposai ma clarinette, et m'étant retourné sur ma chaise :

« Que voulez-vous qu'on dise, mon oncle ? lui répondis-je. Vous savez bien que depuis votre entorse je n'ai pas été aux *Trois-Roses*.

— Bon, fit-il, tout le monde se réjouit de voir que Yéri-Hans a manqué de me casser la jambe.

— Oh ! comment pouvez-vous avoir des idées pareilles ?

— C'est bien, tu ne veux pas me faire de la peine ; mais je me moque de tout le village. D'abord, sans le noyau qui m'a fait glisser, Yéri-Hans en aurait vu des dures. Malgré cela, j'ai eu tort de crier contre lui ; quand on joue et qu'on perd, on paye et on se tait. Enfin, ce noyau m'avait mis en colère ; si Yéri m'avait renversé par sa force, j'aurais trouvé cela tout naturel ; mais d'être tombé par la faute d'un noyau, c'est trop fort, surtout quand on risque de se casser la jambe.

— Sans doute, lui répondis-je. Ce qui est fait est fait, n'en parlons plus.

— Non, il ne faut plus en parler, Kasper ; mais les choses ne peuvent pas en rester là. »

Je vis aussitôt qu'il ruminait d'avoir sa revanche ; et le retour de Yéri-Hans, la joie de Margrédel, tout me passa devant les yeux comme un éclair.

« Qu'est-ce que cela vous fait, mon oncle, de passer pour l'homme le plus fort du pays ? m'écriai-je. Qu'est-ce que cela vous rapporte ? Pas un liard ; au contraire, les gens vous en veulent ; ils voudraient vous voir les os cassés ; ils ne vous plaignent pas quand il vous arrive malheur, ils disent que c'est bien fait !

— Ah ! ils disent cela, répondit l'oncle Conrad ; voilà justement ce que je voulais savoir. Maintenant, grâce au ciel, ma jambe est remise ; il faut qu'il revoie le grand canonnier.

— Comment, vous, un homme si raisonnable !

— Raisonnable tant que tu voudras, Kasper. Est-ce qu'on est raisonnable parce qu'on garde les coups sans les rendre ? Non, tout cela c'est bon pour un joueur de clarinette, mais ça ne

me convient pas. Lève-toi, neveu ; viens ici que je te montre quelque chose. »

Il me prit par un bouton de ma veste et me conduisit au milieu de la salle en disant :

« Voici la fête d'Eckerswir qui vient dans cinq jours. Je n'aime pas à me battre dans une salle d'auberge remplie de noyaux, de morceaux de pain, de fromage et autres choses glissantes. Eh bien ! on ne peut pas souhaiter de meilleure occasion pour lutter à bras-le-corps sur la place ; et c'est ce que je ferai. J'ai découvert un moyen de mettre ce canonnier sur le dos. Tiens, Kasper, empoigne-moi solidement, je vais te montrer cela ; y es-tu ?

— Oui.

— Tu me tiens bien ?

— Oui, mon oncle.

— Eh bien, regarde ! »

En même temps, il me prit le bras gauche au coude, me passa l'épaule au-dessous, et sans savoir comment cela se faisait, je sentis mes jambes tourner en l'air, et je tombai tout à plat de mon haut, croyant avoir les reins cassés. Cela m'étonna tellement, que je restai plus d'une demi-minute bouche béante, sans pouvoir rien dire ni reprendre haleine.

« Eh bien ! criait l'oncle tout glorieux, as-tu vu, neveu ?

— Oui, j'ai vu, lui dis-je en me levant, c'est très-bon... mais vous auriez pu m'expliquer cela d'une autre manière.

— Tu n'aurais pas aussi bien compris, Kasper, fit-il. Voilà comment je vais m'y prendre avec Yéri-Hans ; seulement, il faudrait l'attirer ici, et ce ne sera pas facile. Tu retourneras toi-même à Kirschberg l'inviter, de ma part, à dîner chez nous le dimanche de la fête.

— Oh ! pour ça, non ! m'écriai-je vraiment indigné ; je ne vous ai jamais contrarié, j'ai toujours fait ce que vous avez voulu ; mais amener moi-même Yéri-Hans ici, jamais ! jamais !

— Allons, allons, calme-toi, Kasper, j'enverrai Nickel, » dit l'oncle.

Et comme je voulais répondre, il ajouta :

« Tout ce que tu pourrais dire ou rien du tout, ce serait la même chose. Il faut que Yéri-Hans vienne, il faut que je le voie les jambes en l'air, comme il m'a vu. »

Dans cette extrémité, je compris qu'il ne me restait qu'une ressource pour éloigner de plus grands malheurs.

« Oncle Conrad, lui dis-je, vous avez tort. Consultons Margrédel, vous verrez qu'elle pense comme moi. »

Et sans attendre de réponse :

« Margrédel ! m'écriai-je en ouvrant la porte

de la cuisine, écoute; sais-tu que ton père veut encore se battre avec Yéri-Hans, qu'il veut l'attirer ici pour l'exterminer? »

Je croyais naturellement qu'elle allait crier en levant les mains au ciel, et supplier son père de rester tranquille, car plus elle aimait Yéri et l'oncle Conrad, plus elle devait les empêcher de se battre; mais allez donc vous fier aux femmes! Margrédel, pour la finesse de l'oreille, n'avait pas sa pareille, et je crois qu'elle était derrière la porte; car, étant entrée, elle écouta son père tranquillement, le tablier sur les bras, sans s'émouvoir. L'oncle Conrad se mit à lui dire que ce serait la plus grande honte s'il ne renversait pas Yéri-Hans, qu'on mépriserait les Stavolo, qu'il n'oserait plus se montrer aux *Trois-Roses*, ni nulle part, etc., etc.

Pendant ce discours, Margrédel regardait à terre comme une innocente, et lorsqu'il eut fini:

« Tu as raison, mon père, dit-elle doucement, oui, je ne peux pas dire le contraire; mais Yéri-Hans n'oserait pas venir, car il sait bien que tu as glissé sur un noyau, et n'osera jamais s'empoigner avec toi sur la place; c'est sûr, tu verras.

— Eh bien! s'il ne vient pas, s'écria l'oncle, la honte retombera sur lui. »

Et se tournant de mon côté:

« Tu vois, Kasper, dit-il d'un air joyeux, tu vois que Margrédel a plus de bon sens que toi; elle sait bien ce qui convient, elle voit que j'ai raison. Allons, continue ton air de clarinette, moi je vais dire à Nickel de prendre son bâton et de partir tout de suite pour Kirschberg. »

Il sortit; l'innocente Margrédel rentra dans la cuisine, et je restai seul tellement consterné de ces choses, que je pouvais à peine y croire. Durant plusieurs minutes, je me représentai ce Yéri-Hans arrivant tout fier, tout glorieux, le poing sur la hanche, souriant à Margrédel et me regardant du haut de sa grandeur: j'en étais suffoqué, et tout à coup je courus dans la cuisine en criant:

« Mais à quoi penses-tu donc, Margrédel? Mais ce gueux de canonnier va estropier ton père! Mais c'est abominable, une conduite pareille! Tu vois bien que ton père est le plus faible, puisque l'autre l'a bousculé comme une mouche, et maintenant tu veux qu'il vienne recommencer? »

Je pleurais presque en disant ces choses; elle ne s'en émouvait pas du tout et continuait tranquillement à lever le couvercle de ses marmites et à goûter ses sauces; je voyais aux couleurs de ses joues et dans ses yeux qu'elle éprouvait une grande satisfaction, et cela m'indignait de plus en plus.

« Bah! fit-elle enfin, tu vois tout en noir, Kasper. Le père a glissé sur un noyau; cette fois ce sera tout autre chose.

— Glissé sur un noyau! Il n'y avait pas plus de noyau que dans le creux de ma main; l'oncle a trouvé cela pour s'excuser auprès du monde; je ne pouvais pas le contredire. Mais si Yéri-Hans arrive, il en trouvera d'autres de noyaux sur la place, dans les rues et partout! »

Au lieu de toucher Margrédel par ces judicieuses observations, je la rendis encore plus obstinée; elle se mit à essuyer ses assiettes et me répondit d'un air d'indifférence:

« On verra! Qu'il y ait des noyaux ou non, je tiens pour mon père; Yéri sera renversé! Je suis sûre qu'il sera renversé, s'il ose venir, mais il ne viendra pas. »

Et comme dans ce moment j'entendais l'oncle revenir, il fallut me taire. Je rentrai dans la salle, je pris mon cahier et ma clarinette sur la table, et je montai dans ma chambre comme un fou, sans savoir ce que je faisais.

Là-haut, je m'assis sur mon vieux bahut, la tête entre les mains, avec une envie de pleurer et de gémir qui me crevait le cœur. Je commençais à comprendre que nos plans pour l'avenir s'en allaient au diable, et cela par la faute de cet oncle Conrad, que j'avais toujours considéré comme un être raisonnable, et qui me paraissait alors, avec son amour de la gloire, le plus insensé des hommes.

C'était le commencement de la fin.

A midi, pendant le dîner, l'oncle ne fit que raconter les bons tours qu'il avait découverts pour remporter la victoire; Margrédel l'approuvait à chaque parole en penchant la tête et s'extasiait; elle répétait sans cesse:

« Pourvu qu'il vienne... pourvu qu'il n'ait pas peur de venir... mais il n'osera pas! »

Et l'oncle disait d'un ton ferme:

« S'il ne vient pas, tout le pays saura que j'ai glissé sur un noyau. »

Moi je pensais: « Dieu du ciel, est-il possible d'être aussi simple à l'âge de cinquante-trois ans! S'il avait le bonheur de renverser Yéri-Hans, il en mourrait de joie. Et cette Margrédel, comme elle mène ce pauvre vieux, en lui faisant croire qu'il est le plus fort! Voilà comme elle m'aurait mené toute ma vie! »

Oh! que cet esprit de ruse me faisait de la peine!

Malgré cela je trouvais Margrédel belle. J'aurais voulu m'en aller, pour ne pas laisser paraître ma désolation; je voyais dans ses yeux qu'elle devinait toutes mes pensées, mais que, par finesse, elle faisait semblant de croire que Yéri-Hans ne viendrait pas, tandis que la bohémienne, peut-être depuis un mois,

— Oh! monsieur Yéri, fit l'innocente Margrédel, vous ne pensez pas ce que vous dites, bien sûr! (Page 36.)

lui donnait des nouvelles du canonnier : je voyais cela, j'en étais presque sûr, et il fallait rester.

Ah! que j'aurais voulu apprendre que le grand Yéri était tombé du haut de sa grange la tête en avant, ou qu'il s'était fait casser les reins par un plus fort que lui! Quel n'aurait pas été mon bonheur! Mais aucune de ces choses n'arriva, et maintenant il faut que je raconte la fête; — puisque j'ai commencé, il faut que je finisse.

IX

La réponse de Kirschberg arriva le soir même, vers huit heures. Nous étions à souper, lorsque Nickel entra le bâton à la main, et nous annonça que Yéri-Hans acceptait le dîner de M. Stavolo, qu'il était content de le savoir rétabli de son entorse, et qu'il se ferait un véritable honneur de lutter avec lui sur la place d'Eckerswir, devant tout le monde.

Ces nouvelles remplirent Margrédel de joie, mais elle était bien trop maligne pour le laisser paraître.

« Voyez pourtant, s'écria-t-elle d'un air étonné, Kasper avait raison! Je n'aurais jamais cru que Yéri-Hans viendrait, non, je ne l'aurais jamais cru. »

L'oncle Conrad, dans son enthousiasme, voulut me montrer tout de suite plusieurs nouveaux tours qu'il avait inventés pour abat-

Elle regardait Yéri-Hans fixement, comme pour lui rappeler quelque chose. (Page 39.)

tre le grand canonnier, mais j'en avais bien assez.

« Merci, mon oncle, lui dis-je fort triste, je vous crois sur parole; montrez ces tours à Yéri-Hans lui-même, moi je n'y connais rien. Tout ce que je souhaite maintenant, c'est qu'il n'y ait pas de noyaux sur la place. »

Et disant cela, je sortis de la salle dans une désolation inexprimable.

« Attends donc, Kasper, attends donc ! » me criait l'oncle.

Mais je ne tournai seulement pas la tête; j'aurais voulu tout voir au diable, Yéri-Hans, l'oncle, Margrédel et moi-même; je songeais à me sauver en Amérique, en Algérie, n'importe où.

Le lendemain commencèrent les préparatifs de la fête; on se mit à blanchir la grande salle, à récurer les tables, les bancs, à laver les fenêtres, à sabler le plancher. On aurait dit que Yéri-Hans était un prince, tant l'oncle Conrad s'inquiétait de le bien recevoir. Margrédel fit venir Catherina Vogel, la cuisinière du vieux curé Bockes, pour préparer ses *küchlen*, ses *kougelhof*, ses tartes à la crème et au fromage. La cuisine était en feu de six heures du matin à neuf heures du soir.

Et voyez la ruse des femmes : plus le moment approchait, plus Margrédel me faisait bonne mine, sans doute pour me tenir dans l'incertitude et m'empêcher de prévenir l'oncle de ce qui se passait.

« Hé ! Kasper, qu'as-tu donc d'être si triste ? me disait-elle; Kasper, ris donc un peu. Allons, allons, je voudrais bien savoir ce qui te chagrine. »

Elle riait de si bon cœur, en me montrant ses petites dents blanches, que j'étais forcé de paraître gai, les larmes aux yeux. Quelquefois même je me traitais d'être défiant, je me disais :

« Est-ce que Margrédel serait capable de se contrefaire à ce point, de me regarder d'un air d'amour, si dans le fond elle ne m'aimait pas un peu? Non, c'est impossible ! C'est mal, Kasper, d'avoir des idées pareilles. »

Et je cherchais toutes les raisons pour me donner tort, pour me faire croire que Margrédel m'aimait, qu'elle ne pensait pas à Yéri-Hans, qu'elle faisait ces choses pour m'éprouver, pour me rendre jaloux; enfin j'inventais mille explications de sa conduite, pour l'aider à me tromper; mais toujours, toujours je voyais clair, et je me disais en moi-même : « Pauvre Kasper! pauvre Kasper! Tiens, va-t'en, cela vaudra mieux : à quoi sert de t'aveugler? c'est l'autre qu'elle aime; c'est parce que l'autre arrive qu'elle chante, qu'elle danse, qu'elle rit et qu'elle prépare toutes ces friandises. Est-ce qu'elle en a jamais fait le quart autant pour moi? »

Ah ! qu'il est triste de penser ces choses et de n'être sûr de rien! Si l'on était sûr, on prendrait son sac et l'on partirait; et plus tard, à la suite des temps, on finirait tout de même par se consoler. Voilà ce que j'ai pensé depuis bien souvent.

Ce qui m'étonnait le plus, c'était la confiance de Margrédel; car, d'après ce que j'avais eu soin de lui dire au sujet du noyau, elle devait savoir que Yéri-Hans renverserait son père, et qu'alors toutes les invitations, tous les compliments et toutes les marques d'amitié de l'oncle pour le grand canonnier se changeraient en haine et en malédictions. Ceux qui connaissaient le caractère de l'oncle Conrad, son amour extraordinaire de la gloire, et son chagrin d'avoir été renversé, devaient prévoir ces choses, et Margrédel, avec sa finesse, savait bien que si Yéri-Hans remportait encore une fois la victoire, il n'oserait plus mettre les pieds à la maison, et que s'il venait la demander en mariage, l'oncle serait capable de le recevoir à coups de fourche; c'était très-sûr ! Eh bien, Margrédel ne s'en inquiétait pas; elle était joyeuse : je devinais encore là-dessous quelque ruse abominable; je soupçonnais la bohémienne d'être revenue, j'avais toutes sortes d'idées pareilles, et je finissais toujours par me dire : « Pourvu que l'oncle soit battu, pourvu que Yéri-Hans le bouscule; alors tout ira bien; Margrédel aura beau gémir, elle aura

beau s'attrister, pleurer, l'oncle restera ferme comme un roc : rien qu'à voir le canonnier, il entrera dans de grandes fureurs. C'est malheureux qu'il doive encore être battu; mais c'est ce qu'il y a de mieux pour la satisfaction de tout le monde. »

Et je reprenais confiance dans cette idée; je riais même un peu quand elle me passait par la tête. Que voulez-vous? lorsqu'on tombe, on se raccroche à toutes les branches, et l'on ne réfléchit pas longtemps si c'est bien.

Jusqu'à la veille de la fête, Margrédel me fit bonne mine. Je me rappellerai toujours que ce soir-là, vers six heures, quelques instants avant le souper, comme je rêvais assis contre la botte de l'horloge, les jambes croisées, écoutant le tic-tac de la pendule et le pétillement du feu de la cuisine, tout à coup Margrédel entra en petite jupe, les bras nus et me fit signe de venir, pour ne pas déranger l'oncle Conrad, qui lisait le *Messager boiteux* au coin de la table, ses besicles sur son nez et les yeux écarquillés. Je la suivis ; la porte étant refermée, elle me montra d'abord ses tartes et ses beignets rangés en bel ordre sur les planches de l'étagère, et, comme je regardais, elle me conduisit devant une assiette de *küchlen* couverts de sucre fin en disant :

« Kasper, tiens, j'ai préparé cela pour toi, et tu n'es pas content!

— Pour moi, Margrédel? lui dis-je avec douceur.

— Oui, oui, pour toi, s'écria-t-elle, exprès pour toi! Pourquoi donc ne crois-tu pas ce que je te dis? »

Alors, ne sachant que répondre, je m'assis au coin de l'âtre, où la mère Catherine allait et venait, en levant les couvercles des marmites, et je me mis à manger ces beignets, tandis que les larmes coulaient malgré moi sur mes joues.

Je pensais : « Elle m'aime encore ! » et je trouvais ses beignets très-bons.

Margrédel était sortie pour mettre la nappe; quand elle rentra, je lui souris, et lui prenant la main :

« Ah ! Margrédel, Margrédel, m'écriai-je, il. faut que tu me pardonnes quelque chose.

— Quoi donc? fit-elle tout étonnée.

— Non... non... Je ne puis pas te dire cela maintenant... plus tard, plus tard ! »

Je pensais que j'avais eu tort de croire qu'elle me trompait, et c'est cela qui me faisait lui demander pardon. Elle me regarda; je ne sais si dans ce moment elle devina ma pensée, mais elle rougit et me dit :

« Entre, Kasper, le souper est servi; le père t'attend.

—Ah ! que les beignets étaient bons ! m'é-
criai-je ; je n'ai plus faim.

—Allons ! allons ! nous n'avons pas besoin
d'homme ici, » dit la mère Catherine en riant.

Et je rentrai me mettre à table avec plus de
confiance.

« Waldhorn est au village, me dit aussitôt
l'oncle Conrad ; j'ai oublié de te dire qu'il est
venu pour te voir cette après-midi, pendant
que tu te promenais au Réeberg. Il t'attend ce
soir aux *Trois Pigeons* avec tout l'orchestre.
Demain tu gagneras deux écus, Kasper, après-
demain autant, jusqu'au dernier jour de la
fête : c'est un bon état d'être joueur de clarinette. »

Et riant, il ajouta :

« Les deux arpents avancent, garçon, du
courage ! »

Comme il disait cela, je sentis un grand
poids se lever de mon cœur ; il me semblait
avoir fait un mauvais rêve.

A peine le souper fini, je courus aux *Trois
Pigeons*, où Waldhorn m'attendait : tous les
camarades étaient là, leurs trombones et leurs
cors de chasse pendus aux murs. On se serra
les mains, on but deux ou trois chopes en
causant d'affaires. Il fut convenu qu'on irait
faire de la musique le lendemain, à tous les
grands dîners, de une heure à trois, et qu'a-
près vêpres on jouerait les danses à la *Madame-
Hütte* ; Waldhorn avait déjà cette entreprise.

Je rentrai vers dix heures ; l'oncle Conrad
était couché ; Margrédel et Catherine Vogel
continuaient leurs préparatifs. En passant, je
regardai Margrédel par le châssis de la cuisine,
puis je montai dans ma chambre, où, m'étant
couché, je dormis jusque vers huit heures du
matin, ce qui ne m'était pas arrivé depuis six
semaines.

C'est le bruit de la foire, le bourdonnement
des trompettes d'enfants, les cris des marchands et des maîtres de jeux qui m'éveillèrent.
Je sautai de mon lit tout joyeux, j'avais
passé mes pantalons, j'ouvris ma fenêtre. Le
temps était magnifique, l'air plein de soleil ;
le drapeau flottait sur la *Madame-Hütte* ; les
gens se promenaient autour des baraques, autour des poteries étalées sur la place, achetant,
marchandant et regardant les étalages ; les
joueurs formaient déjà cercle autour des *rampô*,
et tout le long de la route, à perte de vue, on
ne voyait que des charrettes, et ces grandes
voitures du pays, à longues échelles, encom-
brées de tricornes, de gilets rouges, de toques
brodées, de petites jupes coquelicot et de jolies
figures riantes.

On pense bien qu'en ce jour, sachant que
Yéri-Hans allait venir, je n'oubliai pas de me

faire la barbe. Huit jours auparavant, en revenant de Münster, j'avais apporté tout exprès
une chemise neuve, brodée de rouge au collet
et sur le devant, tout ce qu'il est possible de
voir de plus beau ; je la mis. Je mis aussi des
boucles d'oreilles d'or, une boucle d'argent en
cœur sur le devant de ma chemise, mes bretelles brodées, larges comme la main, mon
habit vert à boutons de cuivre luisants et mes
bottes.

J'étais heureux en me donnant ces soins ; je
rêvais à Margrédel ; je pensais qu'elle me trouverait plus beau que le canonnier, et j'en étais
attendri. De temps en temps, je m'asseyais
pour rêver et pour écouter ce qui se passait en
bas. On allait, on venait, on causait dans la
grande salle ; à chaque instant la voix forte de
l'oncle Conrad s'élevait pour saluer ses convives.

« Hé ! bonjour, monsieur le bourgmestre.
Ah ! ah ! ah ! vous me faites plaisir d'arriver.
Eh bien, eh bien, un beau temps. — Hé ! madame Seypel, Dieu du ciel, vous rajeunissez
tous les jours.

—Oh ! monsieur Stavolo, monsieur Stavolo !

—Mais c'est la pure vérité ; vous me rappelez
le bon temps, il y a vingt-cinq ans, madame
Seypel, quand je vous faisais danser le *Hopser*
de Lutzelstein, hé ! hé ! hé ! »

Et l'on riait, on s'asseyait, on traînait les
chaises sur le plancher ; j'écoutais toujours ;
je me regardais dans mon miroir, je brossais
mon chapeau, j'avais toujours peur de trouver
une tache n'importe où.

Dehors, la fête bourdonnait de plus en plus.
J'avais laissé la porte de ma chambre ouverte,
et l'odeur des tartes d'anis, des pâtés, des
küchlen montait l'escalier. Il venait de sonner
onze heures, et je m'étonnais que Yéri-Hans
ne fût pas encore arrivé. L'oncle, deux ou trois
fois, dans l'escalier, avait dit à Margrédel :

« Ce gueux n'arrive pas ! Est-ce qu'il aurait
voulu me faire un tour ? S'il n'est pas ici dans
un quart d'heure, on se mettra tranquillement
à table. »

J'entendais à sa voix qu'il se fâchait ; Margrédel ne disait rien. Moi, je riais intérieurement et j'allais descendre, quand tout à coup
l'oncle s'écria :

« Le voilà ! »

J'avais déjà le pied dans le vestibule ; ce cri
de l'oncle me produisit un effet étrange, je
rentrai dans ma chambre, je me penchai doucement à la fenêtre, et je vis au pied de l'escalier extérieur, devant la maison, Yéri-Hans
sur un grand cheval gris pommelé, gras, lui-
sant, la tête en l'air et la queue tourbillonnante.
Il avait son magnifique uniforme de canon-

nier, son schako, les canons de cuivre en croix sur le devant et le panache rouge au-dessus, ce qui lui donnait un air superbe. Figurez-vous cet homme fier, sur son cheval gris qui piaffe et gratte le pavé; et tout le long de la rampe, les convives de l'oncle Conrad qui s'appuient sur la balustrade pour le saluer : Margrédel les bras nus, en petite toque de soie bleue et manches de chemise bien blanches, les joues roses et les yeux brillants; le gros bourgmestre, qui lève son tricorne en arrondissant son ventre comme un bouvreuil; madame la conseillère Seypel, qui sourit d'un air agréable, son grand bonnet piqué en forme de matelas sur la nuque, les joues sèches, le nez pointu, la robe montant au milieu du dos; monsieur le percepteur Reinhart, le père Brêmer et ses deux grandes filles rousses Lotchen et Grédelé, le vieux Mériâne, Orchel, Catherina Vogel; figurez-vous tous ces gens-là penchés les uns sur les autres; et tout autour les commères du voisinage regardant par leurs fenêtres, et la foule qui se retourne sur la foire, pour contempler ce spectacle. Voilà ce que je vis, et je ne pus m'empêcher de penser que Margrédel allait être éblouie par ce bel uniforme, et que mes habits n'auraient l'air de rien auprès, ce qui me jeta dans un grand trouble. J'avais en quelque sorte honte de moi-même; j'aurais voulu me cacher, et malgré moi le chagrin me retenait là.

L'oncle Stavolo, son feutre orné d'un ruban bleu, ses larges épaules serrées dans sa veste brune, la figure épanouie, venait de descendre dans la rue et regardait le grand canonnier du haut en bas d'un air d'enthousiasme; il lui serrait la main en s'écriant :

« Sois le bien venu, Yéri-Hans, sois le bien venu, et sans rancune !

—De la rancune entre nous, monsieur Stavolo, dit l'autre d'un ton joyeux, jamais! Depuis notre rencontre à Kirschberg, je vous aime et vous estime encore plus qu'auparavant.

—A la bonne heure, fit l'oncle , à la bonne heure; la table est servie, tu arrives à propos.»

Alors le grand Yéri, levant les yeux, vit Margrédel et s'écria :

« Salut, mademoiselle Margrédel; toujours plus belle , toujours plus fraîche et plus gracieuse. Ah ! maître Stovolo, vous pouvez être fier !

—Oh ! monsieur Yéri, fit l'innocente Margrédel , vous ne pensez pas ce que vous dites, bien sûr ?

—Moi ! j'en pense mille fois plus, » s'écria le canonnier, dont les yeux reluisaient comme ceux d'un chat qui regarde un oiseau sur sa branche.

Puis il salua les autres personnes en portant la main à son oreille, et, sautant à terre, il donna la bride de son cheval au conseiller Spitz, qui parut flatté de cet honneur et se mit à rire comme une vieille pie, le bec fendu jusqu'à la nuque. Oh! les hommes ! il y en a pourtant qui ont l'âme bien basse ! Et penser qu'un conseiller municipal fait de ces choses-là ! Il fallut qu'Orchel vînt prendre la bride et conduire le cheval à l'écurie, sans cela M. Spitz l'aurait gardée jusqu'à la fin des siècles.

Moi, voyant Yéri-Hans grimper l'escalier, je pensai qu'il était temps de descendre, pour ne pas causer d'esclandre à la maison; car si je n'étais pas venu me mettre à table, l'oncle Conrad aurait voulu savoir pourquoi. Je descendis donc , et Yéri-Hans, me rencontrant dans la cuisine, s'écria :

« Hé ! c'est toi, Kasper ; comment cela va-t-il, Kasper? »

Vous pensez quelle fut mon indignation intérieure d'être tutoyé par un gueux pareil, mais comme il me tendait la main, je fus bien forcé de la prendre et de dire :

« Mais ça ne va pas trop mal, Yéri; ça va bien... très-bien.

—Allons, allons, tant mieux, » fit-il en riant et montrant ses longues dents blanches.

Nous étions entrés dans la salle, et justement Catherina Vogel arrivait de la cuisine avec la grande soupière fumante. Yéri-Hans retroussa ses moustaches et dit, comme se parlant à lui-même :

« J'ai bon appétit. »

Et moi je passai derrière en pensant : « Que le diable t'emporte ! »

« Hé ! Yéri, Yéri, par ici, cria l'oncle, en montrant le bout de la table; à côté de moi ! Que les autres se placent où ils voudront. »

Yéri trouva cela tout naturel d'avoir la place d'honneur; il s'assit auprès de l'oncle Conrad, et les autres convives prirent chacun la place qui leur convenait. Moi, j'étais près de la fenêtre du fond, à côté de madame Seypel, qui cause peu , et du vieil Omacht, qui ne dit pas grand'chose. Dans la disposition d'esprit où j'étais, cette place me convenait beaucoup; j'aurais voulu pleurer et j'étais forcé de faire bonne mine et de manger. Margrédel, elle, ne me regardait plus; ma belle chemise, mon habit vert, mes boucles d'oreilles, tout était en pure perte. L'oncle Conrad et sa fille ne voyaient plus que Yéri-Hans.

X

J'aurais bien des choses à dire sur ce dîner, qui dura jusqu'à trois heures; oui, j'aurais bien des choses à dire, quoiqu'il se soit passé du temps depuis.

Je vois encore à la file, monsieur le conseiller municipal Spitz, avec son long nez mince, ses gros yeux ronds et sa perruque à queue de rat qui frétille, je le vois grignoter et rire à chaque parole de l'oncle Conrad; et, près de lui, le gros bourgmestre chauve, qui lève le coude et qui boit en regardant le plafond d'un air d'extase; et mademoiselle Sophia Schlick, la maîtresse d'école de Margrédel, deux petites anglaises au coin des yeux et quatre cheveux tendus sur le front, comme les cordes d'une épinette, je l'entends répéter sans cesse : « Quel malheur! quel malheur d'avoir déjeuné si tard! je n'ai plus d'appétit! » Ce qui ne l'empêchait pas de ravager les plats de saucisses, les pâtés, les *küchlen*, les *kougelhof* et tout ce qui se présentait sur la table; et madame Wagner, la femme de l'ancien brigadier de gendarmerie, grosse, grasse, jaune, un bonnet à grands rubans rouges autour de sa tête crépue, et les grands anneaux de ses boucles d'oreilles descendant jusqu'au bas de ses joues pendantes; je la vois se reculer de la table en soupirant, à chaque nouveau service, et finalement piquer dans son assiette le bras tendu. Et monsieur le percepteur Reinhart, qui prenait des pilules trois jours avant les repas de noces et de fêtes où ses nombreux amis l'invitaient; et le vieux Mériâne, qui claquait de la langue chaque fois qu'il vidait son verre, et murmurait tout bas : « Ça, c'est du trente-quatre de Kütterlé; ça c'est du Rangen de l'année dernière; ça, c'est du Drahenfeltz; » ainsi de suite, sans s'inquiéter du reste.

Et l'oncle Conrad, qui se redressait sur sa chaise et toussait comme pour raconter ses vieilles batailles, mais qui n'osait pas, en se rappelant l'histoire de Kirschberg; et le grand canonnier, droit, fier, superbe, retroussant ses moustaches où perlait le vin, s'essuyant le menton, et regardant vers la porte toute grande ouverte de la cuisine, où l'innocente Margrédel entrait et sortait, apportant les plats et les bouteilles d'un air timide, et souriant toujours pour montrer ses petites dents blanches.

Ah! Dieu du ciel! oui, je pourrais en dire sur ce dîner; je sais que les mêmes convives ont assisté plus tard à des festins où je n'étais pas, et que plusieurs se sont moqués de ma simplicité; comme si la faute des autres, leur manque de foi, leur hypocrisie devaient m'être imputés, comme s'il était honteux de croire à la parole de ceux qu'on aime, et comme si les honnêtes gens étaient ridicules de se laisser tromper toujours à cause de leur bonté! Je pourrais les peindre à mon tour, montrer leur gourmandise extraordinaire; mais j'aime mieux me taire, car les mauvaises langues diraient que je parle de la sorte par envie et par jalousie; oui, j'aime mieux me taire et rester avec mon injustice.

Ce repas n'en finissait plus; je m'ennuyais, je voyais que les choses allaient de mal en pis, qu'on vidait bouteille sur bouteille, et que, malgré sa défaite, l'oncle allait commencer l'histoire de ses batailles; car depuis l'aventure de Kirschberg, au lieu de se taire modestement comme autrefois, il ne parlait plus que de ses anciennes victoires. Il allait commencer, lorsque Orchel me toucha l'épaule, et me dit que Waldhorn était dehors avec les autres camarades, et qu'il m'attendait pour faire notre tournée au village.

Je saisis ce prétexte et je sortis, à la satisfaction de Margrédel, de Yéri-Hans et à la mienne. A quoi bon tant d'hypocrisie? Pourquoi ne pas dire tout simplement aux gens : « Je ne veux plus de vous! » Pourquoi me donner des *küchlen* la veille? Pourquoi me laisser espérer jusqu'à la fin? — Cette conduite de Margrédel m'indignait.

Malgré cela, je sortis d'un air joyeux, pour ne pas laisser au grand canonnier le plaisir de voir qu'il me faisait de la peine. Je saluai Waldhorn sur l'escalier, en riant comme un fou de ma propre bêtise, ce qui l'étonna, car il m'avait vu triste depuis quelque temps.

« Tu as donc bu, Kasper? me dit-il.

—Moi! pas plus d'un verre de vin, non; je ris des idées qui me passent par la tête.

—Et ta clarinette?

—Je vais la chercher. »

Comme je traversais la salle pour monter à ma chambre, l'oncle Conrad me cria :

« Hé! Kasper!

—Quoi, mon oncle?

—Les musiciens sont dehors?

—Oui.

—Eh bien, pourquoi n'entrent-ils pas?
—Vous voulez de la musique?
—Cela va sans dire, un jour pareil !
—Bon ! nous arrivons. »

Je montai prendre ma clarinette ; puis, par la fenêtre, je criai aux camarades de venir. Étant tous entrés, nous fîmes de la musique, mais une musique tellement gaie, moi surtout avec ma clarinette, que j'en fus étonné. Margrédel me regardait tout inquiète, et je riais, je lui lançais des regards moqueurs ; je n'étais plus le même homme, j'étais hors de moi.

L'oncle Conrad chantait, frappant sur la table. Deux fois il nous rappela, comme nous étions déjà sur l'escalier pour aller ailleurs. A la fin, il voulut encore chanter l'air des *Trois housards* qui partent pour la guerre, et qui finit toujours par ces mots : « Adieu ! adieu ! adieu ! » Ce sont leurs amoureuses, leurs mères, leurs oncles et leurs cousines qui disent adieu à ces *housards.*

Et comme l'oncle chantait de sa voix forte, accompagné par la musique et tous les invités en chœur, Margrédel sortit de la salle ; le grand canonnier marquait la mesure avec le manch' de son couteau, et moi je mis ma clarinette sous le bras, car je tremblais des pieds à la tête, je n'avais plus la force de souffler, je sentais froid dans mes joues et jusque dans mes cheveux. Et quand, pour la dernière fois, tous en chœur répétèrent : « Adieu ! adieu ! adieu ! » je me retournai, regardant vers la porte de la cuisine, où se cachait Margrédel, pensant qu'elle allait aussi me dire en chantant : « Adieu ! adieu ! adieu ! » mais elle ne dit rien.

Alors tout le monde s'étant tu, je me mis à rire ; il me semblait qu'il y avait quelque chose de cassé dans ma poitrine, comme le ressort d'une horloge qui tourne sans qu'on puisse l'arrêter, et qui marque toutes les heures dans une minute.

Je vis que les autres musiciens sortaient ; je les suivis sans que personne se fût aperçu de rien. Dehors, je redevins plus calme, et comme les camarades remontaient en troupe la grande rue, mon vieil ami Waldhorn me retint un peu derrière et me dit :

« Kasper, tu ris, tu joues et tu parles comme un homme heureux ; mais moi, je vois que tu es triste.

—C'est vrai ; je voudrais fondre en larmes, lui dis-je.

—Et pourquoi ? »

Tout en marchant je lui racontai ce qui m'arrivait.

« Bah ! fit-il, ce n'est que cela ? Eh bien, tant mieux, un musicien ne doit pas se marier. Et puis ta Margrédel...

—Eh bien, quoi?

—Je te raconterai cela plus tard. Nous voici devant la porte de l'adjoint Dreyfous ; entrons. Tout cela, Kasper, ne vaut pas la peine qu'un homme de bon sens y pense deux minutes ; quand une femme va vous tomber sur le dos, et qu'un autre se risque pour vous, il faut en bénir le ciel cent fois, cela prouve que le bon Dieu vous aime. »

Ayant parlé de la sorte, Waldhorn m'entraîna dans la salle, où nous fîmes une seconde pause. Enfin, jusqu'à deux heures et demie, nous vîmes tous les gens riches du village, et à trois heures nous étions sur notre estrade, dans la *Madame-Hütte.*

Je songeais toujours aux paroles de Waldhorn ; mais je n'en étais pas moins triste, et je pensais que ce qui convient aux uns ne convient pas aux autres.

Il y avait beaucoup de monde à la danse, il en était venu de Kirschberg, de Ribeauvillé, de Saint-Hippolyte, de Lapoutraye, d'Orbay, de partout; et tous ces feutres, ces tricornes, ces robes de mille couleurs tourbillonnant sous mes yeux m'étourdissaient ; la joie, les cris, les éclats de rire me serraient le cœur, je ne me possédais plus, j'étais comme fou.

De temps en temps Waldhorn me disait :

« Au nom du ciel, Kasper, souffle moins fort ; on n'entend que toi dans la musique ! »

Mais j'allais, j'allais toujours, tantôt un demi-ton au-dessus des autres, tantôt un demi-ton au-dessous, les joues gonflées jusqu'au bout du nez et la vue trouble.

Waldhorn se désolait, et les camarades me regardaient ébahis, car pareille chose n'était jamais arrivée.

Tout à coup, vers quatre heures, la voix tonnante de l'oncle Conrad m'éveilla de mes rêveries ; alors j'essuyai mes yeux et je regardai.

Tous les convives entraient, on peut se figurer dans quel état, l'oncle en tête, son grand feutre, orné de rubans, sur l'oreille, et la mère Wagner au bras ; puis Yéri-Hans avec Margrédel ; le bourgmestre avec madame Seypel, et les autres à la suite, deux à deux, rouges comme des écrevisses. L'oncle, les bras en l'air, poussait des : « hourra ! » des « hourrasa ! » à faire trembler la *Madame-Hütte* ; le grand canonnier se penchait, les yeux humides, vers Margrédel, et causait avec elle d'un air amoureux en retroussant ses moustaches.

A cette vue, je me mis à souffler tellement fort, que les canards se suivaient sans interruption, et que Waldhorn, n'y tenant plus, s'écria :

« Kasper, es-tu sourd? Tiens, tais-toi, pour l'amour de Dieu! tu vas mettre toute la baraque en fuite. »

Que me faisaient ces cris? ma désolation était si grande que je n'écoutais personne.

Cependant l'oncle se mit à valser avec la mère Wagner, en lui posant les mains sur les épaules, à la vieille mode; puis tous les invités, et je ne vis plus rien; tout tournait autour de moi, la baraque et les gens. J'entendais le cor ronfler, la trompette chanter, la seconde clarinette nasiller, les souliers traîner sur le plancher; je voyais les rubans voltiger, la poussière monter, les bras des danseurs se lever avec la main des danseuses, les têtes riantes tourbillonner au-dessous, comme ces images de Montbéliard, où l'on voit les gens de la noce qui descendent à l'enfer en riant, en sautant, en s'embrassant, en se gobergeant.

Comme je rêvais à ces choses, la valse finit, les danseurs conduirent les danseuses à leurs places, et j'entendis l'oncle Stavolo s'écrier :

« Yéri, voici le moment, allons, es-tu prêt?

—Oui, monsieur Stavolo, » répondit le canonnier.

Il se fit un grand silence.

Je compris qu'ils allaient lutter ensemble. J'eus un instant l'espérance que Yéri-Hans enfoncerait deux ou trois côtes à l'oncle et qu'ils deviendraient ennemis à mort. Je me représentai Margrédel revenant à moi, et je me dis : « Ah! ah! tu reviens maintenant; mais je te connais, je ne veux plus de toi! »

Ce fut comme un éclair, et les choses présentes reprenant le dessus, je regardai l'oncle Conrad et Yéri-Hans sortir de la hutte. La foule les suivait en masse. En passant, Margrédel et Yéri-Hans se regardèrent; Margrédel était toute pâle, elle resta dans la *Madame-Hütte*, près de la porte, ne voulant point assister à la bataille; Yéri souriait, je le vis incliner la tête et je me demandai : « Qu'est-ce qu'il a voulu dire par ce signe? »

Mais presque aussitôt j'entendis crier dehors :

« Faites place! faites place! »

C'était la voix de l'oncle Conrad.

Waldhorn et deux ou trois de mes camarades, ne pouvant quitter l'estrade, venaient d'ôter une planche de la baraque, pour voir sur la place. Je m'approchai de cette ouverture, et je vis au-dessous la foule qui formait déjà le cercle : des hommes, des femmes et quelques enfants sur les épaules de leurs pères. Au milieu du cercle, l'oncle Stavolo et Yéri-Hans, ayant ôté tous deux leurs vestes et donné leurs chapeaux à tenir, s'observaient gravement l'un l'autre.

« Yéri, nous allons nous prendre cette fois corps à corps, dit l'oncle.

—Comme vous voudrez, monsieur Stavolo, je vous attends, répondit le canonnier.

—Eh bien donc, en avant et sans rancune! cria l'oncle d'une voix de tonnerre.

—Sans rancune, » répondit Yéri-Hans.

Ils s'empoignèrent avec une force terrible, les jambes croisées, les bras imprimés dans leurs reins comme des cordes, cherchant à se bousculer et soupirant, l'écume aux lèvres.

Je vis d'abord que l'oncle Conrad voulait montrer son tour à Yéri-Hans; mais celui-ci le connaissait, il se mit à sourire et retira son bras. L'oncle alors essaya de poser sa jambe en équerre, pour renverser l'autre par-dessus; mais Yéri-Hans imita le même mouvement de l'autre côté, de sorte qu'il s'agissait de savoir lequel aurait la force de pencher son adversaire, chose aussi difficile pour l'un que pour l'autre.

L'oncle était tout pâle, comme la première fois : Yéri tout rouge. La foule autour regardait en silence, quand un enfant sur le dos de son père s'écria :

« Le canonnier est le plus fort! »

Alors l'oncle, tournant la tête, regarda l'enfant d'un air furieux, et presque au même instant Margrédel, restée derrière, se fit place dans le cercle, et je vis qu'elle regardait Yéri-Hans fixement, comme pour lui rappeler quelque chose. Le grand canonnier avait les yeux rouges, les moustaches hérissées; il tenait l'oncle Stavolo en l'air; celui-ci, les jambes écartées, se donnait un tour de reins terrible, cherchant à retrouver terre sans pouvoir y parvenir; il allait être renversé; mais à peine Margrédel eut-elle paru, que les yeux de Yéri s'adoucirent, et, soupirant, il laissa le père Stavolo reprendre pied. Puis, au bout d'une minute, ayant l'air de perdre haleine, il se laissa enlever lui-même et lancer à terre, au milieu des cris d'étonnement universels. En essayant de se lever, il s'affaissa sur le dos et les deux épaules touchèrent, de sorte que l'oncle Conrad était vainqueur.

L'oncle alors, stupéfait de sa victoire, car il s'était jugé perdu, l'oncle accourut, prit les mains du grand canonnier et lui demanda :

« Yéri, as-tu du mal?

—Non, monsieur Stavolo, non, grâce à Dieu, répondit Yéri-Hans en regardant Margrédel de ses yeux flamboyants, non, je ne me suis jamais mieux porté. Mais à vous la palme, maître Conrad, vous m'avez vaincu. »

Il s'essuyait le pantalon en disant ces choses.

L'oncle, transporté d'enthousiasme, s'écria :

« Yéri, tu es l'homme le plus fort au collet

Margrédel, par sa conduite, me lassa tellement d'elle en ce jour, que mon parti fut pris tout de suite. (Page 42.)

que je connaisse; moi, je suis le plus fort à bras-le-corps, c'est vrai; mais pas de rancune, embrassons-nous!

—Je veux bien, » dit le canonnier en regardant toujours Margrédel.

Ils s'embrassèrent, et Margrédel, les observant de loin, porta la main sur son cœur. Alors je compris tout : ce grand gueux de canonnier s'était laissé vaincre par amour, sachant que, s'il renversait l'oncle sur la place, jamais il ne pourrait revoir Margrédel ni la demander en mariage; c'est par la ruse qu'il venait de gagner l'affection de l'oncle Conrad, homme orgueilleux, plein de vanité, et d'autant plus aveugle, qu'il avait eu peur de Yéri-Hans, et ne comprenait pas lui-même sa victoire. Son unique crainte maintenant était

d'être forcé de donner sa revanche au grand canonnier; aussi l'embrassa-t-il sur les deux joues en répétant :

« Oui, Yéri-Hans, au collet il n'y en a pas un qui te vaille. »

Et se tournant vers la foule :

« Entendez-vous, au collet voici l'homme le plus fort! C'est moi, Stavolo, qui le dis, et si quelqu'un ose soutenir le contraire, c'est à moi qu'il aura affaire. — Ah! Yéri, tu m'as donné de la peine, mais à cette heure il faut se réjouir; prends Margrédel, Yéri, prends Margrédel : dansez ensemble, mes enfants, réjouissez-vous! Tu resteras à la maison toute la fête, entends-tu, Yéri? nous allons nous réjouir, nous faire du bon temps; oui, tu resteras à la maison.

« Je t'aimerai toujours comme un frère, Kasper! (Page 42.)

—Je veux bien, monsieur Stavolo, c'est un grand honneur pour moi.

—Un honneur! allons donc! l'honneur est de mon côté.

—Hé! irez-vous bientôt au diable, vous autres? » cria l'oncle aux gens qui l'écoutaient tout ébahis, car il craignait encore que la vue du cercle n'inspirât la mauvaise idée à Yéri-Hans de recommencer.

Il boutonna sa veste, aida le grand canonnier à passer les manches de son uniforme, puis, le prenant par le bras : « Ah! camarade, s'écria-t-il, hein, si l'on nous défiait nous deux! dix, quinze, vingt hommes, toute la fête, hein, est-ce que nous aurions peur? »

Ainsi parla ce vieux fou, comme un enfant de six ans.

Le canonnier riait sans répondre; mais la vue de Margrédel l'attendrissait. Il boutonna sa veste, et finalement il dit :

« Mademoiselle Margrédel, maintenant que je suis vaincu par votre père, il ne faut pas avoir honte de danser avec moi.

—De la honte! s'écria l'oncle, je voudrais bien voir cela; est-ce que tu n'es pas le plus fort au collet? De la honte! Ecoute, Margrédel, le plus grand plaisir que tu puisses me faire, c'est de danser avec Yéri-Hans. Moi, je vais boire un coup aux *Trois Pigeons*. Garde ma fille, Yéri; je reviendrai tout à l'heure. »

Cet homme, autrefois si raisonnable, aurait alors donné femme, enfant, maison et tout, pour être le plus fort du pays. Rien que d'y penser, encore aujourd'hui les cheveux m'en dressent sur la tête : voilà pourtant l'amour de la gloire.'

Yéri-Hans rentra donc avec Margrédel dans la *Madame Hütte*, et vous dire comme ils dansèrent, les regards qu'ils se jetaient, la manière dont Margrédel appuyait le front sur la poitrine de ce canonnier en valsant, comme ils sautaient, enfin tout ce qu'ils firent, je ne le puis ; mais, pour tout vous exprimer en un mot, Margrédel, par sa conduite, me lassa tellement d'elle en ce jour, que mon parti fut pris tout de suite.

« Quand même, me dis-je, Yéri-Hans s'en retournerait en Afrique, jamais je n'épouserai Margrédel ; c'est fini, je n'en veux plus ! »

Mais c'est égal, je souffrais d'un tel spectacle, et durant les trois jours de la fête, ayant perdu toute espérance, j'ose vous l'avouer, j'aurais voulu mourir.

Ce qu'il y avait de plus triste dans tout cela, c'est l'aveuglement de l'oncle Stavolo ; Yéri-Hans était devenu son véritable dieu, il se faisait gloire de le goberger et de se promener avec lui bras dessus bras dessous, dans le village. Le grand canonnier avait la plus belle chambre de la maison ; chaque matin, l'oncle Conrad montait l'éveiller, vers sept heures, avec une bouteille de *Kütterlé* et deux verres qu'il posait sur la table de nuit ; on les entendait rire et causer de leurs anciennes batailles. Margrédel ne se possédait pas d'impatience, jusqu'à ce que Yéri fût descendu ; alors elle lui souriait, elle lui versait le café, elle balançait la tête avec grâce, elle sautillait sur la pointe des pieds en marchant, elle ne savait que faire pour charmer et séduire de plus en plus cet homme fort, ce beau, ce brave, ce terrible Yéri-Hans Moi, j'étais dans la maison comme un étranger !

Enfin, au quatrième jour, las de tout cela, le matin, de grand matin, je fis mon sac, je pliai mes habits, mes chemises, tous mes effets en bon ordre, je pris ma clarinette, et vers sept heures, au moment où l'oncle montait avec sa bouteille et ses deux verres, il me rencontra dans l'escalier, le bâton à la main.

« Tiens, c'est toi, Kasper, dit-il, où diable vas-tu de si grand matin ?

—Je pars avec Waldhorn et les autres camarades, lui dis-je ; voici la saison des fêtes, il faut en profiter ; je pourrai bien rester un mois dehors.

—Ah ! bon ! fit-il. N'oublie pas les deux arpents de vigne !

—Soyez tranquille, mon oncle, je n'oublierai rien. »

Et nous étant serré la main, je descendis.

Dans le vestibule, Margrédel, impatiente de voir Yéri, passait justement avec la cafetière ; mes genoux plièrent, et d'une voix tremblante :

« Adieu, Margrédel, » lui dis-je.

Elle me regarda tout étonnée.

« Ah ! c'est toi, Kasper ?

—Oui, c'est moi... Adieu.. Margrédel !

—Tiens... tu t'en vas ?

—Oui... je m'en vais.. pour assez longtemps... »

Et je la regardai dans le blanc des yeux ; elle paraissait me comprendre et deviner que je partais pour toujours, je le vis bien à son trouble. Moi, je pleurais intérieurement ; je sentais comme des larmes tomber une à une sur mon cœur. Cependant, raffermissant un peu ma voix, je dis :

« Portez-vous bien... Soyez heureux pendant que je ne serai plus là... »

Alors elle s'écria :

« Kasper ! »

Mais elle ne dit pas un mot de plus, et, comme j'attendais, elle ajouta tout bas, les yeux baissés :

« Je t'aimerai toujours comme un frère, Kasper ! »

Alors moi, ne pouvant me retenir, je lui pris la tête entre les mains, et l'embrassant au front :

« Oui... oui... je sais cela ! lui dis-je en baissant la voix ; c'est pour ça que je m'en vais... Il faut que je parte... Ah ! Margrédel, tu m'as déchiré le cœur ! »

Et ayant dit cela, je courus sur l'escalier en sanglotant. Il me sembla entendre quelqu'un qui m'appelait : « Kasper ! Kasper ! »

Mais je n'en suis pas sûr, c'étaient peut-être mes sanglots que j'entendais.

Il n'y avait pas de monde dans la rue ; j'arrivai de la sorte aux *Trois Pigeons* sans que personne m'eût vu pleurer.

Le même jour, je partais avec Waldhorn et les camarades pour Saint-Hippolyte, et cette histoire est finie ! Attendez : environ six semaines après, au commencement de l'hiver, étant à Wasselonne, je reçus une lettre de l'oncle Conrad ; la voici, je l'ai conservée ·

« Mon cher neveu Kasper,

« Tu sauras d'abord que les vendanges sont « faites et que nous avons cent vingt-trois « mesures de vin à la cave. Cela nous a donné « beaucoup d'ouvrage ; enfin, grâce à Dieu, « tout est en ordre. Sur les cent vingt-trois « mesures, il y en a dix-neuf à toi, je les ai « mises à part dans le petit caveau, sous le « pressoir. C'est un bon vin, il a du feu et se « conservera longtemps. Mériane est venu « m'offrir trente francs de la mesure quand le « vin était encore sur les grappes ; j'ai refusé.

« Si la mesure vaut trente francs pour Mériâne,
« elle les vaut aussi pour nous. Je ne suis pas
« pressé de vendre ; dans trois ou quatre ans,
« ce vin aura du prix, alors nous verrons
« Mais il ne s'agit pas de cela. Tu sauras,
« Kasper, que depuis ton départ il s'est passé
« bien des choses ; le père Yéri-Hans est venu
« me demander Margrédel en mariage pour
« son garçon, et Margrédel a consenti : voilà
« l'affaire en deux mots. Moi, j'ai dit que tu
« avais ma parole, et que je la tiendrais mal-
« gré tout. Je ne te cache pas que Yéri-Hans
« est un brave et honnête homme, c'est pour-
« quoi, si tu ne veux pas me mettre dans de
« grands embarras, tâche de revenir le plus
« vite possible. Réponds-moi d'une façon ou
« d'une autre.
« Je t'embrasse.
« Ton oncle, CONRAD STAVOLO. »

A cela, je répondis que j'aimais trop Margrédel pour faire son malheur, et que Yéri-Hans
pouvait l'épouser, puisqu'il avait son amour.
Ce qu'il m'en coûta pour écrire cette lettre et
pour l'envoyer, je ne me le rappelle qu'en
tremblant.

Cet hiver fut bien triste pour moi. Mais le
printemps revient tous les ans avec ses fleurs
et ses alouettes. Et quand on regarde ce beau
ciel bleu, quand on sent la douce chaleur vous
entrer dans le cœur, et qu'on voit les dernières
neiges se fondre derrière les haies, alors on
est tout de même heureux de vivre et de louer
le Seigneur.

Un jour, vers le printemps, Waldhorn, son
cor en sautoir, et moi, ma clarinette sous le
bras, nous suivions la petite allée de sureaux
derrière Saint-Hippolyte, pour nous rendre à
Sainte-Marie-aux-Mines. Je songeais à Margrédel, à l'oncle Conrad, à la maison, à tout
le village ; j'aurais voulu retourner là-bas,
seulement un jour, pour voir de loin le pays,
les montagnes, le coteau.

« Qu'est-ce qu'ils font maintenant? me disais-je. A quoi rêve Margrédel, et l'oncle Stavolo, et... l'autre? »

Je marchais, le front penché, quand tout à
coup Waldhorn me dit :

« Kasper, tu te rappelles qu'à la fin de l'automne dernier, à Eckerswir, je t'ai parlé de
Margrédel Stavolo... eh bien ! tu sauras que
cette fille et Yéri s'aimaient depuis longtemps.»

Et comme j'écoutais sans répondre, il poursuivit :

« Tu connais Waldine, c'est une des nôtres,
une bohémienne; elle-même m'a dit que depuis la fête de Kirschberg, elle portait à Margrédel les paroles de Yéri-Hans. Quand personne n'était à la maison, Margrédel mettait
un pot de réséda sur le bord de la fenêtre près
de l'escalier, et Waldine entrait. Voilà comment ils étaient d'accord.

—Pourquoi ne m'as-tu pas raconté cela
dans le temps? dis-je à Waldhorn.

—Bah! fit-il, ce qui doit arriver, arrive; si
Margrédel aimait mieux le canonnier que toi,
c'est tout naturel qu'elle l'ait épousé, cela vaut
mieux : elle t'aurait rendu malheureux ! Et
puis, supposons que tu te sois marié, Kasper,
je n'aurais jamais trouvé d'aussi bon clarinette
que toi ; de cette manière tout est bien : nous
pourrons faire de la musique ensemble, et
traîner la semelle jusqu'à la fin de nos
jours. »

FIN DES CONFIDENCES D'UN JOUEUR DE CLARINETTE.

LA TAVERNE

DU

JAMBON DE MAYENCE

I

Le 1er septembre 1840, de neuf heures du matin à six heures du soir, Frantz Christian Sébaldus Dick, maître de taverne au *Jambon de Mayence*, à Bergzabern , propriétaire du moulin de la Fromuhle, de la prairie de l'Eichmatt, des vignobles de Rothalps, de Frankenthal, de Gleiszeller et autres coins fameux, régala ses amis et connaissances en l'honneur de sa nouvelle acquisition des vignes de Kilian.

La taverne du *Jambon de Mayence* est située au fond de l'antique cour des Trabans, où l'on entre par une porte cochère, en face de la fontaine Saint-Sylvestre. Sa large toiture plate descend à quinze ou vingt pieds du sol ; une file de hautes fenêtres, étroites, à petites vitres rondes , donnent du jour à l'intérieur et s'ouvrent sur la grande cour. De ces fenêtres on voit, à droite le jeu de quilles qui longe les murs décrépits de la vieille synagogue ; à gauche , par-dessus les échoppes d'une foule de chaudronniers, de savetiers, de vanniers et autres gens de cette espèce, on découvre les pignons innombrables de la ville, avec leurs sculptures gothiques, leurs dentelures, leurs gargouilles, leurs girouettes bizarres et leurs nids de cigogne ; la flèche de granit rouge de l'antique cathédrale qui perce les nuages, et, plus loin , la côte de Frankentha couverte de vignes qui s'élèvent, d'étage en étage, jusqu'au sommet de la montagne. Tout est lumière là-haut, et quand, du fond de la cour sombre, on regarde les vignerons, la houe sur l'épaule, grimper les sentiers arides entre les vignes, ou les jeunes filles en petite jupe, les jambes nues, traîner leurs ânes, chargés de fumier, de terrasse en terrasse jusqu'à la cime des airs, vos yeux en sont éblouis.

Du haut de la côte, la cour lointaine, au milieu de ses vieilles bâtisses, produit l'effet d'une citerne ; pourtant le soleil y descend aussi tout chargé de poussière d'or, et la brise, en automne, y chasse les feuilles rouges que recueillent les pauvres vieilles, pour servir de litière à leurs chèvres.

C'est là, dans cette cour profonde, que maître Sebaldus donna son festin, et ce fut quelque chose de solennel, quelque chose de vraiment grandiose. Jamais je ne pourrai vous dépeindre ces longues tables couvertes de nappes blanches, à l'ombre des murs de la synagogue, les grandes soupières fleuronnées à ventre rebondi, les plats énormes de bœuf, de veau, de choux aux petites saucisses ; les pâtés aux larges flancs dorés, les hures de sanglier au vin blanc, les rôtis de cerf, les bouillies de gruau au sucre brun , les chapons et les cochons de lait croustillants , les gelées de volaille , les pâtisseries de Hunebourg , les fromages d'Ourmatt , d'Emmenthâl et de Hirschland, qui furent consommés en cette occasion mémorable.

Les garçons de taverne, en manches de chemise et tablier de cuir, couraient avec leurs brocs autour des tables , remplir les verres de *Deidisheim* , de *Gleiszeller*, d'*Umstein*, de *Bodenheimer*, selon le goût des convives; les verres cliquetaient, les canettes tintaient, les bouteilles gloussaient; la joie , le bonheur, se peignaient sur toutes les figures. L'orchestre du *Hareng Saur*, celui des *Trois Boudins* et du *Bœuf Gras* jouaient ensemble sur les immenses estrades dressées jusqu'aux toits; le soleil chaud remplissait l'air; on avait plaisir à se rafraîchir, et chacun, la joue rouge, l'œil ardent, la lèvre humide, taillait,' déchiquetait, levait le coude, avalait, riait et criait :

« Vive maître Sébaldus ! honneur à maître Sébaldus ! »

Toute la ville de Bergzabern assistait au gala; tous les toits d'alentour étaient couverts de têtes contemplant le service splendide, respirant l'odeur des viandes fumantes , et s'étonnant que maître Sébaldus eût invité tant de mauvais gueux, quand les honnêtes bourgeois auraient consenti volontiers à l'honorer de leur présence.

On s'indignait de voir Toubac, le chaudronnier ; Hans Aden , le marchand d'amadou ; Karl Bentz, le vannier; Nickel Finck, le vétérinaire; Bèvel Henné, la cardeuse de laine; Trievel Rasimus, la ravaudeuse; Ildes Jacob, le savetier ; Paulus Borbès, le rémouleur, et cent autres véritables chenapans, le bonnet de travers, le chapeau râpé, les manches trouées aux coudes, la chemise débraillée, les bottes éculées, la jupe pendante, avaler des alouettes rôties, des cuisses de poulet et de grands verres de *Deidisheim*, comme s'ils n'eussent fait que cela toute leur vie, et lâcher les boutons de leurs culottes l'un après l'autre, pour se farcir à l'aise de crème, de *kougelhof*, de *küchlen*, de compote et de toutes les choses les plus délicates.

« Oh! les gueux, se disait-on, comme ils mangent ! Voyez, n'est-ce pas abominable ! Ils avalent cinquante plats à la file, tandis que tant d'honnêtes gens se contenteraient d'un plat de choucroûte ou d'une omelette au lard les dimanches. Ils mériteraient d'être pendus, et on leur fait encore de la musique ! »

Tout cela n'empêchait pas le banquet d'aller son train , les éclats de rire de redoubler, les bouteilles de se vider, et l'orchestre d'élever ses chœurs joyeux jusqu'au ciel. Les musiciens, sur leurs estrades, avaient trois garçons pour les servir, qui montaient et descendaient

sans cesse le long de la rampe, le broc au poing. A chaque morceau, après s'être desséché le gosier à souffler dans leurs trombones, leurs cors de chasse et leurs clarinettes, ils recevaient une grande coupe de vin frais, pour s'entretenir l'haleine. Ils jouèrent le *Volfort* de Rastadt, le *Lutzelsteiner*, la *Course en traîneau*, les trois *Hopser* de Pirmesens, et les *Lendlers* de Creutznach.

Le vieux chef d'orchestre , Rosselkasten battait la mesure; on aurait dit , à le voir lever son archet, appuyer la jambe, se pencher, faire des signes à droite et à gauche, que c'était le diable en personne.

Vers trois heures, on n'entendait plus qu'un immense bourdonnement d'éclats de rire, de lambeaux de musique, de trépignements, de cris enroués et d'apostrophes joyeuses : Toubac pinçait la vieille Rasimus , Hans Aden entonnait le chant des *Pèlerins*. Au bout de la grande table du milieu, Christian, le peintre, sa toque de velours noir sur l'oreille, ses grands yeux bleus noyés de douces larmes, regardait la petite Fridoline Dick, fraîche et rose comme une églantine, qui rougissait et baissait modestement ses longues paupières. Maître Sébaldus, en face du capucin Johannes, à l'autre bout de la table, les joues cramoisies, son triple menton boursouflé comme un coq d'Inde, les bras nus jusqu'aux coudes, sa large panse repliée en forme de cornemuse sur les cuisses, les yeux arrondis à fleur de tête, et son gros nez , du plus beau vermillon qu'il soit possible de voir, riait à faire trembler les vitres d'alentour, et criait, en présentant sa coupe au garçon :

« Verse, Kasper, verse jusqu'au bord. Ha ! ha ! ha ! ça va bien... Buvons ! »

Et tous les autres répétaient en chœur, le verre haut :

« Buvons ! Oui... oui... il faut boire ! »

Le digne maître de taverne avait un goût particulier pour le vin rouge du Rhingau, il le préférait à tout autre, cela lui réjouissait le cœur. —Son ami Johannes , au contraire, préférait le vin blanc de Bodenheimer, et chose étrange, plus il en buvait, plus sa joue gauche se relevait, plus il s'assombrissait; de petites rides lui sillonnaient les tempes comme des éclairs, il riait en nasillant et bégayait :

« Ça va bien ! Que maintenant les trente-cinq mille légions de Belzébuth se déchaînent ! que la race d'Abimélech soit confondue ! que l'ange du Seigneur extermine les premiers-nés d'Egypte ! hé ! hé ! hé ! »

Puis il faisait trois ou quatre grimaces et posait sa longue mâchoire sur ses deux poings velus.

Le jour baissait alors, mais le soleil oblique n'en était pas moins chaud. Un grand nombre de curieux se retiraient des toits; les plus obstinés seuls restaient à se pâmer sur les tuiles. Quelques bambins s'étaient approchés des tables, et tantôt l'un, tantôt l'autre des convives leur passait son verre ou leur fourrait des *küchlen* dans les poches. La vieille Rasimus bégayait d'une voix chevrotante :

« Ah ! maintenant... maintenant, je n'en puis plus !... Toubac, je vous ai toujours aimé !

—Et moi aussi, Trievel, » répondait le chaudronnier.

Et ils se faisaient des yeux à mourir de rire.

Partout il en était de même; seulement les musiciens n'avaient plus de souffle, et l'ardeur de Rosselkosten commençait à se ralentir.

Or, comme on croyait le festin fini, et que plusieurs criaient :

« Entrons nous rafraîchir avec de la bière ! »

Voilà que du fond de la taverne s'avance un énorme pâté représentant le château de Rôthalps. Quatre garçons l'apportaient de la cuisine sur une large planche, et Grédel Dick, qui venait de mettre son bonnet à rubans roses, marchait à côté toute joyeuse. Et tandis que tout le monde soupirait, regardant ce beau pâté, le chef-d'œuvre de Grédel, et pensant qu'on ne pourrait jamais en venir à bout, on le déposa sur la table du milieu, puis deux paons farcis, ornés de leur queue en éventail, ce qui formait un coup d'œil superbe. L'orchestre se tut, et maître Sébaldus, faisant asseoir sa femme près de lui, se leva pour parler.

Le capucin Johannes, les sourcils joints en touffe à la racine du nez, les joues brunes, la barbe rousse, le gros capuchon de bure rabattu sur ses larges épaules, le contemplait en louchant d'un air rêveur, comme il arrive aux boucs quand ils regardent le soleil. Tous les autres convives, le nez en l'air, semblaient attentifs. Maître Sébaldus toussa trois fois, et dit d'une voix grasse et retentissante :

• Chers compagnons, voilà bientôt vingt ans que nous menons joyeuse vie ensemble; nous pouvons nous vanter et nous glorifier d'avoir bu des chopes, des pintes et des *moos*, Dieu merci !

« J'ai toujours fait en sorte de contenter tout le monde, d'avoir le meilleur vin, la meilleure bière, les meilleures andouilles, jambons, saucisses, boudins, et généralement tout ce qui peut satisfaire des gens qui jouissent d'un esprit sain et d'une bonne conscience. Par ce moyen, la taverne du *Jambon de Mayence* est devenue célèbre sur les deux rives du Rhin, depuis Strasbourg jusqu'à Cologne. C'est d'abord à moi, Frantz Christian Sébaldus Dick,

qu'elle le doit; ensuite à vous, chers amis et compagnons !

• Oui, vous avez fait la réputation de ma taverne, et elle grandira dans les siècles des siècles, comme je l'espère; car, après moi, d'autres viendront de ma race, qui ne la laisseront jamais périr. — Je suis, en quelque sorte, votre feld-maréchal, chers amis et compagnons; nous avons gagné bien des batailles ensemble; j'ai remporté le butin de la guerre : les moulins, les gras pâturages, les vignobles, et vous... vous... »

Maître Sébaldus ne sachant pas ce que les autres avaient gagné à cette guerre, prit son *moos* à deux mains et but un bon coup pour s'ouvrir les idées. Après quoi, posant sa cruche sur la table, il ajouta en riant aux éclats :

« Vous avez gagné la gloire... Ha ! ha ! ha ! »

Ces paroles ne plurent pas à tout le monde, et plusieurs pensèrent qu'il voulait se moquer d'eux. Cependant personne ne dit rien, et le gros homme, émerveillé de sa propre éloquence, poursuivit :

« Regardez, chers camarades, regardez ! Voici les vignes de Frankenthal, celles de Lupersberg, celles de Rothalps, et plus loin celles de Lauterbach, et bien d'autres que l'on ne peut voir d'ici. Eh bien, vous avez gagné tout cela pour Frantz Christian Sébaldus Dick. Est-ce que dans tout Bergzabern un seul bourgeois peut se glorifier d'en avoir autant ? Non, pas même le bourgmestre Omacht; je vous dis qu'il n'en a pas la moitié, pas le quart !

• Et cette taverne, la plus grande, la mieux fournie en nobles vins, à qui est-elle ? Et ma femme, Grédel Dick, la meilleure cuisinière du Rhingau, et ma fille Fridoline, et ma bonne santé ? — Quant aux amis, je n'en parle pas. Dieu merci, les amis ne manquent jamais lorsqu'on se régale; lorsqu'on leur donne des combats de coqs, des fêtes et des galas, les amis vous arrivent par centaines, ha ! ha ! ha ! comme les moineaux dans les blés, comme les pinsons dans le chanvre vert : ils ont toujours trente-deux dents à votre service et une besace vide.

• Aussi je puis dire que le Seigneur m'aime, car... »

En ce moment, le capucin Johannes, dont les joues, le nez, et même les oreilles, frissonnaient depuis le commencement de ce beau discours, s'écria :

« Maître Sébaldus, vous avez tort de laisser éclater votre orgueil comme vous le faites, ce n'est pas chrétien.

—Chrétien ! s'écria le tavernier, furieux d'être interrompu, je me moque bien d'être chrétien, moi. Tel que vous me voyez, je n'ai jamais eu de respect que pour le soleil.

—Le soleil, dit Johannes en haussant les épaules, vous êtes donc un païen? vous ne croyez pas à notre sainte religion, aux prophètes, aux apôtres, à la vocation du Seigneur? Vous n'avez donc ni foi ni loi ; vous adorez les oignons, les choux, les raves et les vaches d'Égypte ! vous êtes un Amalécite, un Moabite, un Madianite, un Philistin ! »

Chacun alors regardait, tendait l'oreille.

« Moi, répondit maître Sébaldus, je n'adore pas les oignons, ni les choux, ni les raves; j'aime bien mieux les boudins et les andouilles. Mais ça ne m'empêche pas de respecter le dieu Soleil. Celui-là, au moins on le voit, on sait ce qu'il fait pour nous. En hiver, quand il s'en va, tout le monde grelotte; au printemps, quand il revient, chacun danse, rit, chante ; les oiseaux, les poissons, les animaux à quatre pattes et les hommes, et jusqu'aux hannetons, oui, les hannetons se réjouissent de le revoir. Le soleil fait la pluie et le beau temps; sans lui, mes prés, mes champs et mes vignes ne me rapporteraient pas un *pfenning :* je tiens pour le dieu Soleil !

—Pourquoi donc allez-vous à la messe les dimanches? répliqua Johannes indigné.

—A cause de ma fille Fridoline, pour lui donner le bon exemple. Mais, quant à moi, je dis qu'il faut être aveugle, et même estropié du cerveau pour croire à autre chose qu'au soleil.

—Alors, qu'est-ce que nous sommes donc, nous autres? hurla le capucin. Nous sommes donc des artisans de mensonge et d'hypocrisie?

—Non, vous êtes des goinfres, » répondit le gros tavernier d'un ton goguenard.

Et dans le même instant la cour retentit d'une véritable tempête d'éclats de rire; on se tordait les côtes le long des tables, on se balançait, on s'étouffait, on n'en pouvait plus, de douces larmes coulaient sur les joues, et Sébaldus, tenant son large ventre à deux mains, criait :

« Ha! ha! ha! si j'ai jamais dit la vérité, c'est bien cette fois ! »

Mais le père Johannes ne riait pas ; il avait le vin mauvais, et surtout le vin blanc. Après avoir regardé quelques secondes cette foule qui s'égayait à ses dépens, ses yeux gris se plissèrent, puis il se leva les lèvres frémissantes. On crut qu'il allait s'en aller, et plusieurs jouissaient déjà de sa déconfiture ; mais lui, s'arrêtant derrière la chaise de Sébaldus, prit sa longue trique de cormier à deux mains, et, l'ayant balancée lentement, il en déchargea un coup si furieux sur les reins charnus du gros homme, que tous les assistants en eurent

la chair de poule. Et, bien loin d'être satisfait, il continua de la sorte jusqu'à ce que maître Sébaldus, qui faisait le gros dos et exhalait des hein! lamentables, se mit à crier :

« Ah! ah! mes amis... on me tue... au secours... au... secours ! »

Tout le monde alors ne fit qu'un cri :

« Assommons le capucin ! tombons sur le capucin ! »

Mais Johannes, reculant vers la porte des Trabans, ne semblait pas s'effrayer de ces cris.

Il était possédé d'une sainte fureur et faisait tourbillonner son énorme trique comme le vent. Les plats, les assiettes, les cruches volaient autour de lui par douzaines. Quelques-uns, indignés de l'orgueil du tavernier, venaient se joindre au terrible moine ; d'autres se sauvaient à toutes jambes ; les femmes gémissaient, Fridoline sanglotait dans les bras de Christian, la mère Grédel ôtait la cravate de maître Sébaldus, et voyant son dos tout bleu, levait les mains en appelant la vengeance céleste. Lui, ne disait rien, il paraissait ahuri, le vin coulait sur ses jambes, dans ses manches et jusque dans ses poches; il murmurait des paroles confuses. Sa triple couche de graisse l'avait seule empêché d'avoir les côtes rompues.

Toubac, Hans Aden, la vieille Rasimus, tous les savetiers, vanniers, chaudronniers et rémouleurs, s'acharnaient à la poursuite de Johannes. Sous la voûte des Trabans, la mêlée devint épouvantable; Toubac, s'étant trop approché de la terrible trique, reçut sur l'oreille un coup qui le renversa dans un coin, Paulus Borbès venait d'être éreinté, et la vieille Rasimus, sa tignasse grise arrachée, se retirait lentement de la bagarre en traînant derrière elle ses guenilles.

Lorsque Sébaldus sortit de sa stupeur profonde, il vit au loin le père Johannes qui battait en retraite en assommant les gens, comme l'ange exterminateur.

« Ah! gueux de capucin, s'écria-t-il, tu viendras encore me demander de remplir les paniers de ton âne ! je t'en donnerai des œufs, du beurre, du fromage et des boudins, je t'en donnerai ! »

Au bout d'un quart d'heure, les défenseurs du dieu Soleil restèrent enfin maîtres du champ de bataille. Mais quel spectacle ! quel dégât ! les vitres enfoncées, les tables renversées, les gens éclopés, le grand pâté et les paons à terre, les cruches, les assiettes en mille morceaux ! — Allez donc donner des festins de Balthazar à des savetiers, à des chaudronniers, à des capucins; servez-leur du *Forstheimer*, du *Pleis-*

Nous pourrons faire de la musique ensemble et traîner la semelle jusqu'à la fin de nos jours. (Page 43.)

zeller, de l'*Umstein* : que le ciel nous préserve d'avoir de pareils amis.

Ce qu'il y avait de pire, c'est que tout Berg-zabern riait de la débâcle universelle, et disait que les honnêtes gens n'ont de meilleures raisons pour se réjouir, que lorsque les gueux s'exterminent les uns les autres.

II

Et voilà comment ces deux vieux camarades, le père Johannes et maître Sébaldus, se séparèrent brusquement à propos du dieu Soleil, qui ne les regardait pas et faisait très-bien ses affaires sans eux. Cela nous prouve que les idées divisent bien plus les hommes que les choses; car les choses, on les voit, on les sent, on les goûte, on en jouit, tandis que pour les idées, chacun s'en forge d'après son tempérament et la couleur du vin qu'il a bu. Et cela nous prouve encore qu'il faut toujours boire du même vin que ses amis, si l'on veut rester d'accord avec eux.

Depuis vingt ans, le père Johannes remontait, chaque matin, au petit jour, la rue des Trabans, et sa longue figure de bouc s'épanouissait à la vue de la porte cochère; car maître Sébaldus était là, sur le seuil de la vieille taverne enfumée, qui l'attendait en manches de chemise, et lui tendait les bras.

« Hé! bonjour, père Johannes, lui criait-il de

« Aussi je puis dire que le Seigneur m'aime... (Page 46.)

« loin ; comment ça va-t-il ce matin ? Est-ce
« que les andouilles d'hier soir ont bien passé ?
« — Hé, mon Dieu oui , maître Sébaldus, ré-
« pondait le capucin d'un ton joyeux ; dame
« Grédel n'a pas son égale pour les andouilles,
« toute la nuit je m'en suis léché les mousta-
« ches. Et votre petit vin d'*Umstein* est une
« fameuse sauce pour les andouilles... Hé !
« hé ! hé ! »

Alors, tous deux, riant et jubilant, se serraient la main. Ils entraient dans la taverne;
le père Johannes déposait son bâton derrière
la porte, et maître Sébaldus criait d'une voix
retentissante : « Grédel ! Grédel ! voici le père
« Johannes, tu peux apporter la friture. Allons,
« père Johannes, asseyez-vous, je vais tirer
« une pinte du vieux vin pour nous rafraîchir.

« Il va faire joliment chaud aujourd'hui, il
« faut s'y prendre d'avance. »

Et le gros homme, embrassant sa pause à
deux mains, descendait dans le cellier à droite,
sous la galerie vermoulue, tandis que dame
Grédel ouvrait la porte de la cuisine en criant :
« Soyez le bienvenu, père Johannes, soyez le
« bienvenu. »

On entendait le beurre rire dans la poêle, et
l'on voyait la flamme danser dans l'âtre et
grimper comme un diablotin à la crémaillère.

Le père Johannes s'asseyait, les yeux riants,
tendus par deux grandes rides circulaires qui
faisaient le tour de ses joues musculeuses, et
dame Grédel accourait avec un grand plat de
professorswurst tout violets et couverts de petites
taches blanches de graisse bouillante. Maître

Sébaldus remontait de la cave sombre un broc au poing, et, le déposant sur la table, s'asseyait en face de son joyeux compère, en exhalant un gros soupir : « Déjeunons, père Johannes, disait-il. Grédel, apporte des chopes. « Vous allez me donner des nouvelles de ce « vin-là, père Johannes; c'est de ce vin gris « clair que nous avons récolté nous-mêmes il « y a sept ans; il n'a fait que se bonifier de-« puis, tous les jours. En visitant ma cave du « fond, sous le *schlossgarten* avant-hier, je l'ai « vu et j'ai dit : « Toi, je te reconnais ! » C'est « quelque chose de délicieux ! » Et il baisait le bout de ses gros doigts d'un air d'extase. « Nous allons voir, » répondait le capucin en retroussant ses grosses moustaches.

Maître Sébaldus lâchait quatre ou cinq boutons de sa culotte, et l'on empoignait les fourchettes. Un peu plus tard apparaissait Fridoline au haut de la vieille galerie, où s'ouvrait sa chambre; elle s'inclinait sur la rampe, les yeux encore endormis, le petit bonnet blanc noué sous son menton rose, et le petit fichu de soie en croix sur son sein. « Eh ! bonjour, père « Johannes, disait-elle. Bon appétit, papa Sé-« baldus. »

Et tous deux levaient la tête, l'un sa longue barbe luisante de graisse, l'autre ses joues pleines; ils répondaient ensemble : « Bonjour, « mon enfant, bonjour ! Viens donc prendre « un doigt de vin, ces *professersvurst* sont déli-« cieux. »

Elle descendait, et venait les embrasser l'un après l'autre.

Ah ! qu'ils aimaient cette enfant ! Combien de fois, depuis quinze ans, le père Johannes l'avait-il prise sur son âne *Polak*, lorsqu'il allait en quête ! combien de fois l'avait-il fait sauter dans ses larges mains velues ! Toute petite, il la promenait des heures entières sur les larges manches de sa robe de bure, elle sa petite joue rose contre sa joue brune, ses petites mains vermeilles dans sa barbe fauve, lui tout heureux, tout souriant, et les yeux un peu humides de satisfaction intérieure.

Il la promenait ainsi dans tout Bergzabern, dans la campagne, lui montrant de loin la ligne bleue du Rhin, qui s'éloigne dans les plaines verdoyantes, et du haut du Bocksberg, les villages innombrables, la vieille ville aux toits en équerre, les petites cours intérieures, les échoppes, les bouges; puis, au retour, il lui faisait voir la vieille Rasimus nourrissant ses lapins, Toubac raccommodant ses casseroles, ou la mère Bével filant de la laine. Partout il s'accoudait le long des fenêtres, pour lui faire plaisir et lui donner une idée de toutes choses. — Ah ! qu'il aimait cette enfant, qu'il aimait la taverne, qu'il aimait Sébaldus, et qu'il était aimé d'eux ! Tous les souvenirs de Fridoline se confondaient avec les bonnes explications du vieux capucin; elle le voyait, elle se le rappelait partout, elle le croyait de la famille.

Après le déjeuner, vers sept heures en été, huit heures en hiver, arrivaient les autres amis du *Jambon de Mayence* : Hans Aden, Toubac, Borbès, la vieille Rasimus, quelquefois tous ensemble les jours de fête, le plus souvent les uns après les autres, à mesure que chacun avait fini son ouvrage. On prenait un petit verre sur le pouce, on dépêchait un plat de choucroûte, on entrait, on sortait, ceux qui n'avaient rien à faire jouaient au *rams*, au *youker*, ou bien aux quilles dans la cour. Puis on dînait.

Le peintre Christian, le plus joli garçon de Bergzabern, avec sa petite toque et sa polonaise de drap vert bien serrée sur les hanches, l'œil vif, les dents blanches et la petite moustache blonde retroussée, arrivait d'habitude vers cinq heures du soir, en faisant résonner les talons de ses bottes dans la cour et sifflotant tout bas : « Que je t'aime, que je t'aime, ma tourterelle ! » Fridoline alors retirée dans sa petite chambre sous les toits, derrière ses pots de fleurs, le voyant venir, déposait aussitôt son ouvrage et descendait bien vite à la taverne. Elle était là, derrière le comptoir, quand il entrait. « Hé ! criait le brave garçon, salut, père « Johannes ! salut, maître Sébaldus et tous les « amis ! Une petite chope pour l'amour de Dieu, « maman Grédel ! — Hé ! c'est le petit, disait « Johannes ; à la bonne heure ! je commen-« çais à croire qu'il ne viendrait pas ce soir, « et ça me faisait de la peine. »

Il regardait du coin de l'œil la petite Fridoline, qui rougissait jusqu'aux oreilles. Christian serrait la main de tout le monde; puis, les deux coudes sur les épaules du vieux capucin, il faisait semblant de regarder la partie de Toubac, de Hans Aden ou de tout autre, sans quitter des yeux sa chère Fridoline, qui baissait ses longues paupières toute rêveuse. On ne rentrait guère chez soi avant minuit, et le père Johannes partait toujours le dernier, avec sa grande lanterne de fer-blanc, pour l'ermitage de Luppersberg.

Je ne parle pas des jours de combats de coqs, de combats d'ours, de grand concours de pinsons en automne, de la course des sacs, de la fête des asperges et des vendanges; ces jours-là, c'était bien autre chose encore, et la vieille Rasimus se distinguait en dansant le *Hopser* de Lutzelstein avec Toubac.

Telle était la vie de tous les jours; une vie grasse, plantureuse, une existence vraiment fortunée , et qui promettait de durer ainsi des siècles, à la satisfaction universelle.

Mais, pour en revenir à la grande bataille, cette nuit-là maître Sébaldus, indigné, ne fit que traiter le père Johannes de mauvais gueux, de va-nu-pieds, de pendard, de mendiant, de goinfre. Il ne croyait jamais en avoir assez dit sur son compte, et se ranimait à chaque instant pour l'accabler d'injures. Toubac , la vieille Rasimus et les autres, réunis autour des grandes tables de la taverne, ne cessaient de se glorifier de leur victoire ; et d'avaler des chopes avec enthousiasme.

Cependant, vers quatre heures du matin, quelques-uns furent pris tout à coup de la mélancolie des chats, et s'endormirent, en gémissant, le nez dans leur chope; d'autres eurent encore la force de se retirer en trébuchant. On les entendait au loin frapper à leur porte; on entendait les voisins ouvrir leurs fenêtres et les maudire , les chiens aboyer et les coqs annoncer l'approche du jour.

A cette heure, Sébaldus, assis derrière son comptoir, les yeux ronds et les joues pendantes, se prit à sentir la fraîcheur du dehors, car les fenêtres étaient restées ouvertes, et le brouillard matinal se répandait dans la taverne. Alors le gros homme eut l'idée d'aller se coucher; mais qu'on juge de sa consternation, lorsqu'il se sentit roide comme une bûche, et que des douleurs terribles lui passèrent tout le long du dos, depuis la nuque jusqu'au croupion.

« Seigneur Dieu ! fit-il, qu'est-ce que cela veut dire? »

Et tentant un nouvel effort, la douleur fut telle qu'il se prit à crier :

« Grédel !... ah ! Seigneur, qu'est-ce que je sens ! Ce gueux de capucin m'a cassé les reins... Ouf... je suis mort ! »

Et ses joues devinrent pourpres; il soufflait, clignait des yeux et criait ·

« Ho ! ho ! ho ! Seigneur, ayez pitié de moi. »

Le restant des convives s'éveilla stupéfait, épouvanté, comme ceux du festin de Balthazar.

Grédel accourut en criant :

« Sébaldus ! Sébaldus ! qu'as-tu?

—Ne me touche pas ! ne me touche pas ! gémissait le pauvre homme; quand on me touche, c'est comme si je recevais mille coups de bâton. Ah ! Dieu du ciel, dire que je ne peux plus bouger ni bras ni jambes; il faudra maintenant qu'on m'aide à boire... Ah ! Seigneur. Encore, si j'étais sûr d'en réchapper... Grédel, Grédel, cours vite chez le docteur Eselskopf... qu'il vienne tout de suite. Ah ! brigand de capucin, moi qui t'ai nourri... Que le diable emporte le soleil... Je me moque pas mal du soleil ! »

Il criait si fort, que tous ses amis et Toubac lui-même en furent épouvantés; la vieille Rasimus seule conserva tout son calme, et fourrant ses cheveux gris dans son bonnet, elle puisa une large prise dans sa tabatière de carton noir, et dit d'un air philosophique :

« Il a une courbature , le pauvre cher homme. Ne vous effrayez pas, dame Grédel, ne vous effrayez pas; les coups de bâton sont marqués sur son dos, c'est tout naturel. Restez tranquillement chez vous , faites un emplâtre de graine de lin ; moi, je vais éveiller Eselskopf, il ordonnera des compresses à l'eau-de-vie, c'est ce qu'il y a de mieux contre les coups de bâton, je sais ça ! »

Et elle sortit en marmottant :

« Dieu du ciel, que ces hommes gras sont douillets; moi, j'en aurais reçu dix fois autant, que je ne dirais pas seulement : « Ho ! » Ce que c'est pourtant d'avoir la peau blanche et luisante comme un ortolan. »

III

Le jour commençait à blanchir les pignons décrépits, et Trievel Rasimus, la tête penchée, un pan de sa robe traînante relevé dans la main, les grandes franges de son bonnet retombant sur son nez rouge, trottait comme une vieille hase dans la ruelle du Pot-Cassé, en murmurant des paroles confuses :

« Quelle noce nous avons faite ! Dieu de Dieu, quelle noce! m'en suis-je donné ! se disait-elle. Hé ! hé ! la bonne aubaine ! En voilà pour six semaines, jusqu'à la fête des vendanges. Les pommes de terre, les carottes et les navets vont recommencer : gueux de navets, je n'en peux pas les sentir ! Et quand on pense qu'il y a des gens qui mangent tous les jours des omelettes au lard, des harengs saurs et de la morue, et qui font des noces tout le long de l'année ! »

Puis rêvassant tout haut :

« Toubac en tient pour moi, se disait-elle; je l'ai ébloui, c'est clair comme le jour; il faut que je l'entortille tout à fait, pour que nous nous marions ensemble. Alors , tout sera bien ; il travaillera comme le caniche du cloutier Hans ; moi, je ferai tranquillement mon café tous les jours au coin du feu, je rôtirai des marrons en société de la mère Schmutz et de mademoiselle Sclapp, ma bonne chauffe-rette sous mes jupons, pendant que Toubac gèlera dehors à raccommoder ses casseroles. Tiens, c'est tout simple, quand on adore la beauté, il faut qu'on se sacrifie pour elle. »

Et la vieille, en pensant à ces choses, se donnait des tours de reins gracieux, et souriait dans sa barbe grise; elle croyait déjà tenir le chaudronnier sous sa coupe.

Au bout de dix minutes environ, Trievel Rasimus déboucha sur la Kapougnerstras, en face d'une maison étroite, ayant deux fenêtres grillées au rez-de-chaussée, la porte précédée de cinq ou six marches raboteuses.

« Nous y voilà! » se dit-elle.

Et tirant sa tabatière du fond de sa poche, elle aspira d'abord une prise, s'essuya les moustaches du revers de la manche; après quoi, grimpant les marches de la cassine, elle donna trois coups de marteau, qui retentirent au loin dans la rue silencieuse.

Presque aussitôt on entendit quelqu'un remuer dans la maison.

« Eselskopf met ses savates et sa robe de chambre verte; il a peur d'attraper un gros rhume, » fit la vieille en clignant de l'œil.

Puis elle prêta l'oreille, et, n'entendant plus rien, elle se remettait à frapper de plus belle, quand une fenêtre s'ouvrit brusquement au premier, et une tête longue, jaune, maigre, les joues creuses, le front étroit, surmonté du bonnet de coton en pyramide, une grosse cravate de laine bouffante autour d'un vrai cou de girafe, et les épaules revêtues de la robe de chambre verte à larges fleurs jaunes; bref, la tête, le cou et le bras maigre du docteur Eselskopf se penchèrent au dehors. Le digne homme, regardant dans la rue, se prit à crier :

« Qu'est-ce qu'il y a? qu'est-ce qu'on veut? Vous n'avez pas besoin de frapper jusqu'à demain; je ne suis pas sourd.

—Ah! pardon, monsieur Eselskopf, dit la vieille; il faut arriver bien vite chez maître Sébaldus Dick, à la taverne du *Jambon de Mayence.*

—Est-ce que maître Sébaldus est malade?

—Oui, monsieur le docteur, son ami Johannes lui a donné des coups de bâton sur le dos, et le pauvre cher homme ne peut plus remuer.

—Ah! ah! j'avais prévu cela, fit Eselskopf, dont la longue figure jaune s'illumina de satisfaction. C'est un corps brûlé par les liqueurs spiritueuses; maintenant il a recours à moi, quand l'incendie se déclare. Bon, bon, j'arrive. »

Et Eselskopf se retira de la fenêtre.

Ce docteur, le seul de Bergzabern, aimait autant l'eau que maître Sébaldus aimait le vin. Il avait même essayé de fonder en ville une société de tempérance, pour combattre l'ivrognerie et le débordement de la chair. Mais allez donc fonder une société de tempérance en pays vignoble, en face de la cour des Trabans! Sauf trois ou quatre goutteux, deux ou trois graveleux et cinq ou six vieilles filles quinteuses, Eselskopf n'avait pu rallier personne à sa doctrine. Il avait eu beau prédire les plus terribles accidents aux amis du *Jambon de Mayence*, pas un ne s'en était ému, et le pire, c'est que tous continuaient d'être gros et gras, frais, vermeils, riants et jubilants.

M. Eselskopf, maigre comme un coucou et jaune comme un citron, nourrissait une sorte de malveillance secrète contre maître Sébaldus, dont la nature plantureuse était la critique vivante de ses idées sur le vin et la bonne chère. Qu'on juge de sa satisfaction en apprenant que le gros homme avait enfin besoin de lui; il triomphait d'avance, et voyait tous les suppôts de Bacchus embrigadés dans sa doctrine. Pendant qu'il s'habillait, la vieille Rasimus se prit à songer qu'un incendie de liqueurs spiritueuses dans l'estomac devait être quelque chose de terrible, et quand, dix minutes après, le docteur parut sur le seuil avec son vieil habit de ratine noire, sa culotte de velours, ses bas de soie et ses souliers ronds à boucles d'argent, le jonc à pomme d'ivoire sous le bras et le tricorne en tête, elle lui demanda d'un ton de confidence :

« Vous pensez donc, monsieur Eselskopf, que maître Sébaldus a le feu dans le corps?

—Sans doute, dit-il; voilà les effets de l'intempérance; que ceci vous serve de leçon ! Combien de fois n'ai-je pas averti maître Sébaldus qu'il se précipitait dans un abîme sans fond et sans rivages, par l'abus du vin et des viandes succulentes? Bien loin de m'écouter, il se moquait encore de mes avis salutaires; il portait même l'inconvenance jusqu'à me rire au nez, en m'appelant buveur d'eau et mangeur de fromage blanc. Plût à Dieu qu'il n'eût jamais bu que de l'eau et mangé du fromage blanc! au lieu d'acquérir cette énorme corpulence, cette face pourpre, signe d'apoplexie imminente, il se serait maintenu dans d'heureuses conditions hygiéniques; les fluides se seraient tenus en équilibre dans ses vaisseaux, et nous ne serions pas forcés aujourd'hui d'éteindre cet embrasement colossal, qui se déchaîne spontanément et comme je l'avais prévu.

« Quand on songe à ce que cet homme a bu de vin, de kirschwasser, de bière, de liqueurs de toutes sortes depuis vingt ans, il y a de quoi frémir; on doute que toutes les eaux du Rhin et toutes les neiges de la mer Glaciale puissent apaiser l'inflammation intérieure qui le consume. C'est incroyable, c'est quelque chose d'exorbitant et de sinistre. Enfin, il faut essayer, la science nous impose le pénible de-

voir d'essayer. Si nous avions le bonheur de
réussir, ce serait une cure merveilleuse, unique
dans son genre ; j'en enverrais la description
à toutes les académies de l'Europe. »

Ainsi parlait Eselskopf tout en marchant,
s'adressant plutôt ces réflexions à lui-même
qu'à Trievel Rasimus.

La vieille, d'après le ton du docteur, jugeait
maître Sébaldus un homme mort, et faisait
vœu pour son compte de ne plus jamais boire
que de l'eau.

C'est ainsi qu'ils arrivèrent à la cour des
Trabans, où régnait alors une agitation inusi-
tée, car tous les amis de Sébaldus, à la nouvelle de son accident, étaient revenus, encore
tout engourdis du sommeil de l'ivresse.

La porte de la taverne était ouverte ; on ne
faisait qu'entrer, sortir, regarder en tous sens,
se raconter la chose, lever les mains au ciel,
maudire Johannes et boire du vin blanc pour
se donner du courage. La mère Grédel s'essuyait les yeux avec son tablier, en racontant
le malheur à cinq ou six commères, qui se
pressaient autour d'elle, et Christian, assis
derrière le comptoir, cherchait à consoler la
petite Fridoline qui pleurait à chaudes larmes.

Lorsque Eselskopf et la vieille Rasimus parurent sous la voûte des Trabans, une foule de
voix s'écrièrent :

« Les voilà... les voilà ! »

Eselskopf devint fort grave ; en traversant la
cour, ses yeux se portèrent sur les tables, où
Toubac et plusieurs autres levaient le coude
un peu dans l'ombre. Le digne homme, à cette
vue, parut éprouver une sorte d'horreur, et,
quand il fut sur le seuil du *Jambon de Mayence*,
s'arrêtant une seconde, il dit :

« Oui, me voilà, me voilà ! Quand des gens
de cette espèce — il montrait les buveurs — ont
passé dix, quinze, vingt ans à s'ingérer tous
les poisons de la nature, du matin au soir, et
qu'il leur arrive enfin de se sentir tout à coup
embrasés, consumés jusqu'aux entrailles, jusqu'à la moelle des os, alors on nous appelle, on
nous crie : « Le voilà... le voilà... Sauvez-
nous ! » Mais nous ne sommes pas des dieux,
ce qui est brûlé est brûlé. »

Il avait l'air de vouloir en dire davantage,
mais comme Toubac lui répondit tranquillement, en vidant sa chope :

« A votre santé, monsieur Eselskopf ! »

Il haussa les épaules et demanda :

« Voyons le malade. »

La mère Grédel, tout en larmes, le précéda
dans le vieil escalier de la taverne, et toutes
les commères les suivirent dans une sorte de
recueillement religieux. Au haut de l'escalier
s'ouvrait la chambre de Sébaldus, sur l'antique galerie vermoulue ; cette chambre, assez
vaste et haute, recevait le jour de la cour
intérieure par deux fenêtres. Il y avait à droite
une vieille armoire sculptée, à belles ferrures
luisantes ; à gauche, un grand lit à baldaquin,
les rideaux bleu de ciel à carreaux blancs, et
dans ce lit était couché, la tête haute, le dos
dans un énorme tas de coussins, maître Sébaldus, dont on découvrait à peine le nez
pourpre et les grosses joues en forme de ci-
trouille, sous un bonnet de coton. Le gros
homme avait une physionomie vraiment con-
sternée ; à peine vit-il entrer Eselskopf qu'il
gémit :

« Sauvez-moi, monsieur Eselskopf ; vous
êtes mon unique consolation dans le malheur ;
ce gueux de capucin m'a brisé les os, je ne
peux plus seulement remuer le cou. Ah ! le
brigand ! un homme que j'aimais comme mon
propre frère ! »

Eselskopf, sans rien dire, déposa son tricorne
au rebord de la fenêtre et sa canne dans un
coin ; puis, relevant ses manchettes jaunes, il
s'approcha lentement du lit et prit le pouls de
maître Sébaldus, qui le regardait, les yeux
arrondis par la crainte. Le savant docteur,
son front chauve, étroit et jaune, contracté,
les yeux fixes, les lèvres serrées et le menton
dans sa cravate blanche, semblait réfléchir.
Derrière, Grédel, Christian, Toubac, Hans
Aden, une dizaine de commères, attendaient,
se regardant les uns les autres. Fridoline n'o-
sait monter, de peur d'apprendre qu'il n'y
avait plus de remède. Et comme Eselskopf ne
disait rien, l'épouvante de Sébaldus grandissait
de seconde en seconde. A la fin, n'y tenant
plus, il allait crier : « Est-ce que je suis mort
sans rémission ? » lorsque enfin le docteur dit
en hochant la tête :

« Fièvre latente ! pouls irrégulier ! soubresauts des tendons ! symptômes gastriques !
haleine embarrassée ! »

Et il continua de la sorte, jusqu'à ce que
Sébaldus, qui pâlissait à mesure, s'écria :

« J'ai donc toutes les maladies réunies,
maintenant !

— Vous ne les avez pas toutes, dit Eselskopf,
vous êtes trop usé, trop épuisé, trop annihilé
par l'usage immodéré de la boisson, pour les
avoir toutes, mais vous en avez au moins la
moitié, et les plus dangereuses. »

Sébaldus voulut encore parler, mais sa langue était devenue si épaisse, qu'il ne put dire
un mot.

« Ah ! s'écria la mère Grédel, quand on
pense que ce malheureux père Johannes est
cause de tout.

— Non, madame Dick, non ! s'écria Eselskopf

avec dignité, n'attribuez pas la cause d'un pareil état aux coups de bâton portés par cet homme; rendons à César ce qui appartient à César. La cause de ce mal est bien antérieure aux événements d'hier soir; la cause de ce mal remonte à quinze, vingt et peut-être trente ans; toutes les liqueurs, tous les vins absorbés par monsieur Dick, ont déposé lentement en lui un germe de toute espèce de maladies; de sorte qu'en se réunissant, ces germes ont formé dans sa personne une sorte d'œuf, contenant en graine toutes les infirmités, comme la boîte de Pandore. Il y avait hier dans cet œuf la gravelle, la goutte, la sciatique, les rhumatismes articulaires, la gastrite, les rétentions de toute sorte, l'apoplexie séreuse et l'apoplexie sanguine, la paralysie générale et partielle, et une foule d'autres maladies qu'il serait trop long d'énumérer. Tout cela se trouvait dans l'œuf, madame Dick; l'œuf devait éclore tôt ou tard : cela pouvait encore durer trois mois, six mois, un an peut-être. Je veux bien admettre que les coups de bâton du père Johannes aient cassé l'œuf, mais les petits étaient dedans, et le capucin ne les y avait pas mis; c'est maître Sébaldus, ici présent, qui les y avait mis et couvés lui-même.

—Il n'y a donc plus de remède? s'écria la mère Grédel en joignant les mains.

—Si, madame Dick, il y a un remède propre à toutes les maladies, un remède qui guérit tous les maux, toutes les infirmités humaines, ce remède est le contraire du vin, qui produit toutes les misères; c'est l'eau, madame Dick, c'est l'eau, dont les hommes ingrats méconnaissent les vertus, c'est l'eau que nous allons appliquer. »

Et comme maître Sébaldus, recouvrant la voix, disait :

« Ah! pourvu que je guérisse, je boirai de l'eau... Oui, j'en boirai... quoique depuis bien longtemps j'en aie perdu l'habitude.

—Vous guérirez, dit Eselskopf d'un ton ferme; seulement ce sera peut-être un peu long, car, pour entraîner les mauvais germes, il vous faudra boire autant d'eau que vous avez bu de vin. Or, comme vous buvez du vin depuis vingt à trente ans, et quelquefois six, sept, huit et dix bouteilles par jour, jugez du nombre de bouteilles d'eau qu'il vous faudra boire. »

Alors la figure de Sébaldus, qui commençait à s'épanouir, devint sombre, ses joues tombèrent, et il bégaya :

« Je ne peux pourtant pas en boire plus de dix pintes par jour, et si ça dure trente ans, je serai trop vieux pour pouvoir reprendre du vin. »

A cette réflexion, Eselskopf se fâcha.

« Du vin! s'écria-t-il, vous pensez encore à reprendre du vin! en ce cas, je n'ai plus qu'à m'en aller. »

Il saisissait déjà sa canne et son tricorne, quand la mère Grédel et tous les autres le supplièrent de rester. Il se laissa fléchir, et prescrivit d'appliquer sur-le-champ à maître Sébaldus, des compresses d'eau à la glace sur les reins, et de renouveler ces compresses de quart d'heure en quart d'heure. Quant à la boisson, de l'eau claire; et pour le manger, des épinards, de l'oseille et des choux cuits à l'eau. Il défendit les pommes de terre comme trop nourrissantes, et prévint la mère Grédel que le moindre écart de régime tuerait du coup maître Sébaldus, comme un poison violent.

Alors il sortit majestueusement, et je vous laisse à penser la mine et les réflexions que dut faire maître Sébaldus, quand on lui appliqua sa première compresse de glace sur la nuque, et qu'on lui donna son premier verre d'eau pour le consoler.

« Ah! seigneur Dieu, criait-il, qu'est-ce que j'ai fait pour mériter un si triste sort? Grédel, Grédel, ce linge froid me donne des frissons... Je ne me sens plus... Ah! le gueux de capucin... Eselskopf a beau dire : sans lui, l'œuf aurait pu durer encore longtemps; c'est ce misérable Johannes qui l'a cassé, et maintenant, voilà que tous mes vieux péchés sortent par centaines. »

Et chaque fois qu'on lui présentait un verre d'eau, le pauvre homme faisait une mine vraiment pitoyable.

« De l'eau... toujours de l'eau! gémissait-il; je n'en puis plus, et c'est avec de l'eau qu'on veut me ressusciter; encore si elle était rouge, je pourrais du moins la regarder; mais de l'eau claire, rien qu'à la voir, mon pauvre estomac grelotte! Et puis, ces épinards, cette oseille, ces choux à l'eau; toujours des épinards, ces choux à l'eau; toujours des épinards, ces choux à l'oseille, ça me fait prendre la verdure en grippe. Qui jamais aurait cru que je pourrais en venir là? je suis sûr qu'en me voyant, je me ferais peur à moi-même. »

Le fait est que le pauvre homme maigrissait d'heure en heure; sa graisse fondait à vue d'œil, son gros nez devenait bleu, et son triple menton, se vidant, ne forma bientôt plus qu'une mince collerette transparente, qui lui descendait en serpentant sur la poitrine.

« Allons, Sébaldus, allons, du courage! lui disait sa femme. Tiens, je t'apporte ce que tu aimes le mieux, tes bons choux, à la place de l'oseille qui t'agace les dents.

—Mes choux... mes bons choux... tu veux

te moquer de moi, Grédel; mes bons choux!
faisait-il, c'est abominable de rire d'un pauvre
malade.

—Voyons, Sébaldus, calme-toi; si tu te
fâches et si tu te plains déjà le cinquième jour,
comme tu fais, que sera-ce donc dans trois ou
quatre mois? Il faut de la patience. »

Ces réflexions judicieuses stupéfiaient tellement Sébaldus, qu'il ne trouvait plus un mot
à dire. Quelquefois, lorsque Fridoline, les yeux
tout rouges, venait le voir, il la regardait
longtemps, et une larme coulait lentement sur
sa joue pendant :

« Tu vois, mon enfant, tu vois à quel état
est réduit ton pauvre père, murmurait-il tout
bas; ce n'est plus qu'une ombre, mais c'est
une ombre qui t'aime bien, Fridoline; c'est
une ombre qui voudrait te voir bien heureuse,
chère enfant. Dans ma misère, avec cette eau
froide sur le dos, et ces épinards dans l'estomac, j'ai encore la force de t'aimer! »

Alors ils sanglotaient tous deux ensemble,
il y avait de quoi vous fendre l'âme.

Quant à Eselskopf, il venait régulièrement
deux fois par jour, et voyant Sébaldus maigrir,
pâlir et s'affaissant, il se disait :

« Bon... bon... ça va bien... ça va très-bien.
Puisque les épinards et l'oseille produisent un
si bon effet, il faut continuer. Et si l'oseille
agace les dents du malade, il faudra s'en tenir
aux épinards. »

Peindre la figure de Sébaldus, lorsqu'il entendait ces choses, serait impossible; ses yeux
s'arrondissaient, ses joues pâlissaient; la colère, l'indignation l'étouffaient; l'aspect seul
d'Eselskopf lui donnait froid. L'idée de cet
homme et celle de l'eau claire n'en faisaient
plus qu'une dans sa tête; il en avait horreur,
et parfois il se prenait à croire qu'Eselskopf se
vengeait de lui, ce qui l'exaspérait plus qu'il
n'est possible de le dire.

IV

Cependant le bruit de ces événements étranges : de la grande bataille, des coups de trique
et de la maladie de maître Sébaldus, s'était
répandu dans le pays, et c'est alors qu'on put
voir combien le digne maître de taverne avait
d'amis sur la rive gauche du Rhin.

En effet, le dimanche suivant, une foule
innombrable de buveurs accoururent s'informer de son état. Il en arrivait de cinq, six et
jusqu'à dix lieues à la ronde. Il y en avait de

vieux à perruque, le dos cassé, les genoux en
zigzag, le tricorne sur la nuque et le nez bleu;
il y en avait des jeunes en bien plus grand
nombre, et même quelques femmes arrivant
de Pirmesens et de Landau. Tous ces braves
gens défilaient en procession sous la voûte
des Trabans; ils se serraient la main d'un air
triste, puis s'acheminaient vers la taverne, où
la mère Grédel les recevait tout en larmes,
leur recommandant de s'asseoir le long des
grandes tables et de ne faire aucun bruit, car
maître Sébaldus ne pouvait plus entendre le
glou-glou des bouteilles et le cliquetis des
fourchettes, depuis qu'il buvait de l'eau et se
nourrissait de légumes.

Vers une heure, ces braves gens, au nombre
de cinquante ou soixante, présentaient un coup
d'œil attendrissant; tous buvaient et
causaient dans un recueillement qui vous faisait venir les larmes aux yeux. L'un vantait
le bon cœur de maître Sébaldus, l'autre ses
bonnes idées, l'autre son humeur joyeuse.

Le vieux greffier Frantz Schlouck, le plus
fin connaisseur en vins du Rhingau, racontait
comment il l'avait vu jadis arriver à Bergzabern, simple garçon vigneron, ne possédant
que son tablier de cuir, son gilet rouge et sa
serpe, mais plein de bon sens, doué d'un
grand appétit et d'une soif proportionnée;
comment il s'était marié fort heureusement
avec Grédel Baltzer, la cuisinière du grand
hôtel de l'*Aigle*, par amour du vin rouge, du
jambon et du pâté de veau, ce qui prouvait,
disait-il, un rare discernement; comment il
s'était établi d'abord dans le cul-de-sac des
Tanneurs, à l'enseigne des *Trois Harengs*, où
les charbonniers et les marchands de bois
avaient commencé sa réputation; mais que
plus tard, aspirant au grand monde, il avait
vendu cette petite taverne, pour acheter le
fonds de la vieille synagogue, ce qui fut un
véritable trait de génie, car ses affaires n'a-
vaient fait que croître et s'embellir tous les
jours, la foule s'étant portée en masse à la
cour des Trabans.

« Et depuis, grâce au ciel, disait le digne
greffier, la vieille cour était plus fréquentée
que l'église. Voilà ce que font le bon vin, la
bonne humeur et les bons comestibles, ajouta-
t-il, ils font les bonnes digestions, et les bonnes digestions sont les trois quarts de la santé,
du plaisir et de la prospérité en ce bas monde.»

Chacun reconnaissait la justesse de ce discours.

D'autres alors exaltèrent les exploits de
maître Sébaldus aux grands concours de la
Cruche de Rudesheim. En telle année, il avait
battu tous les vignerons, et même le fameux

— Est-ce que maître Sébaldus est malade? (Page 52.)

Sexomen de Neustadt. En telle autre année, il avait mis tous ses adversaires sous la table ; une tonne d'une mesure ne lui faisait pas peur, d'autant plus qu'il mangeait en proportion, ce que les autres ne pouvaient faire. On célébra ses heureuses opérations, ses grandes caves, son cellier, le plus frais de Bergzabern, et, finalement, comme trois heures sonnaient à l'église Saint-Sylvestre, le vieux Zaphéri Mutz dit qu'il fallait aller le voir ; que cela lui ferait certainement plaisir ; qu'on lui souhaiterait une bonne santé, et qu'on lui témoignerait l'espérance de le voir bientôt assis au milieu de ses anciens camarades, la cruche au poing, ce qui ne pouvait manquer de lui mettre la joie au cœur.

Tous, à l'unanimité, trouvèrent cette idée très-bonne ; la mère Grédel eut beau leur dire qu'il avait besoin de repos.

« Bah ! s'écria Zaphéri, nous le connaissons bien, rien que le plaisir de nous voir serait capable de le guérir. »

Et, bon gré, mal gré, la mère Grédel dut aller prévenir Sébaldus que ses vieux compagnons allaient défiler autour de son lit et lui serrer la main. Sébaldus venait de prendre sa huitième pinte d'eau quand il reçut cette nouvelle ; il était aussi pâle et défait que les autres étaient rouges et joyeux ; son nez pourpre avait pris des teintes violettes, par le froid intérieur ; la consternation se peignait dans ses yeux. Avant qu'il eût eu le temps de répondre, la porte s'ouvrit, et ses joyeux compères d'autrefois entrèrent deux à deux en disant :

Il regardait du coin de l'œil la petite Fridoline. (Page 56.)

« Hé! hé! maître Sébaldus, comment ça va-t-il? Ha! ha! ha! vous voilà donc malade une fois... ça ne vous arrive pas souvent... Ça ne sera rien... ça ne sera rien! »

Mais à peine l'eurent-ils regardé, que la voix leur manqua; un frisson leur passa dans le dos, et plusieurs se tournèrent vers la porte pour s'en aller. Comment un homme si gros, si frais, si vermeil il y avait huit jours, pouvait-il être réduit à ce point? Cela ne leur semblait pas naturel. Les derniers arrivants poussant les autres, bientôt toute la chambre fut remplie de ces bons vivants, la bouche béante, les yeux écarquillés, regardant muets de terreur.

Zaphéri Mutz avait préparé quelques mots d'encouragement pour le malade, mais alors il n'eut pas le courage de les prononcer et se prit à bégayer :

« Oh! le gueux de capucin! dans quel état il vous a mis, mon pauvre Sébaldus; ça fait dresser les cheveux sur la tête.

—Oui, oui, balbutia le pauvre homme, qui, lisant la stupeur sur toutes ces figures, en conçut une peur singulière; oui... ça ne peut plus durer longtemps comme cela... Je ne tiens plus ensemble... *je m'en va...* je n'ai plus seulement la force de tousser... Ho! ho! ho! quel malheur... quel malheur!

—Le brigand de capucin! s'écrièrent plusieurs autres, le misérable gueux! si nous avions été là, tout cela ne serait pas arrivé!

—Ah! fit Sébaldus, il vous aurait tous exterminés jusqu'au dernier; vous ne connaissez

pas sa tureur !... C'est le Seigneur lui-même...
c'est l'ange du Seigneur qui m'a puni de mes
péchés innombrables, de ma paresse, de mon
ivrognerie, de ma gourmandise, de mes blas-
phèmes contre son saint nom. Jamais le père
Johannes n'aurait eu cette force tout seul. Son
bâton m'entrait dans le dos comme un sabre !
Maintenant me voilà... Que la volonté du Seigneur soit faite... Oui, que votre volonté soit
faite, mon doux Jésus ! Je ne murmure pas...
je reconnais votre justice... je renonce à Satan,
à ses pompes et à ses œuvres !... C'est fini... je le
sais bien... Il y a longtemps que la mesure
était pleine... elle a débordé par ma faute...
par ma très-grande faute. J'ai blasphémé...
Les tempêtes se sont déchaînées sur moi ! »

Il disait ces choses par la peur horrible qu'il
avait de mourir; on aurait juré, à le voir les
mains jointes et le nez violet, que c'était un
véritable saint du paradis.

« Bah ! fit Zaphéri Mutz tout pâle, vous en
reviendrez, maître Sébaldus; vous pouvez encore en revenir.

—Non, Zaphéri, non; je sais bien que ma fin
approche. Tout ce que je désire maintenant,
c'est que vous profitiez de mon exemple pour
vous convertir, car nous menions tous ensemble une vie bien criminelle, et que vous renon-
ciez aux faux biens de la terre. Regardez-moi :
à quoi me servent maintenant mes fermes,
mes vignes, mes moulins, mes caves, mes
vieux vins de Rudesheim, de Markobrünner,
de Johannisberg, et tant d'autres, que je ré-
servais pour la satisfaction de ma bouche et la
perdition de mon âme? Tout cela n'existe plus
pour Frantz Christian Sébaldus Dick. Hélas !
c'est la vanité des vanités ! »

Alors il se prit à pleurer en songeant à ces
choses.

Chacun se disait :

« Maître Sébaldus est un saint homme, nous
ne l'aurions jamais cru, il parle comme un
prophète. »

On ne pouvait rien voir de plus édifiant,
surtout quand on songeait que le digne maître
de taverne avait déclaré huit jours auparavant
qu'il fallait être estropié du cerveau, pour
croire à autre chose qu'au dieu Soleil.

Voilà comment les réflexions inspirées par
l'eau claire vous ramènent un homme aux
saines doctrines, et voilà pourquoi les saints
anachorètes sont toujours représentés vivant
de racines au milieu du désert. C'est un sym-
bole, une sorte d'apologue en peinture.

Mais tout cela n'empêchait pas les amis du
Jambon de Mayence d'être consternés d'une pareille transformation, et de faire un triste
retour sur eux-mêmes. « La même chose peut

nous arriver, pensaient-ils; tout le vin que
nous avons bu peut tourner en vinaigre du
jour au lendemain. Alors, au lieu d'être frais
et vermeils, nous tomberons ensemble, comme
une vessie qu'on désenfle, et ce sera, pour
chacun de nous en particulier et pour tous en
général, l'abomination de la désolation prédite
par les saintes Écritures. »

Or, ces réflexions judicieuses ne leur parais-
saient pas gaies; au contraire, ils en devenaient
tout mélancoliques, et tous, les uns après les
autres, se retiraient doucement, gagnaient
l'escalier, puis la cour des Trabans et la rue,
et s'en allaient la tête basse, sans oser regarder ni à droite ni à gauche. Au bout de vingt
minutes, maître Sébaldus restait seul dans la
chambre avec la vieille Rasimus et Grédel,
qui tricotaient en silence, Christian qui rêvait,
et la petite Fridoline qui n'avait plus de larmes, à force d'avoir pleuré. Tous les vieux
camarades étaient partis, et cela prouve que
si le chanvre vert attire les moineaux et les
pinsons, l'épouvantail du malheur les chasse
bien vite.

V

La désertion des amis de maître Sébaldus
eut un effet étrange à Bergzabern ; le bruit se
répandit que toutes les prédictions d'Eselskopf
s'étaient vérifiées; que le digne maître de taverne, à force d'excès, était tombé dans un état
d'affaissement incurable; qu'il maigrissait,
qu'il s'en allait, qu'il radotait, qu'il fondait
comme du beurre dans la poêle. Ainsi les
honnêtes gens attribuaient au vin rouge l'effet
déplorable des légumes et de l'eau claire. La
société de tempérance prenait racine, les adhé-
rents du bon vin étaient en déroute, et Eselskopf, grâce à sa persévérance, triomphait sur
toute la ligne.

Adieu les combats de coqs, adieu les combats d'ours et de chiens, adieu les fêtes de
saint Magloire, de saint Pancrace, de saint
Boniface, de saint Crépin, de saint Cyprien, de
tous les saints du calendrier que maître Sébaldus avait l'habitude de célébrer avec magni-
ficence. Adieu la fête des asperges et celle des
vendanges, adieu la course des sacs, le grand
concours des *Biberons* en automne, adieu !
« Maintenant tout est fini, » se disaient les
véritables soutiens du *Jambon de Mayence* : les
vanniers, les cloutiers, les savetiers, les gagne-
petit, les chaudronniers, les marchands d'a-
madou, Hans Aden, Toubac, Paulus Borbès et

cent autres, qui s'étaient fait une habitude, une seconde vie, une manière d'être à part dans l'antique et respectable taverne. La désolation était au milieu d'eux, la consternation se peignait sur leurs figures. Bien loin d'abandonner maître Sébaldus, ils se relayaient dans la grande salle, causant à voix basse, s'informant des ordonnances et de la santé du malade, s'essuyant les yeux du revers de la manche, lorsqu'il y avait une petite amélioration, et se désolant lorsque la nuit avait été mauvaise.

La mère Rasimus seule avait le bonheur de veiller auprès du malade. Chaque fois qu'elle entr'ouvrait la porte sur la galerie vermoulue, on lui faisait signe de descendre; alors elle attirait ses guenilles, et, relevant les loques de son bonnet, elle se penchait sur la rampe, et tout bas leur donnait des nouvelles : « Ça va bien! — Ça va mal! — Il ne veut plus d'oseille. — Il se fâche contre Eselskopf. »

Tels étaient, du matin au soir, les bruits qui couraient dans l'antique cour de la synagogue, et qui faisaient la joie ou la désolation de ces pauvres diables.

Tant que maître Sébaldus sentit ses maux de reins, ce qui dura bien une douzaine de jours, il se soumit avec résignation aux ordonnances du docteur; mais aussitôt après la figure d'Eselskopf lui devint odieuse. A chacune de ses visites, il se retournait la face au mur pour ne pas le voir; et quand il l'entendait répéter sans cesse : « Ça va bien ! continuons les légumes! » une indignation profonde lui remuait les entrailles. Mais ce qui le désespéra plus que tout autre chose, ce fut lorsqu'un soir Eselskopf, frappé lui-même de sa pâleur et de son état de vacuité complète, se prit à sourire en lui montrant ses dents jaunes et dit :

« Monsieur Dick, maintenant je réponds de vous! vous êtes en bonne voie de guérison; encore un ou deux mois du même régime, et tous vos liquides seront en équilibre, vos flegmes auront disparu, et vous aurez une taille comme cela. »

Eselskopf se serrait les hanches de ses deux longues mains sèches avec une sorte d'admiration pour lui-même.

« Va-t'en au diable! » murmura Sébaldus en se retournant tout désolé.

Et de toute la nuit il ne put fermer l'œil. Il se voyait aussi maigre qu'Eselskopf, et n'osait lever les yeux.

« Comment paraître ainsi devant les honnêtes gens? se disait-il. Que pensera-t-on de moi? Tous ceux qui m'ont connu me montreront du doigt; je serai forcé de me cacher; le petit tailleur Eisenlœffel sera un géant auprès de moi, et le vieux Diederich Sauffer pourra me renverser d'une chiquenaude. J'aime mieux mourir, oui, j'aime mieux mourir que de suppporter une pareille honte. »

Or, dans la matinée, Trievel Rasimus vint, comme d'habitude, relever la mère Grédel au petit jour. Depuis longtemps elle était revenue sur le compte d'Eselskopf, et le considérait comme un âne; la peur qu'il lui avait faite d'abord s'était dissipée.

« Ce gueux, se disait-elle parfois en levant son tablier, et tirant de sa poche un long flacon couvert d'osier, ce gueux d'Eselskopf, il avait entortillé tout le monde. Moi qui voulais boire de l'eau, hé! hé! hé! Oui, je t'en donnerai de l'eau, ma pauvre Trievel, de l'eau pour t'éclaircir le teint, en voilà ! »

Et, levant le coude, elle buvait d'un air de jubilation goguenarde, puis faisait claquer sa langue et glissait le flacon dans sa poche.

« Oh ! la bonne eau de fontaine! »

Et tout aussitôt elle levait la jambe et se balançait sur les hanches, comme au moment de danser un *hopser* avec Toubac.

Mais elle se serait bien gardée de souffler un mot de ses idées sur Eselskopf à dame Grédel, qui considérait M. le docteur comme un oracle.

« Pas si bête! faisait-elle, on me chasserait de la maison, et je ne pourrais plus secourir ce bon maître Sébaldus, qui est bien la crème des honnêtes gens. Pauvre cher homme, il n'a plus que la peau et les os... Qu'est-ce qu'il lui faudrait? Des bouillons gras pour lui remonter le cœur... et on lui verse de grands verres d'eau froide! Ah! gueux d'Eselskopf, c'est pire que les coups de bâton du capucin. »

Donc, ce matin-là, Trievel Rasimus tricotait et rêvassait comme d'habitude au coin de la fenêtre. Un beau rayon de soleil pourpre et or s'étendait sur les vitres, à travers le feuillage d'un grand acacia qui s'élevait dans la cour; une troupe de moineaux pillards se chamaillaient; on les entendait crier, se démener, puis s'enfuir au moindre bruit. La vieille, fourrant les aiguilles de son tricot dans sa tignasse grise, regardait alors ce qui se passait aux environs sur les toits; elle observait le chat du voisin Yéri-Péter, un gros chat roux, qui faisait sa ronde matinale dans les lucarnes et balançait la queue en cadence; les beaux nuages blancs voguant dans l'azur; elle songeait aux prochaines vendanges; enfin elle regardait maître Sébaldus, les paupières closes, dans l'ombre du baldaquin, et se remettait à l'ouvrage.

Parfois un petit cliquetis de verres et de

bouteilles arrivait jusque dans la chambre, quoique la porte fût fermée, et que la mère Grédel eût bien recommandé de faire doucement. Aussitôt les paupières du malade s'entr'ouvraient, il prêtait l'oreille, puis soupirait longuement, et jetait un coup d'œil triste sur la carafe étincelante au bord de la cheminée, entre deux grandes chopes bien propres.

« Quelle misère! murmurait-il, quelle misère! »

Dans un de ces moments, n'y tenant plus, il fit un effort pour lever le rideau, et voyant la vieille toute seule, il se prit à dire :

« Ah! je voudrais être enterré sous le Schlossgarten! J'en ai bien assez de choux, d'épinards et d'oseille comme cela. Trievel, tiens, puisque ma femme et Fridoline ne sont pas là, je te le dis à toi : oui, j'aimerais mieux être mort, que de continuer à boire de l'eau. Je me suis bien assez donné de bon temps; et si c'est fini, si je ne dois plus descendre dans ma taverne que les pieds en avant... eh bien', j'aimerais autant qu'on m'achevât tout de suite avec une cruche de *Rudesheim* ou de *Johannisberg*; ça serait au moins une mort digne de Sébaldus Dick !... Mais mourir en buvant de l'eau... pouah ! Rien que d'y penser, ça me retourne le cœur de fond en comble... J'aurais cassé mon broc sur la tête de celui qui m'aurait dit ça! »

Le brave homme parlait avec tant de conviction et d'un accent si pathétique, que Trievel Rasimus en fut attendrie. Elle se retourna ; ils se regardèrent deux ou trois secondes dans le blanc des yeux d'un air expressif; puis la vieille se leva, déposa son tricot au bord de la fenêtre, et tout doucement alla entr'ouvrir la porte. Elle vit à travers la balustrade de la galerie, dans l'ombre de la taverne, Hans Aden, Toubac et plusieurs autres, assis le coude sur la table, d'un air mélancolique, et vidant leur petite chope sans rien dire ; la mère Grédel, toute pensive, les mains jointes sur ses genoux, derrière le comptoir, et Fridoline auprès d'elle. Alors, bien sûre que personne ne pouvait la troubler, elle revint près du lit, et, souriant à maître Sébaldus d'un air étrange :

« Du vin! fit-elle; seigneur Dieu! vous donner du vin! mais ce serait votre mort, maître Sébaldus. Si vous me demandiez de l'eau, à la bonne heure; de la bonne eau du Sonneberg, je ne dis pas. Oui, je vous en donnerais, quoiqu'elle soit un peu forte pour un malade.

—De l'eau du Sonneberg, bégaya Sébaldus.

—Oui... vous ne connaissez pas ça... c'est une eau... une eau bonne pour les yeux... et toutes les autres infirmités du corps, maître Sébaldus; une eau si bonne, que ma grand'-mère Annah, qui ne manquait jamais d'en boire au moins deux pintes par jour, lisait encore son almanach sans lunettes à quatre-vingts ans. »

Et comme maître Sébaldus ne répondait pas, tant il avait en horreur toutes les eaux du monde, elle tira sa gourde de sa grande poche et dit :.

« Cette nuit, j'ai été en chercher, tout exprès pour vous, ce petit flacon... Hé! hé! hé! Tenez, goûtez-moi ça? »

Le bon tavernier détournait la tête d'un air désolé; mais à peine eut-il le goulot près des lèvres, que, se relevant bien vite sur le coude, il prit la gourde d'une main tremblante et se mit à boire, les yeux écarquillés, avec une sorte d'extase inexprimable. Son cou se gonflait et se dégonflait, comme celui d'un rossignol qui chante l'amour. C'était admirable de le voir ; il ne finit qu'à la dernière goutte, en exhalant un soupir de regret. La vieille, sa longue figure lie de vin penchée entre les rideaux, le regardait d'un œil tendre.

« Eh bien, fit-elle en reprenant le flacon vide et le glissant dans sa grande poche, eh bien! que pensez-vous de mon eau du Sonneberg? Ça va-t il mieux? hé! hé! hé! Ça vous éclaircit-il la vue, hein?

—Oui... oui... bégaya le brave homme, oui, ça m'éclaircit la vue... ça me rafraîchit les idées! Ça, Trievel, c'est comme l'eau de la piscine miraculeuse qui guérissait les paralytiques. Est-ce que tu en as encore de cette bonne eau?

—Soyez tranquille, je vais en chercher.

—Une grande bouteille, n'est-ce pas? une bouteille de deux pintes.

—Oui, maître Sébaldus, oui, dit la vieille en riant de bon cœur.

—Et tu la mettras ici dans le placard, derrière mon lit.

—Ne vous inquiétez de rien; mais il ne faudra pas en prendre trop à la fois : s'il vous arrivait quelque chose, je serais perdue.

—Il ne m'arrivera rien, Trievel. Oh! la bonne eau!... Tu m'en chercheras tous les jours au... au Sonneberg; c'est sous le Sonneberg qu'elle coule? fit-il en clignant les yeux.

—Oui, sous la roche du Sonneberg; au pied du coteau.

—Bon... bon... je m'en doutais; elle doit venir de là... Ah! si j'avais déjà l'autre flacon, je serais guéri!

—Chut! fit Trievel Rasimus en se dépêchant de reprendre son tricot, dame Grédel arrive. »

Maître Sébaldus, se tournant aussitôt la face

vers le mur, fit semblant de dormir, et la vieille se rassit au coin de la fenêtre.

Ce n'étaient pas seulement Grédel, Fridoline et Christian qui montaient à la chambre, c'était aussi le docteur Eselskopf, qui venait faire sa visite.

« Il dort, » dit la vieille à voix basse.

Eselskopf, inclinant la tête, posa son tricorne sur la table et sa canne dans un coin; s'approchant du lit, il leva doucement la couverture et prit le pouls du malade. Tout le monde le regardait; il semblait tout étonné, et, se retournant au bout d'une minute :

« Qu'avez-vous donné à monsieur Dick? fit-il?

—De l'eau et de l'oseille, répondit la mère Grédel.

—Rien que de l'eau et de l'oseille ?

—Oui, monsieur le docteur. »

Il reprit le pouls et réfléchit.

« C'est vraiment étrange, je le disais bien, l'eau est encore trop nourrissante. Ce fait mérite d'être consigné dans les *Annales médicales* du Hundsrück. »

Et les lèvres serrées, le front soucieux, tout à coup il sortit, oubliant son tricorne. Christian courut après lui :

« Hé! monsieur Eselskopf, vous oubliez votre canne et votre chapeau. Que faudra-t-il faire aujourd'hui? vous n'avez pas tracé d'ordonnance.

—Ah! vous réduirez les épinards de moitié et vous ne donnerez pas tant d'eau; l'eau est délicieuse, excellente, mais il ne faut pas en abuser.

—C'est tout?

—Oui, je repasserai demain; il faut que je réfléchisse. »

Eselskopf s'en alla.

Tous les assistants étaient inquiets, surtout la vieille Rasimus, qui ne pouvait se défendre d'admirer la pénétration du docteur.

« Il en sait pourtant plus que je ne croyais, » se disait-elle.

Malgré cela, comme maître Sébaldus n'éprouvait aucun inconvénient de la chose, et Grédel s'étant installée dans la chambre, la bonne vieille se mit en devoir d'aller chercher de l'eau du Sonneberg, selon sa promesse.

VI

Trievel Rasimus n'était pas sortie depuis un quart d'heure, que maître Sébaldus, grâce à la bonne eau qu'il avait bue, dormait profon-

dément. Jusqu'à huit heures du soir, le brave homme ne fit que rêver de vendanges, de combats de coqs, de fêtes, de noces et de festins. Tantôt il se voyait en face d'un magnifique pâté à la croûte brune, qui répandait une odeur délicieuse, et dont il creusait les flancs avec jubilation. Tantôt, debout sur le char des vendanges, entre les grandes tonnes cerclées de fer, et couronné de pampres, il levait sa large coupe pleine d'un vin écumeux, et célébrait la gloire du dieu Soleil; le père Johannes, à côté de lui, comme un vieux faune attaché à la famille, faisait danser dans ses mains la petite Fridoline; et Christian, derrière le char, sa toque sur l'oreille, et les joues gonflées, tirait des airs amoureux d'une longue trompe d'écorce. Puis tout à coup il se retrouvait dans l'antique cour des Trabans, au milieu des cages d'osier; son coq, le *Petit-Vigneron*, venait de remporter une grande victoire sur l'*Amiral-Hollanduis* du bourgmestre Omacht, et l'air retentissait de mille cris d'enthousiasme.

Au milieu de ces rêves joyeux, des paroles confuses trahissaient l'agitation du brave homme; la mère Grédel et Fridoline n'étaient pas sans inquiétude. Mais vers le soir sa respiration devint calme et régulière, puis douce comme celle d'un enfant.

Enfin, sur le coup de huit heures à l'église Saint-Sylvestre, il s'éveilla, bâilla, étira ses bras, et dans le moment même ses yeux se rencontrèrent avec ceux de la vieille Rasimus, déjà de retour, et qui tricotait au coin de la fenêtre. Elle lui fit signe, d'un clin d'œil expressif, que la gourde était dans le placard, et cela le remplit d'une satisfaction inexprimable.

« Grédel! fit-il.

—Ah! te voilà éveillé.

—Oui, et je me sens tout à fait bien! Cet Eselskopf est un savant homme, il m'a sauvé. Maintenant, vous pouvez aller vous coucher tranquillement, je n'ai plus besoin de vous. »

Il disait ces choses afin d'écarter Grédel et Fridoline, pour s'emparer de la gourde.

« Tu n'as pas envie de manger?

—Si, je mangerais bien une andouille, une omelette au lard, une...

—Une andouille! s'écria la mère Grédel; Seigneur Dieu, tu perds la tête; tant que tu auras des idées pareilles, Sébaldus, tu ne seras pas guéri. »

Le brave homme comprit qu'il venait de commettre une grande imprudence, et s'efforçant de rire :

« C'est une plaisanterie, fit-il, pour voir ce que tu dirais, Grédel. Dieu me garde de vouloir manger une andouille, du boudin, ou toute autre chose de pareil! Ce sont des choux, de l'oseille, des épinards qu'il me faut. Mais allez-vous coucher. Trievel, dis donc à Grédel d'aller se coucher; de la voir toujours veiller auprès de moi, ça me fait de la peine. Et cette pauvre petite Fridoline, comme elle a les yeux rouges! Viens m'embrasser, mon enfant, viens embrasser ton bon père, et puis va dormir. N'est-ce pas, Trievel, que j'ai raison?

—Oui, monsieur Dick, je l'ai déjà dit cent fois à dame Grédel; elle se tue, il lui faudrait un peu de repos. »

Grédel alors, sans savoir pourquoi, se prit à concevoir une vague défiance.

« Fridoline a veillé la moitié de la nuit dernière, dit-elle, Trievel veillera demain; à chacun son tour. Que tout le monde aille se coucher, je resterai ce soir.

—Mais, dit Sébaldus, ça me gêne qu'on veille auprès de moi, ça m'empêche de dormir; cette chandelle-là m'ennuie.

—On la mettra derrière le rideau, répliqua Grédel d'un ton ferme. Bonne nuit, Trievel; bonsoir. Fridoline. »

Bon gré, mal gré, la vieille Rasimus dut s'en aller. Avec sa finesse habituelle, elle avait compris qu'en insistant, les doutes de Grédel ne feraient que se confirmer. Elle se leva donc, et dit en bâillant :

« Eh bien, au revoir, maître Sébaldus, je ne suis pas fâchée de faire un bon somme cette nuit; je vais m'en donner pour aujourd'hui et demain. »

Et Fridoline, ayant embrassé son père, elles sortirent ensemble, tandis que la mère Grédel plaçait la lumière au rebord de la fenêtre, et reprenait son tricot.

Maître Sébaldus ne se possédait plus d'indignation et de convoitise.

« Faut-il être malheureux pour avoir une femme si bonne, se disait-il ; à force de m'aimer; elle me ferait manger des légumes et boire de l'eau toute ma vie. A-t-on jamais rien vu de pareil! C'est pire que l'amitié du père Johannes, au moins lui voulait m'assommer tout de suite. Comment faire maintenant pour avoir la gourde? Si je remue, si j'étends le bras, elle regardera, elle verra la chose, elle criera, elle chassera la vieille Rasimus, et moi je resterai tranquillement avec ma bonne femme d'un côté et Eselskopf de l'autre. »

Ces idées allaient et venaient dans sa tête; il entendait les aiguilles du tricot poursuivre leur jeu sans relâche, il voyait le profil de Grédel se dessiner contre le rideau, il écoutait le tic-tac de l'horloge, et son impatience grandissait de seconde en seconde.

« Au nom du ciel! Grédel, dit-il au bout d'une heure, je t'en prie, va te coucher. De te voir veiller comme cela, ça me crève le cœur. Tu maigris, tu n'es plus la même... Tu finiras par tomber malade. »

Il parlait d'un ton si naturel et si tendre, que Grédel en fut touchée.

« Ne pense pas à moi, Sébaldus, dit-elle, tâche seulement de dormir. »

Un mouvement de colère prit le gros homme, mais il se contint et dit avec expression :

« Tu ne peux pas t'imaginer, Grédel, comme tu me ferais plaisir de te coucher. Je me sens tout à fait bien; mais de te voir là, ma pauvre femme, ça me tourne le sang; je me dis en moi-même : « Comme elle est bonne, cette pauvre Grédel! comme elle se fatigue à cause de moi! » Va donc te coucher, au nom du ciel! Tiens, voilà onze heures qui sonnent; si tu te couches, je vais m'endormir tout de suite. »

Grédel, vraiment épuisée de fatigue, finit par céder. Elle déposa son ouvrage et s'étendit sur un lit de repos, en face de l'alcôve, en disant :

« Tu le veux, Sébaldus, je vais donc tâcher de dormir un peu, mais s'il te fallait quelque chose...

—J'appellerai... je crierai.

—Tu n'auras pas besoin de crier, dis seulement « Grédel! » et je serai là. »

L'excellente femme ayant soufflé la lumière, Sébaldus attendit encore un bon quart d'heure; puis, tout doucement, tout doucement, il s'empara de la gourde et but à sa satisfaction. Après quoi, tout glorieux de son triomphe et riant en lui-même, il ramena la couverture sur son épaule et se prit à ronfler comme un bienheureux.

Il faisait grand jour lorsque la bonne mère Grédel fut éveillée par une musique étrange. Elle prêta l'oreille, croyant que Kasper, le garçon de taverne, chantait, en rinçant les chopes et ses canettes, ce qu'il faisait tous les matins vers six heures; mais quelle ne fut pas sa surprise d'entendre maître Sébaldus lui-même fredonner la chansonnette de Karl Ritter :

> Ah! qu'on est bien sous la treille!
> Tra deri dera, tra deri dera lalla!

« Seigneur Dieu! s'écria-t-elle, Sébaldus devient fou! »

Mais lui, d'un ton calme, répondit :

« Fou, Grédel, oh! que non; quand j'ai fait venir Eselskopf, à la bonne heure, j'étais fou; mais à cette heure, j'ai repris mon bon sens. Tra deri dera! »

Malgré cette assurance, Grédel bégayait en mettant ses jupes à la hâte :

« Eselskopf... bien vite! il faut chercher Eselskopf »

Et comme elle ouvrait la porte, la mère Rasimus, qui venait la relever, lui apparut dans l'escalier de la galerie.

« C'est le Seigneur qui vous amène, Trievel, s'écria la pauvre femme.

—Quoi! qu'est-ce qui se passe? » demanda la vieille sans trop s'émouvoir, sachant combien dame Grédel était peureuse.

Sébaldus, qui de son lit entendait tout, s'écria :

« Hé! Trievel, il se passe que ma femme perd la tête. Grédel, n'as-tu pas honte d'effrayer les gens? Va... je te croyais plus de bon sens. »

La mère Rasimus était montée, et les mains sous son grand châle replié, les franges jaunes de son bonnet pendant jusque sur les sourcils, elle regardait Sébaldus en souriant.

« Mais cet homme-là se porte comme un charme, fit-elle. Qu'est-ce que vous me chantez donc, dame Grédel? il n'a jamais été plus frais, plus réjoui. Hé! Fridoline, venez donc voir, il a rajeuni de vingt ans depuis hier, le pauvre cher homme! »

Fridoline accourut en petite jupe blanche, puis Christian, qui venait justement d'arriver pour avoir des nouvelles, puis Kasper, le garçon tonnelier, Soffayel, la cuisinière; et Sébaldus, le teint coloré, souriait à tout le monde, comme un gros poupon qui s'éveille et regarde autour de son berceau, tout émerveillé :

« Ha! ha! ha! fit-il enfin, le temps des légumes est passé! Hum! hum! ça va bien... ça va très-bien! »

Puis, regardant la mère Rasimus, ses gros yeux se troublèrent; il lui tendit la main sans rien dire :

« Est-ce que vous voulez me tâter le pouls? demanda la vieille en riant.

—Non, Trievel, non, grâce au ciel, tu n'as pas besoin qu'on te tâte le pouls, pour savoir que tu as bon cœur, Dieu merci! Je veux seulement t'embrasser, Trievel; viens, que je t'embrasse. »

Et la vieille, émue à son tour, dit :

« Si ça peut vous faire plaisir, monsieur Dick, moi je ne demande pas mieux; vous êtes un bel homme, il n'y a pas de honte. »

Et ils s'embrassèrent.

Grédel restait stupéfaite.

Alors le bon maître de taverne, se remettant un peu, s'écria :

« Grédel, Fridoline, regardez cette bonne vieille Trievel Rasimus; regardez-la bien, c'est elle qui m'a sauvé la vie. Vous vous rappelez comme j'étais encore hier faible, minable et pâle; je n'avais plus une goutte de sang dans les veines : c'est ce gueux d'Eselskopf qui m'avait mis dans cet état. Ah! j'ai réfléchi depuis hier, j'ai pensé à bien des choses; les coups de bâton du père Johannes n'étaient rien, qu'est-ce qu'il m'aurait fallu? un cataplasme sur le dos, oui, un simple cataplasme, et au bout de trois ou quatre jours, on n'aurait plus rien vu que des lignes jaunes et vertes, comme lorsqu'on reçoit un coup sur la figure. Au lieu de ça, ce gueux de médecin a voulu me dessécher le corps, pour dire à tous les bons vivants de Bergzabern : « Voyez cet homme maigre, long, jaune, qui passe en toussant, qui n'a ni bras, ni cuisses, ni mollets, ni rien, et qui ressemble à un manche à balai, c'est Frantz Christian Sébaldus Dick, le gros Sébaldus, vous savez, celui qui était si gros; c'est le même, je l'ai sauvé : sans moi, sans mon eau claire, il était mort... Que cela vous serve d'exemple! » Et l'on aurait eu peur, tout le monde aurait bu de l'eau, et Eselskopf aurait écrit de gros livres sur mon histoire, sur l'eau, sur les légumes; il aurait été fier, et on l'aurait appelé à Vienne, à Munich, à Berlin, pour guérir tous les gens un peu gros. Ah! j'ai bien réfléchi... oui, c'est ça... Le bandit... qu'il arrive!... Heureusement son coup est manqué... et c'est à elle, c'est à Trievel que je dois mon bonheur, ma santé, ma vie... tenez! »

Il tira une gourde énorme du placard, et la levant d'un air de vénération :

« C'est avec ça qu'elle m'a guéri! O Rasimus, Rasimus, je n'oublierai jamais que je te dois la lumière du jour! — Toi, Grédel, je ne t'en veux pas, tu es la bête du bon Dieu; Eselskopf t'avait fait croire que l'eau et les légumes allaient me sauver, tu l'as cru, je ne puis pas t'en vouloir; mais qu'il revienne, lui, qu'il revienne, j'aurai quelque chose à lui dire en particulier! »

Le brave homme reprit haleine; puis, regardant Fridoline, qui pleurait de joie au pied du lit, il lui fit signe d'approcher et la tint longtemps serrée sur son cœur en silence. Christian n'était pas le moins ému de cette scène; maître Sébaldus le vit immobile et pâle à l'angle de la fenêtre.

« Hé! garçon, fit-il, approche donc un peu... Tu ne m'as pas abandonné... tu es venu tous les jours savoir de mes nouvelles... Sois tranquille... sois tranquille... Sébaldus Dick n'est pas ingrat. J'ai quelque chose pour toi qui te fera plaisir. »

Il regarda Fridoline encore penchée sur son épaule, et Christian se prit à trembler si fort,

« Fièvre latente ! pouls irrégulier ! soubresauts des tendons ! symptômes gastriques !... » (Page 63.)

que, durant quelques secondes, il ne put répondre un mot ; enfin il dit :

« Vous savez, maître Sébaldus, que je vous
aime, et toute votre famille, depuis longtemps.

—Oui, oui, je sais ; nous recauserons de ça
plus tard. »

Et, s'adressant de nouveau à la mère Rasimus :

« Trievel, s'écria-t-il en riant, il ne faut pas
croire que je paye les gens avec de belles paroles : tu sauras que ta place est marquée à
ma table tous les jours, tant que nous dure-
rons l'un et l'autre, avec la grâce de Dieu, afin
que tu n'aies plus à t'inquiéter de rien, que
de prendre ta fourchette et ton verre. Et si,
par malheur, je mourais avant toi, eh bien,

Grédel et Fridoline seront là pour se rappeler
ma promesse.

—Ça, fit la vieille toute joyeuse, ce n'est pas
de refus, maître Sébaldus, au contraire, je ne
dirais pas ce que je pense, si j'avais la délica-
tesse de refuser.

—Oui, mais ce n'est pas tout, Trievel, il faut
que je te fasse un présent, en échange de cette
belle gourde, que je garde comme souvenir ;
je me suis fourré ça dans la tête depuis hier
soir. Tu vas me demander quelque chose,
n'importe quoi. Voyons, forme un vœu. Si tu
me demandais ma vigne de Kilian ou mon
moulin de la Fromuhle, je serais capable de
te les donner, car tu es une brave femme, et
pas sotte comme on en voit tant. »

La vieille Rasimus, à ces mots, devint grave ;

Il prit la gourde d'une main tremblante et se mit à boire. (Page 60.)

de petites plaques rouges se formèrent à droite et à gauche de son grand nez, sur ses joues et ses tempes; jamais elle ne s'était trouvée en aussi belle passe. Cependant cette émotion disparut vite; et, tirant de sa poche profonde sa grande tabatière de carton noir, elle ferma l'œil gauche, aspira une prise lentement, regarda tout autour d'elle les gens qui l'observaient, se disant tout bas : « Voilà Trievel devenue riche d'un seul coup. C'est maintenant le plus beau parti de Bergzabern après mademoiselle Fridoline. » Elle regarda, dis-je, toutes ces bouches béantes, puis elle finit par répondre :

« Puisqu'il faut que je fasse un vœu... eh bien, nous verrons ça plus tard... Je n'ai pas l'habitude de faire des vœux, il pourrait m'arriver comme à la femme des trois boudins et des trois vœux. Elle souhaita d'abord un boudin, et elle l'eut; ensuite, étant en colère, elle le souhaita au nez de son mari; ensuite il lui fallut son dernier vœu pour l'ôter de là. Moi, je vais réfléchir. Si je pouvais me souhaiter trente ans de moins, avec un joli garçon pour mari, ce serait bientôt fait; mais, à mon âge, il faut que je réfléchisse.

—Allons, réfléchis, s'écria Sébaldus en riant. Et maintenant, Christian, tu vas aller chez le watchmann Purrhus, et tu lui diras de trompetter et de publier par toute la ville, au coin de toutes les rues, que Frantz Christian Sébaldus Dick se porte bien, et qu'il invite tous ses amis et connaissances, pour dimanche en huit, à une grande noce, à cette fin de célébrer son

9

rétablissement et de rendre grâce au Seigneur. Tu lui recommanderas de s'arrêter sous les fenêtres d'Eselskopf, et de trompetter jusqu'à ce qu'il arrive, et qu'il entende que toutes ses gueuseries n'ont servi à rien... que je me moque de lui, et que je vais boire du vin, du vieux vin... tout ce qu'il y a de mieux en fait de *Rudesheim* afin de rattraper le temps perdu. Va, Christian, et reviens vite, car Grédel ne peut pas manquer de nous préparer une bonne friture, pour célébrer mon rétablissement; il me semble déjà entendre le beurre dans la poêle. Ha! ha! ha!

— Sébaldus, dit Grédel d'un ton de reproche, prends garde; il ne faut pas recommencer tout d'un coup.

— Ne crains rien, femme, je sais ce qu'il me faut pour me conserver. Je n'ai plus envie de boire de l'eau, et puis la mère Rasimus sera là pour m'avertir. Allons, déguerpissez, que je me lève; — vive la joie! »

Tout le monde alors sortit, causant de ces événements merveilleux, de la générosité de maître Sébaldus, et du bonheur de Trievel, qui se trouvait tout à coup élevée au pinacle de la gloire, n'ayant qu'un vœu à faire pour être riche. On ne se lassait point d'admirer ces choses, et la nouvelle s'en répandit aussitôt dans la cour des Trabans.

VII

Trievel Rasimus habitait une petite cassine, à cinquante pas sur la gauche du *Jambon de Mayence*. Cette cassine était recouverte de vieilles planches moisies, de quelques tuiles disjointes et d'un morceau de tôle en forme de cheneau, où passait la pluie comme dans une écumoire; elle avait deux lucarnes à fleur de terre, garnies d'un vitrail de plomb nacré par la lune.

Contre les murs décrépits, la vieille ravaudeuse suspendait aux beaux jours toutes ses guenilles : ses vieux casaquins, ses jupons rapiécés, ses chapeaux, ses bas et ses savates.

Elle accrochait aussi aux jambages vermoulus de sa porte, dans une petite cage d'osier, son merle Jacob, un oiseau superbe au large bec jaune, aux yeux luisants comme des perles d'agate, et qui chantait l'air « J'ai du bon tabac » jusqu'à la première reprise. Ces cinq ou six notes, sans cesse répétées d'une voix sonore, éveillaient tous les échos de la cour et formaient une sorte d'harmonie avec le tic-tac du marteau de Toubac, le sifflement de la roue

du gagne-petit Paulus, le chant nasillard du vannier Karl Bentz, qui tressait ses corbeilles, et les mille bruits, les mille rumeurs de l'antique cloaque.

Jacob était en quelque sorte le chef d'orchestre des grillons, des bourdons, des savetiers, des vanniers, des rémouleurs, des marchands d'amadou, des vieilles commères bavardes, et des enfants criards de tout le voisinage. C'était le dieu familier de l'endroit, la première voix du printemps, le dernier soupir de l'automne. Quand Jacob ne chantait plus, tout se taisait; la neige encombrait les petites lucarnes, il y avait de la boue dehors, on grelottait au coin du feu. Quand il se remettait à siffler « J'ai du bon tabac, » il suffisait d'ouvrir sa porte pour voir le soleil, le beau soleil trébucher du haut des toits dans la cour fangeuse, et vous dire en riant : « Me voilà de retour! Regardez là-haut, les violettes fleurissent, les dernières neiges fondent sous les haies du Bocksberg. »

Aussi la vieille Rasimus aimait son merle plus qu'il n'est possible de le dire; elle le nourrissait de fromage blanc et nettoyait sa cage tous les matins.

Du reste, rien de simple comme l'intérieur de la cassine : le grabat au fond, à droite le bahut; au-dessus du bahut, une petite Vierge habillée de soie toute passée, et couronnée de macaroni jaune; à gauche, le merle rêveur dans sa cage; les lapins qui grignotent dans l'ombre ou se promènent, la queue en trompette, sous le lit; enfin les guenilles suspendues à des clous.

C'est là-dedans que vivait Trievel, depuis trente-cinq ou quarante ans. Elle n'aurait pas changé sa baraque pour un empire, et je crois qu'elle n'avait pas tout à fait tort, car ce qui fait valoir les choses, ce sont les souvenirs qui s'y rattachent. Or, la baraque de Trievel lui rappelait de fort jolis moments; elle n'avait pas toujours eu le nez rouge, l'excellente femme, et le merle n'avait pas toujours chanté seul à la maison. Pauvre Trievel, rien que de se courber sous la petite porte, tous les airs de sa jeunesse lui revenaient comme un songe, et, sans le vouloir, elle en fredonnait des bribes, tantôt mélancoliques, mais le plus souvent joyeuses, surtout quand elle sortait de la taverne.

On pense bien que ce jour-là Trievel n'était pas triste, bien au contraire; elle riait et se dandinait en traversant la cour, et quelques finauds du voisinage, feignant de ne pas savoir la nouvelle, lui disaient en passant :

« Hé! mère Rasimus, comment ça va-t-il ce matin? Vous ne prenez pas une prise? »

Ils lui tendaient leur tabatière par la fenêtre, pensant se bien mettre avec elle ; mais Trievel, clignant de l'œil, répondait :

« Merci, Fritz ! merci, Yokel !... ce sera pour une autre fois ; vous êtes bien honnête... bien honnête... Hé ! hé ! hé ! on m'attend à déjeuner ; il faut que je m'habille. »

Et, tout en descendant les marches concassées de sa vieille cassine : « Dieu du ciel ! que l'on a d'amis, se disait-elle, quand on n'en a plus besoin ! »

Les lapins, effarouchés, disparurent alors dans leur cabane, le merle se prit à chanter. Elle, toute préoccupée, sans faire attention à ces choses, se mit à choisir, dans ses plus belles nippes, ce qu'il y avait de mieux : un grand bonnet de tulle à rubans larges comme la main, une robe orange à grands ramages verts, des bas bleus, un châle traînant rouge et noir, et une paire de souliers presque neufs.

« Maintenant, Trievel, pensait-elle tout haut, tu n'as plus rien à ménager ; il faut te mettre comme la bourgmestre. Dieu merci ! tu vaux bien Catherina Omacht, sans te flatter. Il faut te soigner, Trievel, pour faire honneur à la table de maître Sébaldus ; il faudra t'arracher les moustaches avec des pincettes, comme mademoiselle Kœnig, la fille du bedeau ; ça ne convient pas aux demoiselles à marier d'avoir des moustaches. »

Elle déposa ses effets sur le vieux bahut, puis, tout en s'habillant, songeant à ce qu'elle venait de penser :

« Hé ! hé ! hé ! de quoi t'inquiètes-tu, Trievel ? fit-elle en riant ; est-ce que tu veux devenir folle à ton âge ? grâce au ciel, le temps des folies est passé. »

Et la pauvre vieille exhala un soupir.

En ce moment deux coups retentirent à la porte.

« Hé ! cria-t-elle, n'entrez pas, je mets ma robe.

—C'est moi, Trievel ; c'est Toubac, dit le chaudronnier.

—Attendez, attendez une minute, je vais avoir fini. »

Et tout bas, elle se dit à elle-même :

« Ah ! le gueux, il vient me faire sa déclaration, maintenant. Ah ! nous allons voir, nous allons entendre. »

Et ayant passé sa jupe :

« Vous pouvez entrer, Toubac ; entrez ! »

Toubac, tout affairé, ses yeux gris un peu troubles, les pommettes de ses joues enluminées et les narines dilatées, entra gravement, comme un caniche qui fait le beau. Il avait son feutre des dimanches, une chemise blanche, dont le col lui coupait les oreilles en ligne droite à la hauteur des tempes, sa belle veste brune à boutons de cuivre luisants, et son pantalon de toile bleue, qu'il ne mettait que les jours de fête, pour aller à l'église.

« Bonjour, Trievel, dit-il en adoucissant sa voix, d'habitude un peu voilée par le kirschwasser et la pipe, bonjour, Trievel. Seigneur Dieu, que vous êtes belle ! rien que de vous voir, ça m'éblouit ; vous rajeunissez tous les jours, Trievel, vous êtes comme un buisson d'églantines : quand il n'y en a plus le soir, il en repousse le matin.

—Hé ! hé ! hé ! fit la vieille. Est-ce bien possible, Toubac ? vous ne pensez pas ce que vous dites !

—Trievel, comment pouvez-vous croire qu'à mon âge...

—Toubac, vous êtes un enjôleur.

—Moi, Trievel ? Oh ! si j'en étais capable...

—Oui, vous avez beau faire, Toubac ; avec vos belles paroles...

—Mais... mais... Trievel... quand je vous dis là... parole d'honneur... c'est la pure vérité : votre beauté me tire les yeux de la tête. Voilà vingt-cinq ans que je vous regarde, et de jour en jour vous embellissez, vous rajeunissez.

—Tiens... tiens... tiens... c'est drôle... vous trouvez que je rajeunis ?

—Oui... je vous aurais déjà cent fois demandée en mariage, mais j'avais peur d'être refusé ; ça m'aurait donné le coup de la mort.

—Pas possible, Toubac ?

—Ça, c'est sûr ; j'en aurais dépéri. Que voulez-vous ? je suis craintif comme un enfant ; à moins d'avoir bu un coup de trop, je n'ose pas dire ce que j'ai sur le cœur. Comme à la grande fête, il y a quinze jours ; vous vous en rappelez, Trievel ?

—Oui ; mais vous ne m'avez plus reparlé de cela depuis.

—Justement, je n'ai pas osé ! Mais je suis amoureux de plus en plus ; tenez, Trievel, regardez, j'en tremble. »

La vieille alors avait le dos tourné, elle mettait son bonnet en face du petit miroir et riait tout bas. Toubac entendit qu'elle riait, et lui dit :

« Vous riez, Trievel, c'est pourtant comme ça ; vous faites mon malheur, je rêve de vous nuit et jour.

—Je ris, Toubac, parce que tout le monde m'adore depuis ce matin ; les uns m'offrent des prises de tabac, les autres disent que je suis comme un buisson de fleurs et que je rajeunis ; tout cela me fait plaisir. Je veux bien croire, Toubac, que vous m'aimez ; je ne suis pas déjà trop Rasimus pour qu'on ne puisse pas m'aimer ; il y en a qui ont plus de pattes de mouches au bout du nez que moi, et qu'on adore tout de même. Et puis, vous m'avez déjà raconté ça dans le temps, deux ou trois fois, ce qui montre que vous êtes un homme d'esprit... Mais... mais... là... franchement, Toubac, pour venir me demander en mariage aujourd'hui, plutôt que la semaine dernière, et sans avoir bu un coup de trop, comme vous dites, il doit y avoir autre chose. »

Et, se retournant, elle se prit à rire :

« Voyons... est-ce vrai? »

Toubac fit un geste pour nier.

« Vous n'avez pas entendu dire que maître Sébaldus veut que je fasse un souhait, que je lui demande quelque chose? »

Le chaudronnier ne savait plus sur quel pied danser.

« J'ai bien entenu causer de cela, fit-il en se grattant l'oreille; mais je ne croirai jamais que maître Sébaldus...

—Eh bien! voilà justement ce qui vous trompe, » interrompit la vieille, en minaudant un sourire, et se balançant la tête d'un air gracieux.

Elle fit ainsi le tour de la chambre, se dandinant, tirant son châle et se regardant par-dessus l'épaule, pour voir si la robe balayait le plancher convenablement.

« Voilà ce qui vous trompe, monsieur Toubac, il a dit ça; je n'ai qu'à souhaiter quelque chose : une maison, une vigne, une grosse somme, il me la donnera!

—Est-ce possible? fit le chaudronnier d'un air naïf. Et qu'est-ce que vous allez souhaiter, Trievel? qu'est-ce que vous allez demander? »

Alors la vieille, s'arrêtant, reprit son air bonnasse habituel, et puisant une prise dans sa tabatière, elle l'aspira lentement avec un bruit de trompette, et sans y mettre de coquetterie; puis, d'un ton rêveur, elle répondit :

« Quant à cela, il faudra voir. Vous comprenez, ça mérite qu'on y pense. Je me déciderai le jour de la grande fête, et, selon que je voudrai me marier à un bourgmestre, un conseiller ou un chaudronnier, je demanderai autre chose. Il faut que je choisisse d'abord un homme, et, Dieu merci! il ne m'en manquera pas maintenant; ensuite je choisirai la dot. Mais, pour le quart d'heure, je ne vous réponds ni oui ni non, Toubac. Puisque vous me trouvez belle femme, moi, je vous trouve aussi bel homme; mais si d'autres viennent se mettre sur les rangs, alors je regarderai, j'aurai les moyens de faire la difficile : je choisirai selon mon goût.

—Trievel! s'écria le chaudronnier en faisant mine de s'arracher les cheveux, si vous en

choisissez un autre que moi, je me pends à votre porte.

—Bah! Toubac, allons déjeuner, dit la vieille; tenez, venez avec moi, ça vaudra mieux que de vous désespérer, donnez-moi le bras et en route. »

Toubac s'empressa de lui donner le bras, et ils sortirent ensemble gravement. Tout le monde était aux fenêtres dans la cour et disait :

« Toubac a séduit Trievel. Faut-il qu'elle soit encore bête, pour croire que c'est pour ses beaux yeux qu'il est venu! Regardez comme elle se redresse, comme elle se donne des airs. Hé! hé! hé! »

La vieille, entendant ces choses, fermait à moitié les yeux et se pinçait les lèvres, pour faire encore mieux enrager ces gens; et c'est ainsi qu'ils arrivèrent à la porte du *Jambon de Mayence*. A peine maître Sébaldus, assis derrière la table, les eut-il aperçus, qu'il se mit à frapper des mains au-dessus de sa tête, en s'écriant :

« Trievel!... Trievel!... à la bonne heure!... Ha! ha! ha! tu me feras toujours du bon sang!... Viens ici, voici ta place, et toi, Toubac, voici la tienne. »

Et comme Trievel, sans rire, saluait et faisait la révérence d'un air de grande dame, le gros tavernier, tout réjoui, se prit à rire de si bon cœur, que les échos de la vieille taverne, depuis longtemps assoupis, se réveillèrent à leur tour, et lui répondirent jusqu'au fond de la cuisine.

VIII

Ce jour-là fut une véritable fête pour les bons vivants de la cour des Trabans et de tout Bergzabern. On entendait au loin retentir le tambour du watchmann Purrhus et sa voix perçante crier :

« Faisons savoir que, par la grâce de Dieu et l'intercession de la sainte Vierge, maître Frantz Christian Sébaldus Dick s'est heureusement rétabli de son accident; qu'il se porte bien, et qu'il invite tous ses amis et connaissances à venir de dimanche en huit, après la grand'messe, célébrer les louanges du Seigneur le verre à la main. Il y aura banquet dans la cour de la vieille synagogue, musique des trois orchestres, jeu de quilles, jeu de bague, jeu de tonneau, etc., etc. »

Le dieu Soleil semblait lui-même prendre part à la jubilation universelle, jamais il n'avait été plus beau, plus splendide. On voyait, par les hautes fenêtres de la taverne, l'automne pourpre s'étaler sur la côte, les vignes, à perte de vue, chargées de raisin, et la forêt de chênes du Schlosswald au-dessus, dont le feuillage vert commençait à brunir.

Dans la cour tout bruissait, tout s'agitait, tout bourdonnait à la chaleur un peu humide, concentrée entre les hautes bâtisses sombres. Le coq roux d'Anna Schmidt battait de l'aile et grasseyait au milieu de ses poules; le merle de la vieille Rasimus chantait comme un coucou; ses quatre notes, toujours les mêmes. Des milliards de petites mouches dorées voltigeaient dans la lumière rouge tombant du haut des toits. Et dans le fond de la taverne obscure, autour de la grande table du milieu, maître Sébaldus, la vieille Rasimus, Christian, Fridoline, Toubac, Grédel et vingt autres, la face épanouie, buvaient, mangeaient, se donnaient du bon temps, et serraient la main de ceux qui, par trois, quatre, six, accouraient sans cesse de la voûte des Trabans, agitant leurs feutres, et s'écriant :

« Hé! salut, salut, maître Sébaldus ! quel bonheur de vous revoir en bonne santé !—Ah! diable, vous nous avez fait peur; ce gueux d'Eselskopf vous avait mis bien bas. Enfin, vous voilà revenu, grâce au ciel !—Savez-vous, maître Sébaldus, qu'il fallait être taillé comme vous pour en réchapper?

—Je crois ma foi bien ! s'écriait le brave homme, cinquante autres y auraient laissé leur peau. Il m'a fallu vivre quinze jours de ma propre graisse, heureusement il y avait de quoi. Mais gare à Eselskopf, si je le rencontre, gare ! »

Il levait le poing avec expression, et tout le monde approuvait sa colère. Mais le brave homme, enveloppé de son ancien habit marron comme d'une robe de chambre, en voyant les larges manches s'aplatir sur ses bras et le collet descendre le long de ses reins, comme la capuche du père Johannes, semblait fort triste.

« On en mettrait quatre comme moi là-dedans, disait-il; mais un peu de patience, Grédel, un peu de patience! Je me charge de le remplir tout seul; avant quinze jours ou trois semaines, je veux qu'il n'y ait plus un seul pli. Christian, verse donc, ma coupe est vide ! Trievel, passe-moi les boudins Dieu de Dieu ! quel bonheur de se sentir là, le ventre à table, et de ne plus voir cette longue figure jaune d'Eselskopf, qui vous crie à chaque bouchée : « Halte! halte ! c'est trop, prenez garde ! vous mangez trop d'épinards !... Est-ce qu'un pareil gueux ne mériterait pas d'être pendu? J'ai tou-

jours dit qu'il n'y a pas de justice sur la terre, sans cela, cet Eselskopf serait depuis long-temps à gigotter au bras de la potence, sur le Galgenberg ! »

Toute la journée se passa dans ces occupations agréables. Vers six heures du soir, le vieux Rosselkasten, à la tête de l'orchestre des Trois-Harengs, vint jouer une sérénade à la porte du Jambon de Mayence. Il y avait trois clarinettes, deux trombones, un fifre et Rosselkasten, qui tenait la contre-basse. Ils jouèrent la grande symphonie : « Soleil, lève-toi, voici ton fils qui te contemple! » Maître Sébaldus, dans un doux recueillement, écoutait, de grosses larmes coulaient sur ses joues, et il s'écria :

« Seigneur Dieu! quand on pense pourtant que j'aurais pu mourir ! »

Et à ces paroles touchantes, toute l'assistance frémit; Grédel pâlit, et Fridoline vint se jeter dans les bras du brave homme, qui sanglotait comme un enfant.

On fit alors entrer Rosselkasten et tout l'orchestre, pour boire un coup au rétablissement du digne maître de taverne.

Cependant il fallut partir plus tôt que d'habitude, car maître Sébaldus, un peu fatigué, se retira de bonne heure. Grédel, la mère Rasimus, Fridoline et Christian, après tant de veilles et d'inquiétudes, éprouvaient aussi le besoin de repos.

Ce qui réjouit le plus ces braves gens, c'est qu'à la nuit tombante, Purrhus, après avoir fait sa tournée en ville, vint dire qu'Eselskopf s'était embarqué dans la patache de Baptiste Kromer, sous prétexte d'aller visiter sa tante à Creuznach. Tout le monde comprit qu'il se sauvait, pour cacher la honte de sa défaite.

Maître Sébaldus vida sa coupe en l'honneur de ce nouveau triomphe; après quoi, les jambes un peu vacillantes, soutenu d'un côté par Christian, et de l'autre par Toubac, il remonta dans sa chambre. En même temps, ses amis évacuèrent la salle, et longtemps on les entendit aux environs, causer entre eux de ces choses extraordinaires, du bonheur singulier de maître Sébaldus Dick qui, dans toutes les circonstances orageuses de sa vie, avait toujours été protégé par les puissances invisibles.

On parla beaucoup aussi de la chance surprenante de Trievel Rasimus, des tendres regards que la petite Fridoline reposait sur Christian, et d'une foule d'autres choses semblables. La nuit était si belle, si parsemée d'étoiles, si calme et si douce, qu'on ne pouvait se décider à rentrer.

Enfin toutes ces conversations, tous ces chuchotements se turent. Vers onze heures, tout dormait à Bergzabern, en attendant la fête promise et les événements de l'avenir, que personne ne peut prévoir.

IX

L'Ecclésiaste a dit dans sa sagesse que tout est vanité sur la terre; que l'amour, la richesse, la santé, l'ambition satisfaite, l'humiliation de nos ennemis et notre propre glorification ne font point le bonheur; que jamais nous ne sommes contents de nous-mêmes ni des autres, et que les choses vont ainsi de jour en jour, de mois en mois, d'année en année, jusqu'à ce qu'enfin, maigres, jaunes, chauves, cassés, perclus, tremblants, l'œil terne, l'oreille sourde, la mâchoire dégarnie, le nez et le menton en carnaval, nous finissions par nous écrier d'une voix chevrotante : « *Vanitas vanitatum, et omnia vanitas!* »

Hélas ! le roi, le prophète, le philosophe, le vieux rabbiniste, quel qu'il soit, qui jadis (il y a deux ou trois mille ans), écrivait ces choses, celui-là connaissait les hommes et la vie humaine; il avait vu, palpé, senti, goûté, observé, raisonné : il avait raison, mille fois raison; mais ces vérités ne sont pas consolantes, et, sauf meilleur avis, il aurait mieux fait de se taire que de nous mettre la mort dans l'âme.

Toujours est-il que le vieux rabbin avait raison. Que manquait-il alors à maître Sébaldus pour être parfaitement heureux? N'avait-il pas recouvré sa bonne santé, son bon appétit et sa bonne mine? N'était-il pas délivré d'Eselskopf? Ne voyait-il pas autour de lui Grédel, Fridoline, Christian, Trievel Rasimus et les gens qu'il aimait le plus au monde? Le temps des vendanges n'approchait-il pas? et le jour, le grand jour du festin, fixé par lui-même pour célébrer son heureuse convalescence, n'était-ce pas le deuxième dimanche suivant?

Sans doute, tout aurait dû le satisfaire, et pourtant Trievel Rasimus, dès le lendemain, avait remarqué qu'il n'était plus le même homme; qu'il ne buvait plus avec autant de recueillement; qu'il ne riait plus d'aussi bon cœur, et qu'à tous les instants de la journée, ses gros yeux se tournaient vers la porte, comme s'il y eût cherché quelque chose.

C'était surtout le matin que la vieille ravaudeuse, en mettant le nez à sa lucarne, remarquait en lui cette inquiétude étrange. Dès la pointe du jour, il descendait de sa chambre, ouvrait la taverne, et, les mains croisées sur le dos, l'épaule appuyée au mur, il regardait vers la porte des Trabans. On voyait l'ennui se peindre sur sa bonne figure; il entrait, sortait, regardait encore; puis, tout abattu, tout mélancolique, il s'asseyait devant son déjeuner, l'œil vague, l'air distrait. Souvent sa fourchette lui tombait des mains, son verre restait à mi-chemin de ses lèvres, il le déposait avant d'avoir bu. L'arrivée de Fridoline même ne pouvait le faire sourire.

« Assieds-toi là, mon enfant, disait-il, causons. »

Mais Fridoline ni lui ne trouvaient rien à dire.

« Ah ! s'écriait-il parfois, le bon temps est passé, il ne reviendra plus ! »

Presque toujours alors la mère Rasimus, qui s'était dépêchée de mettre sa jupe et d'accourir, entrait en disant :

« Bonjour, monsieur Dick. Eh bien, l'appétit marche-t-il ce matin ?

—Tiens, assieds-toi, Trievel, répondait le brave homme, mange, bois ; ces andouilles sont excellentes, mais je n'ai plus faim, j'ai quelque chose de dérangé à l'intérieur. »

Et, appuyant le doigt sur son cœur :

« Là... là ! faisait-il d'un accent ému, il y a quelque chose de dérangé, je le sens bien, ça me serre, ça ne va plus. »

Alors, il se mettait à crier contre le père Johannes :

« Le gueux ! c'est lui qui m'a tué... il m'a porté un coup qui me fait dépérir... Ah ! le brigand, moi qui l'aimais tant ! moi qui lui aurais tout donné, tout, la moitié de mon bien ; moi qui le regardais comme mon propre frère ! »

Et sa voix devenait de plus en plus sourde ; il pâlissait :

« Je vois bien, disait-il, que c'est fini pour moi. »

Et il se levait ; il se mettait à marcher, la tête basse, les yeux pleins de larmes, en criant :

« C'est toujours ceux qu'on aime le plus qui nous font aussi le plus souffrir. On ne devrait jamais aimer personne... Je n'ai pas pu faire autrement; ce gueux-là, quand je le voyais, mon cœur riait ; j'aurais dû le jeter à la porte. Oui, mais que voulez-vous? c'était écrit. »

En de telles circonstances, la mère Rasimus ne disait rien ; elle laissait sa colère suivre son cours, et cela durait quelquefois une demi-heure. Puis il venait se rasseoir et buvait en silence.

Quelquefois Toubac, ou tout autre, arrivant sur l'entrefaite, voulait ajouter quelque chose aux imprécations du brave homme contre le capucin, mais il les interrompait tout de suite en s'écriant :

« De quoi vous mêlez-vous? C'est moi qui dois me plaindre Est-ce que j'ai besoin de vous pour dire que c'est un gueux, un mendiant, un bandit? Est-ce que je ne peux pas le dire moi-même? Est-ce moi, oui ou non, qu'il a lâchement attaqué par derrière? Qu'on ne me parle plus de lui, il ne mérite pas qu'on en parle. Qu'est-ce qu'on vient donc toujours m'ennuyer avec cet homme-là? Je ne le connais plus... c'est comme s'il n'avait jamais existé! »

Presque tous les jours il arrivait que des bûcherons ou des charbonniers entraient en passant au *Jambon de Mayence*, prendre leur chope de vin. Maître Sébaldus, connaissant tous les gens du pays, allait aussitôt s'appuyer les deux mains sur leur table, et sans s'asseoir, causant des récoltes, du prix des bois, de ceci, de cela :

« Et le bandit... le capucin? finissait-il par dire.

—Ah! maître Sébaldus, répondaient ces gens, il n'est pas à la noce tous les jours comme autrefois; maintenant ses andouilles sont des pommes de terre cuites sous la cendre, et son *Pleiszeller*, c'est l'eau de la fontaine.

—Est-ce qu'il est bien maigre? demandait-il.

—S'il est maigre? il n'a plus que la peau et les os.

—Pourquoi ne fait-il pas des quêtes avec son âne *Polak*?

—Ah! monsieur Dick, le monde n'est plus aussi charitable que dans le temps. Les capucins n'ont plus la ressource de visiter les cheminées du village; le père Johannès a beau chanter des *oremus* du matin au soir, le corbeau d'Élie ne lui apporte pas de boudins; il dépérit, il décline.

—Ah! bon! bon! faisait le brave homme, je suis content. Ah! c'est comme cela; le gueux n'aurait pas le cœur de venir me voir et de me dire : « Maître Sébaldus, c'est le vin blanc qui « m'a fait pécher contre vous. » Ce ne serait pourtant pas bien difficile d'inventer ça, et je ferais semblant de le croire; mais il aime mieux dépérir, par orgueil; il veut que j'aille lui dire : « Père Johannès, venez donc manger « mes boudins, mes andouilles, boire mon « Pleiszeller! » Oui, oui, j'irai lui dire ça; qu'il attende! »

Et il ajoutait :

« Quel bonheur d'être débarrassé d'un pareil gueux, quel bonheur! Je peux dire hardiment que le jour où j'ai reçu ses coups de bâton est le plus beau jour de ma vie; au moins me voilà débarrassé pour toujours de cette peste. »

Ainsi le digne maître de taverne était heureux de tout ce qu'il voyait, de tout ce qu'il entendait, et pourtant sa tristesse semblait grandir à mesure que s'avançait le jour de la fête.

Vers le milieu de la semaine, il fallut songer aux apprêts du festin, à l'ordonnance des tables, à l'élévation des estrades pour la musique, à la décoration de la cour.

On voyait maître Sébaldus se promener, le mètre en main, avec le menuisier Furst et le charpentier Ulrich, prendre des mesures et discuter les dispositions générales lui-même, chose qu'il n'avait jamais faite; et dès lors on put prévoir que cette solennité serait plus grande, plus imposante que toutes celles du même genre qui l'avaient précédée.

Lui-même descendit dans ses caves immenses et les parcourut d'un bout à l'autre, accompagné du tonnelier Schweyer et de ses garçons, indiquant les tonneaux qu'il faudrait mettre en perce pour le premier, le deuxième et le troisième service, et choisissant les vins en bouteille qui devaient paraître au dessert. Lui-même aussi s'occupa des commandes de comestibles; il écrivit à tous ses correspondants de Spire, de Mayence, de Francfort, et jusqu'à Cologne.

Contrairement à l'avis de Grédel, il voulut avoir de la marée, et comme sa femme avoua qu'elle ne connaissait pas la manière d'apprêter le poisson de mer, n'étant jamais sortie du pays, lui, ne voulant rien négliger, écrivit au célèbre cuisinier Hâfenkouker, de l'hôtel du *Rœimer*, à Francfort, de venir présider en personne à cette partie de la cuisine.

Toutes ces choses l'occupèrent beaucoup, et Fridoline, la mère Rasimus ainsi que Christian furent consultés. Christian eut particulièrement à veiller sur la décoration, qui devait être de différents feuillages : le chêne, le hêtre, le platane et le mélèze y furent employés.

Le grand monde de Bergzabern se relayait sous la voûte des Trabans, pour contempler ces préparatifs grandioses : ces guirlandes, qui s'élevaient en courbes immenses jusqu'à la cime des toits, ces murailles tapissées de mousse, cette profusion de feuilles et de fleurs recouvrant les pauvres échoppes d'alentour, au point qu'on ne découvrait plus que leurs petites vitres miroitantes.

Dès le jeudi de la deuxième semaine, les tables étaient dressées; elles formaient fer à cheval. Entre les deux branches se trouvait une autre table pour les amis intimes de Sébaldus, pour sa famille et les gens qu'il voulait honorer.

Ce jour-là, lorsqu'il s'agit de désigner la place de chacun, afin que tous les amis fussent

Toubac, tout affairé, ses yeux gris un peu troubles. (Page 67.)

ensemble, le menuisier Furst, montrant le haut bout de la table du milieu, ayant dit :

Maître Sébaldus, voici la place d'honneur, vous pourriez y mettre notre bourgmestre Omacht.

—Le bourgmestre? s'écria maître Sébaldus indigné, je me moque bien de votre bourgmestre, moi ! Un homme qui fait venir des coqs d'Amsterdam pour exterminer les nôtres. Qu'il s'en aille au diable, qu'il se mette où il voudra !

—Mais, dit Furst, alors à qui donner la place d'honneur? Vous ne pouvez pas être assis aux deux bouts à la fois, monsieur Dick, cela ne s'est jamais vu.

—Cette place restera vide, dit alors le gros nommé d'une voix sourde, oui, elle restera vide; on ne mettra personne à cette place. »

Et s'animant :

« Celui qui devrait y être est un gueux, dit-il, un être rempli d'orgueil et de vanité, et qui n'aura pas seulement le cœur de se présenter, je vous en préviens; un être qui s'est rendu méprisable aux yeux de tout l'univers; sa place restera vide, et chacun dira : « Voyez, le capucin devrait être là, mais lui-même se reconnaît indigne de venir s'asseoir en face de celui qui l'a nourri, abreuvé, aimé comme un frère pendant vingt ans. » Voilà ce que je veux ! Et qu'on ne pense pas que je lui ôte sa place; non, j'en suis incapable, ça n'entre pas dans mes idées. Car, si par hasard, il revenait, vous m'entendez, et s'il voyait sa place occupée par un autre, ça lui crèverait le cœur.

On fit alors entrer Rosselkasten et tout l'orchestre, pour boire un coup. (Page 69.)

et la honte alors retomberait sur ma tête. »

Ainsi parla le digne maître de taverne, et quoique personne ne comprît rien à ses raisons, Furst lui répondit :

« Ah ! c'est bien différent, bien différent ; j'ignorais ces choses. »

Au dernier jour, arrivèrent les envois de tous les pays d'Allemagne ; la grande salle était tellement encombrée de paniers, de bourriches, de colis, de caisses et de ballots, que cinq personnes avaient peine à mettre tout en ordre. La cuisine était en feu pour la prépation des küchlen, des kougelhof et autres pâtisseries, que Grédel préparait à l'avance.

Dans la cour s'entendaient des exclamations enthousiastes à l'arrivée de chaque nouvelle voiture. Mais ce qui surprit le plus la foule, ce fut l'arrivée des poissons de mer ; jusqu'alors maître Sébaldus avait eu de l'inquiétude à ce sujet. Le célèbre Hâfenkouker était arrivé la veille, avec ses trois principaux marmitons en veste blanche et bonnet de coton ; il avait fait aussitôt construire un fourneau de briques dans l'un des angles de la cour, la cuisine n'étant pas assez grande pour suffire à la préparation de tant de viandes succulentes, ni la porte assez large pour les servir.

La marée arriva donc dans l'après-midi du samedi, en telle abondance, que la voiture eut peine à passer sous la voûte des Trabans. Et quand, au milieu de la cour, entre les longues tables de sapin, on se mit à décharger ces poissons inconnus, — larges et plats comme des assiettes, gluants, blancs d'un côté, noirs ou roses de l'autre, aux larges nageoires dentelées comme des ailes de chauve-souris, — ces soles, ces raies, ces merlans, ces turbots, tous ces êtres étranges dont on ne reconnaissait pas la tête de la queue, et qui avaient la bouche au milieu du ventre; des êtres absolument ignorés dans la montagne, et que maître Sébaldus lui-même ne connaissait que de nom, alors il est facile de concevoir la stupéfaction générale. On se tenait autour en cercle, on regardait, on contemplait, on discutait pour savoir s'ils nageaient debout, de côté ou à plat. On ne pouvait concevoir que le Seigneur eût créé des êtres aussi hideux, et chacun se promettait à part soi de ne jamais y mordre. Maître Sébaldus lui-même, se bouchant le nez, dit :

« Ça, c'est bon pour les sauvages, quand ils ont jeûné trois ou quatre jours, et qu'ils ne leur reste plus d'autre ressource que de se dévorer entre eux, ou de manger ces grands têtards. Je croyais que c'était autre chose, sans quoi je n'en aurais pas demandé. »

Cependant tout le monde fut satisfait de voir qu'il y avait parmi ces monstres vingt-quatre écrevisses de mer si magnifiques, que les plus belles du Hundsrück auraient paru petites à côté.

Häfenkouker, lui, n'était pas de l'avis des assistants; ils trouvaient les poissons de mer fort beaux, et les fit transporter dans sa baraque de planches, affirmant que maître Sébaldus lui-même reviendrait de ses préventions sur leur compte, lorsqu'il les verrait apprêter convenablement.

Ainsi les expéditions arrivaient de toutes parts, les tables étaient dressées, la cour décorée, les fourneaux en feu, et pourtant maître Sébaldus, au milieu de sa gloire, semblait triste; au lieu de rire et de se glorifier lui-même comme autrefois, il regardait ces choses d'un air d'indifférence. Dans la soirée de ce jour, en soupant, la mère Rasimus remarqua même que le digne homme avait les yeux pleins de larmes.

« Chers enfants, dit-il tout à coup, en s'adressant à Fridoline et à Christian, qui se souriaient tendrement après avoir suspendu leurs dernières guirlandes; chers enfants, vous ne sauriez croire combien je suis satisfait de vous; tous mes désirs, vous les avez accomplis; aussi ce n'est pas sans orgueil et sans attendrissement que je vous contemple. Oui, Frantz Christian Sébaldus Dick est le plus heureux des hommes, et demain sera un beau jour pour tout le monde; pour vous d'abord, mes enfants, pour Trievel Rasimus, qui formera son souhait, pour tous nos amis et nos parents, pour tous, excepté... »

Alors il ne finit pas sa pensée, et seulement au bout d'un instant il ajouta :

« Je voudrais pourtant bien que les pauvres, ceux qui n'ont que des pommes de terre à manger et de l'eau à boire, se réjouissent avec nous ! »

Et d'une voix attendrie, il témoigna le désir que les débris du grand festin fussent distribués aux pauvres, avec une somme de cent gulden.

« Christian et Fridoline feront cela, dit-il, et le Seigneur étendra sur eux ses bénédictions. »

Il n'en dit pas davantage et monta dans sa chambre fort ému.

Trievel comprit que le brave homme désirait revoir son vieux compagnon Johannes; que cette privation gâtait tout son bonheur, et que l'idée de le savoir dans la misère, tandis que tout autour de lui respirait la joie et l'abondance, l'accablait.

Mais que faire à cela? L'orgueil du capucin n'était pas moins grand que celui du maître de taverne; Johannes tenait mordicus au Dieu de Jacob, Sébaldus se serait méprisé lui-même de renoncer au dieu Soleil. — Allez donc les décider à faire le premier pas l'un ou l'autre ! C'était impossible. — Trievel rentra dans sa baraque, rêvant à ces choses.

IX

Or, dans cette nuit du samedi au dimanche, vers trois heures du matin, tout à coup les lucarnes de la cassine de Trievel Rasimus s'illuminèrent; la vieille se leva, passa ses jupes, puis, entr'ouvrant sa porte, elle se mit à regarder le ciel tout scintillant d'étoiles.

« La nuit est magnifique, se dit-elle, il va faire bon marcher à la fraîcheur. »

Alors elle finit de s'habiller.

Son merle Jacob, tout étonné d'être éveillé bien avant le jour, lui qui, depuis longtemps, avait pris l'habitude d'éveiller les autres, Jacob ne bougeait pas; du fond de sa cage, la tête inclinée, il suivait, de ses petits yeux luisants, la lumière allant et venant dans la chambre. Les lapins aussi se taisaient; seulement, le plus vieux, le grand-père de la nichée, un superbe lapin blanc à taches rousses, que la mère Rasimus appelait familièrement *Abraham*, à cause de ses grands favoris ébouriffés, de sa fécondité singulière et de son air vénérable, *Abraham*, sur le seuil de sa cabane, regardait tout émerveillé, relevant et abaissant tour à tour ses grandes oreilles, et se grattant le nez de sa patte, comme pour dire : « Que fait-elle là ? Pourquoi court-elle de si grand matin? En voudrait-elle à mon cher pepetit *Isaac*, l'espoir et la consolation de ma vieillesse? »

Enfin Trievel, ayant mis ses gros souliers, prit son bâton et sortit sans se donner d'autre peine que de repousser la petite porte criarde et de tirer le verrou, puis elle se dirigea vers la voûte des Trabans et gagna la rue.

La rue des Trabans, au sortir de la cour, descend à gauche dans la ville basse, jusqu'à la petite porte des Halles et des Vieilles-Boucheries. Elle s'élève à droite vers la côte du Schlosswald, derrière laquelle se trouve l'ermitage de la sainte chapelle du Lupersberg. C'est cette dernière direction, plus rapprochée de la campagne, que prit Trievel Rasimus. Elle allait en trottinant, la tête penchée, sa longue robe de rayage bleu et rouge lui remontant au milieu du dos, la main sur son bâton, et les franges de son bonnet caressant ses joues couleur de brique. On l'eût prise, dans l'ombre des murs, où se découpaient les pâles rayons de la lune, pour une vieille bohémienne en maraude, d'autant plus qu'elle courait sans relâche.

Au bout d'un quart d'heure, elle avait atteint le sentier qui monte à travers les vignes jusqu'au sommet de la côte. La lune, en rase campagne, brillait comme un miroir, éclairant les petits murs de pierres sèches, les ceps noueux aux larges feuilles rouges, les broussailles et jusqu'aux plus petits cailloux du sentier : on y voyait mieux qu'en plein jour. Le temps était doux; au loin, une perdrix claquait du bec, on entendait frôler ses ailes et de petits cris amoureux lui répondre.

Trievel Rasimus s'arrêta deux secondes au pied de la vieille croix moussue où s'agenouillent les pèlerins de Marienthal; elle tira sa gourde de sa poche et but un bon coup; puis, saisissant le bas de sa jupe de la main gauche, elle se mit à grimper comme une chèvre, ne s'arrêtant que de loin en loin, sur les petits plateaux en terrasse, pour reprendre haleine.

Bientôt elle fut au-dessus de la cour des Trabans. La vieille ville, de cette hauteur, avec ses pignons aigus, ses toits immenses à quatre et cinq étages de lucarnes, ses flèches, ses gargouilles, ses rues étroites, enchevêtrées les unes dans les autres, ses hangars en auvent, ses tourelles découpant leurs ombres noires sur le pavé blanc comme neige; l'église Saint-Sylvestre, fouillée de mille sculptures en relief, avec ses trois portails sombres et ses mille statuettes de saints et de saintes, argen-

tées par la lune sur le fond obscur des niches; la synagogue décrépite, la taverne et les échoppes innombrables dans la cour profonde des Trabans, où ne descendait pas la pâle lumière; tout cela présentait un coup d'œil étrange, mystérieux et grandiose. Tout dormait à Bergzabern; seulement, dans l'un des angles de la cour des Trabans, une vive lumière rouge annonçait que les fourneaux de Hâfenkouker étaient en pleine activité; Hâfenkouker lui-même et ses marmitons, en bonnet de coton, passaient parfois devant cette flamme comme des diablotins, et leurs grandes ombres tourbillonnaient alors tout autour des hautes murailles revêtues de feuillage.

« Hé! hé! hé! fit la vieille en riant, la bonne odeur monte jusqu'ici. Quelle fête, Dieu de Dieu, quelle fête nous allons avoir! »

Après cette réflexion, Trievel se reprit à grimper. Aux vignes succédèrent bientôt les broussailles, puis les bruyères; enfin, sur le coup de quatre heures, et comme déjà des centaines de coqs se saluaient d'une ferme à l'autre, et que les aboiements des caniches et des roquets de la ville s'élevaient à la cime des airs en rumeurs confuses, Trievel Rasimus atteignit le plateau aride, et vit en face d'elle, sur l'autre pente du Lupersberg, le clocher de la petite chapelle de Saint-Jean et la large toiture de chaume de l'ermitage se découper en vignette dans les brumes matinales. Pas un bruit ne s'entendait de ce côté, pas un murmure. Comme la lune s'inclinait vers Pirmesens, l'ombre du plateau couvrait toute cette pente de la montagne. Un éclair intérieur illuminait parfois les deux lucarnes de la hutte, puis tout redevenait sombre.

« Allons, nous y voilà, » se dit Trievel en aspirant une large prise de tabac; puis elle poursuivit son chemin. Deux minutes après, elle arrivait près de la masure; et, le cou tendu, se penchait dans l'une des lucarnes pour voir à l'intérieur.

D'abord elle ne vit rien, tant il y faisait sombre; mais bientôt elle distingua quelques poutres en l'air, à travers lesquelles pendaient des milliers de brindilles de paille, de foin et d'herbages, comme d'une grande hotte; ensuite, une grande caisse pleine de feuilles sèches, et un sac pour oreiller; puis à gauche, une ouverture dans la muraille, un trou noir, au fond duquel s'agitait quelque chose. Trievel crut d'abord que c'était le capucin, qui se couchait dans ce trou par esprit de pénitence; mais en regardant mieux, elle reconnut que c'était l'âne *Polak*, dont les grandes oreilles et la tête mélancolique se dessinaient parfois au-dessus de la crèche, et presque aussitôt elle vit le père Johannes assis à terre, les jambes écartées devant la pierre de l'âtre ; il retournait des pommes de terre sous la cendre, et, comme le feu se prit à briller, toutes les brindilles du plafond, les barreaux de la crèche, la tête ébouriffée de l'âne, son bât et son licou suspendus au mur, le vieux crucifix de chêne et le petit bénitier de faïence au-dessus de la caisse, le pot à eau dans un coin et la grande trique de cormier dans un autre ; toutes ces choses confuses, entassées, hérissées, se prirent à danser avec leurs ombres autour des murailles de terre glaise : c'était vraiment étrange.

Le père Johannes , le coude sur le genou, la joue sur le poing , ressemblait alors au bouc *Hazazel*, qui porte les péchés du genre humain; il était devenu jaune, sec et maigre comme un vieux buis; ses sourcils joints en V à la racine du nez semblaient s'être rapprochés davantage, et ses yeux regardaient les pommes de terre en louchant. Trievel, connaissant le caractère ombrageux du capucin, après avoir vu ces choses , se retira tout doucement dans les bruyères, puis elle fit du bruit en approchant de la porte, pour avoir l'air d'arriver.

« Hé ! c'est moi, père Johannes! Êtes-vous là ? Ouvrez ! c'est Trievel Rasimus ! » cria-t-elle d'un accent joyeux.

Quelques instants après, la porte s'ouvrit et le capucin, qui s'était fait une mine moins désolée, lui dit en souriant :

« Hé ! c'est Trievel Rasimus! d'où venez-vous donc de si bonne heure, Trievel?

—J'arrive de Hirschland, père Johannes ; je n'ai pas voulu passer si près de l'ermitage sans vous souhaiter le bonjour.

—Et vous avez bien fait, Trievel; entrez, entrez. »

Ils se courbèrent sous les bottes de paille du fenil et entrèrent, la figure épanouie.

« Asseyez-vous, Trievel, dit le capucin en présentant à la vieille le seul escabeau de la hutte, chauffez-vous, il fait assez frais ce matin. Ah ! vous arrivez de Hirschland ?

—Mon Dieu, oui, je viens d'inviter mon cousin Frantz Piper, le clarinette, à la grande fête d'aujourd'hui, et j'ai quitté Hirschland de bon matin, pour arriver avant la chaleur. »

Les oreilles du père Johannes se dressèrent en entendant parler de fête, mais il ne dit rien.

« C'est très-bien, fit-il, c'est très-bien. »

Trievel s'était assise près de l'âtre et se fourrait les cheveux dans son bonnet; puis regardant autour d'elle :

« Mais vous n'êtes pas trop mal ici, père Johannes, dit-elle ; en hiver surtout, avec votre âne, vous devez avoir bien chaud. Et

puis, ce lit de feuilles... moi, j'aime les lits de feuilles, ça n'est pas aussi salissant que le linge, on n'a qu'à remuer un peu... Enfin, je vois que vous êtes tout à fait bien.

—Oui, oui, on pourrait être plus mal logé, » répondit le capucin d'un air rêveur.

Et, revenant à la charge :

« Ainsi, vous arrivez de Hirschland pour une fête. Il y a donc fête aujourd'hui, Trievel, en l'honneur de quel saint?

—Comment! vous ne savez pas ça? dit la vieille d'un air naïf; vous ne savez pas que maître Sébaldus donne une fête, un banquet, un festin, mais quelque chose, là, quelque chose de tellement extraordinaire, qu'on en parle jusqu'à Landau, jusqu'à Neustadt, enfin partout? »

Le père Johannes, durant un instant, parut stupéfait.

« Ah bah ! fit-il ; comment! il donne une fête pareille ? »

Et le brave homme resta les yeux fixes, les narines tirées, comme s'il eût vu ce spectacle; puis, se réveillant :

« Maître Sébaldus est donc rétabli, demanda-t-il, tout à fait rétabli ? Ah ! bon... bon... tant mieux, ça me fait plaisir ! Mais, quoique cela, je déplore, oui, je déplore qu'un homme d'âge, un homme d'expérience, à peine échappé des bras de la mort, songe à se replonger tout de suite dans un océan de jouissances sensuelles, à se gorger de nourriture succulente, à s'abreuver de vins délicieux; c'est déplorable, tout à fait déplorable. »

En parlant de nourriture succulente, de vins délicieux, de jouissances sensuelles, Johannes en avait la bouche pleine, son nez remuait, et une légère teinte pourpre colorait ses joues brunes. Trievel l'observait en clignant des yeux.

« Vous avez bien raison, dit-elle, ça fait frémir de penser à cela ; mais que voulez-vous? le danger passé , on songe à autre chose. Figurez-vous, père Johannes, qu'on a fait venir de Mayence trois de ces pâtés d'anguilles, vous savez , de ces pâtés fondants , aux petites *knœpfe* et aux champignons blancs , de ces pâtés...

—Ne me parlez pas de ça, interrompit le capucin en se levant, ne me parlez pas de ça ! Dire que ce Sébaldus, au lieu de songer à son salut, après une crise terrible, ne s'inquiète que de se farcir la panse de choses délicates, c'est révoltant, c'est abominable. »

Mais, remarquant que la vieille l'épiait du coin de l'œil :

« Seigneur Dieu, fit-il d'un ton paterne en joignant les mains, je vous remercie de m'avoir

éclairé de votre divine lumière ; je vous remercie de m'avoir arrêté sur le bord de cet
abîme sans fond du sensualisme, et de m'avoir
appris que les choses humaines ne sont que la
vanité des vanités. Il ne m'appartient pas,
indigne que je suis, de critiquer la conduite
de mon prochain, mais il m'est permis de
verser des larmes sur ses égarements. »

Alors le vieux pêcheur se passa la main sur
la figure en reniflant, et la mère Rasimus lui
dit d'un ton de pitié bonasse : »

« C'est beau, père Johannes, c'est beau ce
que vous venez de dire là ; j'ai toujours pensé
que vous finiriez par devenir un saint homme ;
même dans le temps, quand vous buviez la
grand'coupe de *Gleiszeller* de l'an XI, vous le-
viez les yeux au plafond avec un air d'adora-
tion qui me faisait penser : « Quel beau saint
ça ferait ! Dieu du ciel, quel beau saint, en
peinture, dans la cathédrale ! »

Le père Johannes regarda la vieille de travers, croyant qu'elle voulait rire ; mais elle
semblait si convaincue, de si bonne foi, et si
bonasse avec ses mains jointes sur les genoux, et les franges de son bonnet pendant
sur son nez rouge, qu'il ne douta point qu'elle
ne parlât sérieusement.

« Oui, reprit-elle, vous avez bien raison,
père Johannes ; tout ça, les jambons, les andouilles, les *professerswurst*, les pâtés d'anguilles, les dindes farcies, les bouteilles de
Forstheimer, de *Bodenheimer*, tout ça, c'est de
la vanité ! Il n'y a de bien sûr, là, de bien sûr,
que la vie éternelle, les anges, les saints et
les séraphins qui volent en l'air en soufflant
dans des trompettes, comme on en voit dans
la chapelle Saint-Sylvestre ; ça, c'est sûr...
c'est clair ! Aussi, déjà plus de cent fois, j'ai eu
l'idée de me convertir ; mais la chair est si
faible, père Johannes, rien qu'en sentant l'o-
deur de la cuisine, ça bouleverse toutes mes
bonnes résolutions. »

Le capucin ne disait rien ; au bout d'un
instant seulement, il toussa :

« Hum ! hum ! fit-il, oui... oui... la chair...
la chair ! »

Mais il n'ajouta rien, et Trievel poursuivit,
en aspirant une prise de tabac :

« La chair, c'est la perdition des hommes et
des femmes. Ainsi, par exemple, vous ne pouvez pas croire comme tous les bourgeois de
Bergzabern viennent saluer maître Sébaldus,
pour être de sa fête, c'est une procession du
matin au soir. Mais, pour dire la vérité, tout
ce que vous avez vu jusqu'à présent, auprès
de cette fête-là, n'est qu'une véritable misère.
On a fait venir de la haute montagne du gibier
de toute sorte, des grives du Hundsrück, des

bécasses, des gélinottes et des coqs de bruyère
des Vosges, trois sangliers pour être farcis
avec des châtaignes, trois chevreuils pour être
farcis avec des olives ; on a fait venir des
poissons du Rhin : de la carpe, du saumon,
des truites en abondance, et des poissons de
mer tellement extraordinaires, tellement déli-
cats, que le sacristain Kœnig, le conseiller
Baltzer et tous ceux qui s'y connaissent disent
que ça fait les délices du corps et de l'âme.
On a fait venir des fruits de Hoheim, de Van-
denheim, de Baden et d'ailleurs, dans de petites corbeilles garnies de mousse : des poires
fondantes, des rainettes grises, tout ce qu'il
est possible de se figurer de plus beau ; rien
qu'à les voir, l'eau vous en vient à la bouche.
Et, pour la première fois, maître Sébaldus a
consenti de verser au deuxième service des
vins de France, du vin de Bourgogne, de Bor-
deaux et de Champagne rose et blanc, chose
qu'il n'avait jamais voulu faire, à cause de son
grand respect pour la patrie allemande ; mais
cette fois il veut que toutes les délices de la
terre, de la mer et du ciel soient réunies sur sa
table, et qu'on s'en souvienne dans les siècles
des siècles.

— Dans les siècles des siècles ! dit le capucin
en haussant les épaules, voilà bien son orgueil
et sa sotte vanité ; dans les siècles des siècles,
je vous demande un peu ! Et quand ce serait,
la belle gloire qu'il aurait là, de passer pour
un goinfre jusqu'à la centième génération !...
O honte ! ô être matériel, être porté sur sa
bouche !... Enfin... enfin...—fit-il en bredouillant et se promenant à grands pas dans la
hutte, — que faire ? que dire à cela ? C'est l'op-
probre, c'est la honte de Bergzabern et de toute
la ligne du Rhin ! Dans le temps, on songeait
aux choses divines, et aujourd'hui on ne pense
qu'à s'introduire des choses agréables dans le
gosier ; ainsi périssent les civilisations, ainsi
la terre fut inondée par le déluge universel,
ainsi Sodome et Gomorrhe furent englouties
par une mer de flammes ! Et je plaignais cet
homme ; je me repentais, je m'en voulais presque de l'avoir châtié, j'éprouvais presque un
serrement de cœur en songeant...

— Alors, interrompit Trievel, vous ne viendrez pas au banquet ?

— Venir au banquet, moi ! mais ce serait le
comble de la honte, ce serait renier mon Dieu,
ma foi, mes convictions ; Dieu m'en préserve ! »

Il marchait en faisant de grands gestes ;
Trievel le suivait des yeux, tournant la tête
tantôt à droite, tantôt à gauche, comme une
girouette.

« Et pourtant, père Johannes, dit-elle, pourtant votre place est là... maître Sébaldus vous a gardé votre place. »

A ces mots, le capucin s'arrêta tout court, et, regardant la vieille d'un œil perçant :

« Comment ! maître Sébaldus m'a gardé ma place ? dit-il ; alors il ne m'en veut donc plus ? il reconnaît ses torts ? il veut entrer en accommodement avec moi ? Il a toujours eu du bon, je dois le reconnaître ; c'est son maudit orgueil qui le perd ; mais, sauf cela, c'est un excellent cœur. Ah ! il m'a réservé ma place ! Tu penses bien, Trievel, que je ne peux pas retourner à la taverne après l'affront que j'ai reçu, non, non ! mais je l'avoue, en songeant que j'avais perdu l'affection de tous mes vieux camarades : de Toubac, de Hans Aden, de Paulus Borbès, la tienne, celle de la mère Grédel , — une excellente femme, une femme estimable, la meilleure cuisinière du Rhingau, et qui ne se vante pas, qui ne se glorifie pas à tort et à travers, — en songeant que j'avais perdu son affection, celle de Christian , et surtout celle de la petite Fridoline, de cette chère enfant que j'ai portée dans mes bras, que j'ai bercée sur mon sein... pauvre petite !... Oui, je l'avoue, de ne plus revoir tout ce monde, ça m'était pénible, c'était dur, bien dur, j'en souffrais plus, mille fois plus que de tout le reste. Enfin , c'est un grand soulagement pour moi de savoir qu'il n'y a pas de rancune entre nous ; mais, de retourner au *Jambon de Mayence*, de m'incliner devant maître Sébaldus, jamais ! jamais ! »

Trievel Rasimus, pendant ce beau discours, semblait fort attentive.

« Jamais ! répéta le capucin, plutôt périr de misère. Ah ! si maître Sébaldus faisait le premier pas, s'il reconnaissait qu'il a eu tort, s'il envoyait quelqu'un pour m'inviter formellement... »

Il s'arrêta, regardant la vieille, et pensant qu'elle allait lui dire : « Mais je suis ici pour cela, père Johannes. » Aussi sa déception fut grande, lorsque Trievel s'écria :

« Reconnaître ses torts, lui ! allons donc ! Ah ! vous ne le connaissez guère.

— Mais puisqu'il me garde ma place.

— Sans doute, il vous garde votre place, par défi.

— Comment, par défi ?

— Oui, par défi. Vous n'avez donc rien appris de ses publications ?

— De quelles publications, Trievel ? voyons, explique-toi.

— Mais de celles que le watchmann Purrhus a fait dans toute la ville, annonçant, par l'ordre de maître Sébaldus, que votre place serait là, et que vous n'oseriez pas venir la prendre pour soutenir le Dieu de Jacob ; qu'il vous en défiait à la face de l'univers, et que si vous ne veniez pas, comme c'était probable, alors tout le monde devrait reconnaître que vous étiez terrassé, foulé aux pieds, et que vous demandiez grâce. En raison de quoi, lui, Sébaldus, se chargerait alors de faire proclamer à son de trompe, la victoire définitive du dieu Soleil et votre défaite éclatante. Comment ! vous ne savez rien de ces choses ? mais on ne parle que de ça dans tout le pays : les uns disent que vous viendrez, les autres que vous n'oserez jamais. »

Le capucin était devenu tout pâle, ses joues tremblotaient de colère.

« Comment ! comment ! se prit-il à bégayer, ce gros âne, ce matérialiste, cet ignorant, cette outre gonflée d'orgueil ose me défier, moi... moi... de venir ! Ah ! c'est trop fort. Tout ce que j'avançais tout à l'heure, Trievel, touchant son bon cœur et son bon sens, je le retire. Il est clair que la vanité le suffoque, qu'il perd la tête. Oui, je vois de plus en plus, et malgré mon indulgence, que c'est un être borné, stupide, arriéré de vingt siècles. Son dieu Soleil ! son dieu Soleil ! ha ! ha ! ha ! quelle découverte : la religion des premiers sauvages !... Mais... mais vraiment c'est incroyable... c'est...

— Vous viendrez donc ? demanda Trievel en baissant la tête pour cacher un sourire.

— Si je viendrai défendre mon Dieu, le Dieu de nos pères ! Certainement, certainement. Mais qu'on ne s'imagine pas que j'arrive pour manger et boire, non, voilà ma nourriture. »

Il montrait ses pommes de terre.

« Je préparais cela pour aller en quête aujourd'hui, mais dans des circonstances aussi graves, je renonce à ma quête, je pars, je marche à la rencontre des hérétiques ; je vais, comme le saint roi David, au-devant du géant Goliath, armé de ma houlette, de ma fronde et de mes trois cailloux. Ah ! il me défie ! »

Il y eut un instant de silence, et Trievel Rasimus, se levant, murmura :

« Aussi je m'étonnais, père Johannes, de votre grande tranquillité ; je ne pouvais comprendre qu'au moment de la bataille, vous restiez ainsi les bras croisés, comme si vous vous sentiez battu d'avance.

— Battu d'avance ! fit le capucin. Écoute, Trievel, c'est aujourd'hui qu'on verra le triomphe de Jéhovah, du Dieu fort, du Dieu jaloux. Tu peux aller dire de ma part à Bergzabern...

— Soyez tranquille, soyez tranquille, fit la vieille en prenant son bâton, je vais annoncer partout la grande nouvelle. Le banquet commence à onze heures, arrivez un peu d'avance ; tous les amis seront là.

—Oui, Trievel, je compte sur toi, et je te remercie d'être venue me prévenir. Dieu du ciel, quand je pense que sans toi, le Dieu des armées recevait une défaite en ce jour ! »

Ils sortirent ensemble, et le capucin ranimé, les yeux étincelants, ayant reconduit Trievel Rasimus à cinquante pas dans les bruyères, lui serra la main en répétant :

« Tu peux dire que je viendrai ; quand toutes les légions des ténèbres seraient là, maître Sébaldus en tête, je viendrai ! »

Trievel Rasimus s'éloigna, riant dans les franges de son grand bonnet en capuche. Il était alors près de six heures du matin, le jour dorait la côte. Au moment où la vieille atteignit le sentier de Bergzabern, Johannes sonnait matines à tour de bras, et les tintements de la petite cloche de Saint-Jean se prolongeaient d'échos en échos jusqu'au pied de la montagne.

X

Cette nuit-là, maître Sébaldus dormit grassement de neuf heures du soir à huit heures du matin ; le jour étincelait sur ses vitres lorsqu'il s'éveilla. Depuis longtemps la mère Grédel, Hâfenkouker et ses marmitons, Schweyer et ses garçons tonneliers, Christian et Fridoline, tous les domestiques et toutes les servantes du *Jambon de Mayence* étaient en l'air, allant et venant, causant, se dépêchant de prendre les dernières dispositions du banquet. La brise d'automne balançait les guirlandes dans la cour ; la taverne était pleine de cette bonne odeur de feuillage qu'on respire autour des reposoirs à la Fête-Dieu, et sous la voûte des Trabans se pressaient une foule de curieux, qui se renouvelaient sans cesse, pour contempler ces merveilles.

Maître Sébaldus, en tournant la tête, vit son grand tricorne à banderoles roses et bleues et ses habits de gala sur la commode ; Grédel avait tout prévu d'avance ; c'était une femme de grande exactitude et qui n'oubliait jamais rien. Le brave homme se leva donc, il mit ses bas de laine noire, ses souliers à boucles d'argent et sa culotte de velours, qu'il commençait à remplir de nouveau de son heureux embonpoint.

Puis, ayant revêtu son magnifique gilet écarlate, il ouvrit une fenêtre, et voyant que la cour sombre, avec ses hauts pignons couronnés de chêne, sous la voûte immense du ciel, ressemblait à la cathédrale Saint-Sylvestre et qu'elle avait même plus de grandeur imposante, il en fut saisi d'admiration ; mais au lieu de pousser comme autrefois des éclats de rire retentissants et de s'écrier : « C'est moi... moi... Frantz Christian Sébaldus Dick, par la grâce de Dieu, qui suis l'auteur de ces choses, » il devint tout grave et garda le silence.

Durant plus d'une demi-heure, le digne tavernier, en manches de chemise, sa grosse tête grisonnante ébouriffée, resta plongé dans une douce extase, regardant les longues tables couvertes de leurs nappes blanches à filets rouges, les couverts innombrables miroitant tout autour, les trépieds d'argent, que Hâfenkouker avait placés lui-même de distance en distance, pour servir le poisson ; les garçons tonneliers remontant de la cave profonde, le dos courbé, une tonne sur l'épaule, qu'ils plaçaient le long de l'estrade et mettaient tout de suite en perce, pour n'avoir plus qu'à tourner le robinet, lorsque le moment de la presse serait venu. Tout cet ensemble lui plaisait : « Sébaldus ! se disait-il, c'est bien, c'est très-bien ; toi-même, tu n'aurais pu mieux arranger tout cela. »

Mais ce qui l'attendrissait le plus, c'était de voir Christian et Fridoline élever ensemble des pyramides de fruits, de fleurs et de mousse pour orner le festin : Christian, en polonaise de velours violet, sa toque noire surmontée d'une superbe plume de coq, vert changeant et or, les petites moustaches retroussées, les lèvres pourpres, ses grands yeux étincelants d'amour ; et Fridoline en robe blanche, une rose sur son sein gracieusement arrondi, les cheveux soigneusement nattés et tressés sur son cou de cygne, les joues d'un rose transparent, et ses longues paupières abaissées, humides de tendresse. Ces deux jolis enfants se regardaient, ils rougissaient, ils soupiraient, ils roucoulaient tout bas ; leurs mains se touchaient, et alors une sorte de frisson les faisait pâlir, surtout Christian, dont la plume de coq en faucille tremblotait d'enthousiasme.

Maître Sébaldus, regardant ainsi, croyait renaître au beau temps de sa jeunesse :

« Comme ils s'aiment ! comme ils s'aiment ! murmurait-il, les yeux pleins de larmes ; Dieu du ciel, peut-on s'aimer de la sorte ! »

Alors, songeant aux temps écoulés, il revoyait Grédel telle qu'il l'avait vue la première fois, fraîche, accorte et souriante, et il se rappelait tous les bons moments qu'ils avaient eus ensemble : la naissance de Fridoline, leur bonheur, la joie de sa femme, l'extase de la

« La nuit est magnifique, se dit-elle, il va faire bon marcher à la fraîcheur. » (Page 74.)

grand'mère Dick, penchée sur le petit berceau tout blanc, joignant ses vieilles mains ridées et murmurant : « Cher petit ange, descendu du ciel pour la joie de mes vieux jours, sois béni, sois aimé, sois adoré! » Il revoyait aussi l'enfant, comme un petit bouton de rose, et s'il avait pu la peindre, il l'aurait peinte jour par jour, à tous les âges, à tous les moments de sa vie; et ces amours de tous les instants n'en formaient plus qu'un dans son cœur : c'était sa chère Fridoline!

Ensuite, regardant Christian, qu'il savait bon et tendre, il se disait : « Vont-ils être heureux! vont-ils s'aimer! »

Voilà ce qui l'attendrissait.

Puis, dans cette longue suite de souvenirs, l'image de son vieux compagnon Johannes, à la barbe rousse, lui revenait aussi; il revoyait le capucin promener la petite sur les larges manches de sa robe de bure et la bercer dans ses mains musculeuses, tandis que de longues rides sillonnaient ses joues brunes, et qu'il riait d'une voix cassée dans la joie de son âme.

Et, se rappelant ces choses, il pensait en lui-même : « Je ne puis cependant pas marier Fridoline sans qu'il soit là pour la bénir... Non, je ne le puis pas... ce serait contraire au bon sens... Il faut que Johannes arrive... pourquoi ne vient-il pas? Est-ce qu'il me croit assez mauvais cœur pour lui tenir rancune? Est-ce que je pense encore à ses coups de bâton, moi? Est-ce que le vin blanc n'est pas cause de tout? S'il revenait, est-ce que je ne serais pas content, et Fridoline, et Grédel, e'

Maître Sébaldus, sa large tête grisonnante découverte, et tenant à la main Fridoline. (Page 86.)

Christian, et tout le monde? Oui, le capucin devrait être là. S'il ne revient pas, tout sera manqué; qui pourra chanter comme lui : « Buvons! buvons! buvons! » Il n'y en a pas un dans tout Bergzabern... dans tout Bergzabern? allons donc, il n'y en a pas un dans tout le pays, dans tout l'univers!... Ah! s'il revenait... tout serait en ordre. »

Et ses yeux se tournaient involontairement vers la porte des Trabans; il exhalait de longs soupirs.

Cependant le moment de la fête approchait; de grandes rumeurs s'élevaient par toute la ville; la foule, hommes, femmes, enfants, pêle-mêle, riant, chantant, sifflant, remontait en tumulte de la place des Halles et des Vieilles-Boucheries, et se précipitait vers la voûte de l'antique synagogue; et le tambour du watchmann Purrhus, se rapprochant de seconde en seconde, marquait la mesure de cette marche colossale. Il y avait des cris, des grognements, des hurlements, des murmures, des éclats de rire et des clameurs étranges, inouïes, mais toujours le pan, pan, pan du tambour dominait le bruit, comme à la danse des Curs.

Toutes les tables alors étaient prêtes; la mère Grédel, Häfenkouker, Christian et Fridoline rentrèrent à la taverne, où se trouvaient déjà réunis bon nombre des amis du *Jambon de Mayence* : Toubac, Hans Aden, Trievel Rasimus, Paulus Borbès, Bével Henné, sans parler du bourgmestre Omacht, du conseiller Baltzer et d'une quantité d'autres personnages de la ville.

La foule commençait à se répandre dans la cour, à l'arrivée de Purrhus, il se fit comme un roulement d'orage, c'était la cohue qui grimpait aux estrades. Maître Sébaldus, en ce moment, revêtit son grand habit marron et se coiffa de son magnifique tricorne; puis, exhalant un soupir, il ouvrit la porte des vieilles galeries et se mit à descendre gravement l'escalier extérieur de la taverne, au milieu des acclamations universelles. Le digne homme s'efforçait de paraître joyeux, comme il convient en pareille circonstance; mais il avait beau faire, il avait beau se redresser, rejeter sa grosse tête entre ses épaules, souffler dans ses joues rouges, se croiser les mains sur le dos, ce n'était plus le vainqueur des vainqueurs aux combats de coqs, à la course des ânes, et son sourire même, son bon gros sourire, avait quelque chose d'amer.

Toutefois l'enthousiasme de ses amis et connaissances ne laissa pas de l'attendrir encore, et surtout la vue de Christian et de Fridoline, qui vinrent l'embrasser. Il sourit à Trievel Rasimus, parée de ses plus beaux atours, et que Toubac couvait des yeux, comme un épervier mélancolique en arrêt devant une vieille poule jaune et maigre qu'il voudrait agripper et qui se moque de lui dans sa cage.

Puis, levant son tricorne, il salua gravement à la ronde M. le conseiller Baltzer, M. le bourgmestre Omacht, et les autres dignitaires de Bergzabern, en possession d'assister à toutes les fêtes et de boire du vieux *Forstheimer* qui ne leur coûtait rien.

Mais, cela fait, maître Sébaldus se crut suffisamment acquitté de ses obligations, et, prenant les deux mains de Trievel Rasimus, il lui dit avec sentiment :

« Trievel, Trievel! ta vue me réjouit le cœur!

—Je vous crois, monsieur Dick, répondit la vieille en se donnant des grâces et lorgnant Toubac du coin de l'œil, dans l'espoir de le rendre jaloux, hé! hé! hé! ça ne m'étonne pas, on sait se mettre, Dieu merci, on sait se nipper; on n'est pas embarrassée de trouver des maris à la douzaine. Si vous n'étiez pas marié par-devant notre sainte Église, maître Sébaldus, je vous choisirais tout de suite.

—Oui, poursuivit le gros homme avec attendrissement, j'ai du plaisir à te voir; tu es encore une ancienne, une de celles que j'ai toujours rencontrées depuis trente ans; tu n'oublierais pas, toi, les vieux amis, par orgueil, par vanité.

—Oh! pour ça, non, interrompit Trievel, je suis à la vie, à la mort, pour le *Jambon de Mayence.*

—C'est bien, c'est bien, fit Sébaldus, je le sais, j'en suis sûr. »

Et d'un ton d'indignation profonde, les mains étendues vers la voûte des Trabans, il s'écria :

« On ne dira pas maintenant que j'ai manqué de patience; si ceux qui devraient être ici n'y sont pas, est-ce par ma faute? Quelqu'un osera-t-il dire que c'est par la faute de Frantz Christian Sébaldus Dick? Si quelqu'un le disait, ce ne pourrait être qu'un gueux, car la vérité est la vérité, j'ai toujours eu en horreur le mensonge et l'artifice. Qu'on ne dise pas que Sébaldus Dick a manqué de patience et qu'il n'a pas attendu jusqu'à la fin; mais l'orgueil est la ruine de la vieille amitié, oui, l'orgueil nous montre ces choses abominables! »

Alors, il fit trois ou quatre fois le tour de la salle, murmurant des paroles confuses; et tous les assistants, comprenant qu'il parlait du père Johannes, s'indignaient contre le capucin, disant entre eux :

« C'est un homme rempli d'orgueil! »

Dehors, les rumeurs, les cris, les sifflements, les roulements de pas sur les estrades redoublaient; on aurait dit que la vieille synagogue allait s'écrouler.

Maître Sébaldus, s'arrêtant de nouveau devant la porte, s'écria :

« Il ne viendra pas, c'est sûr, je vous le prédis hardiment, et voilà que la fête commence; les gens s'impatientent, il faut se mettre à table sans lui! »

Et s'indignant de plus en plus :

« Quelle honte! quelle honte! tout le pays va savoir que sa place était là, et qu'elle est restée vide! N'est-ce pas la plus grande honte qui se puisse concevoir, non-seulement pour lui, mais encore pour toute ma maison? Et c'est un ancien ami, mon plus vieil ami qui me fait de ces choses, à moi, à moi, Sébaldus!

—Encore, reprit-il au bout d'un instant, pour moi, je ne veux rien dire, puisque nous sommes censés fâchés ensemble; mais ces enfants, ces chers enfants qu'il a baptisés et portés dans ses bras, qu'est-ce qu'il peut leur reprocher, Toubac? Qu'est-ce qu'il peut dire?

—Moi, je n'en sais rien, dit Toubac; que voulez-vous, c'est un gueux, un va-nu-pieds, un vrai pendard.

—Je ne dis pas ça, s'écria Sébaldus, pourpre d'indignation; tout le monde ne peut pas avoir toutes les qualités réunies; celui qui soutiendrait que le père Johannes n'est pas le meilleur capucin, le plus digne homme du pays, c'est à Frantz Christian Sébaldus Dick qu'il aurait à faire, entendez-vous ! »

Et, se retournant vers la porte après un instant de silence, d'une voix sourde il dit :

« Dans le temps, je me rappelle que la grand'mère Orchel répétait sans cesse que l'orgueil nous a tous perdus, au moyen d'un serpent, et c'est la pure vérité : le serpent de l'orgueil avait une pomme de la science, et cette pomme était comme qui dirait la science du bien et du mal. J'ai toujours pensé cela, et je vois bien aujourd'hui que j'avais raison, car le père Johannes, à cause de son Dieu de Jacob, se croit plus savant que tous les autres, et... »

En ce moment, le digne homme pâlit, puis rougit et s'écria :

« C'est lui ! le voilà ! Hé ! je savais bien qu'il viendrait, j'en étais sûr ; ça ne pouvait pas être autrement. »

Tout le monde s'était précipité aux fenêtres. En effet, le père Johannes, du fond de la voûte sombre, en face, fendait la presse lentement. Maître Sébaldus, de son côté, les bras étendus, semblait vouloir se jeter à la nage, pour aller repêcher son vieux camarade. Mais plus le capucin avançait, plus sa tête de bouc, sèche et osseuse, exprimait la douleur et l'indignation.

Johannes, depuis son entrevue avec Trievel Rasimus, avait roulé dans son âme de terribles arguments contre le dieu Soleil. Il voulait terrasser Sébaldus et le forcer de crier grâce ; mais, à la vue de cette antique taverne, témoin de tant d'heureux instants passés le verre en main et le sourire aux lèvres ; à la vue de son vieux compagnon, les bras étendus, la face épanouie ; à la vue de Grédel, de Fridoline, de Christian et de tant d'autres vieux amis attentifs et souriants dans l'ombre, son cœur fut saisi d'une tristesse inexprimable ; il aurait voulu s'écrier : « Écartez, écartez ce calice de mes lèvres ! » Mais l'obstination de son esprit, aussi bien que son orgueil, l'emportait. Il marchait donc, l'oreille droite en avant, la tête basse comme pour lancer un coup de corne, tandis que dans son œil gauche scintillait une larme tremblotante. Ces signes n'annonçaient rien de bon, les bras de maître Sébaldus lui tombèrent, et il se prit à bégayer :

« Qu'est-ce que le capucin me veut encore ? Il a l'air fâché. »

Johannes, arrivé devant la taverne, à quinze pas, s'arrêta brusquement, ferma les yeux à demi, pour en voiler les larmes, et le nez en l'air, la barbe en avant et la main étendue, il s'écria :

« Quand les tribus de Lévi et de Roboam furent reçues dans la tente du vénérable patriarche Sichem, et qu'ayant accordé leur sœur

Dina au fils aîné de ce monarque, elles abusèrent de son hospitalité, au point d'exterminer ses fils circoncis, le troisième jour de la fièvre, ce fut un crime à la face de Jacob, et le Seigneur blâma leur conduite. Or, moi, je ne viens pas de la sorte ; je ne viens pas avec des intentions perfides. Je me rappelle votre hospitalité, respectable Sébaldus Dick ; je me rappelle aussi que votre chère enfant et votre digne épouse m'ont accordé cent fois le pain, le sel et la place au foyer de votre estimable taverne. C'est donc avec des sentiments de paix que j'arrive en votre présence. Mais autre chose, respectable Sébaldus, autre chose est la reconnaissance de la chair, et l'accomplissement des devoirs de l'âme ! Pourquoi faut-il que vous m'ayez défié ? Pourquoi faut-il qu'au son de la trompe, vous ayez provoqué le père Johannes ? Pourquoi l'avez-vous appelé solennellement à la défense du Dieu de ses pères, de son propre Dieu, le Dieu d'Abraham, d'Isaac et de Jacob ? Pourquoi, je vous le demande, l'orgueil vous-t-il porté à de telles extrémités ? Me voilà donc, avec des sentiments de paix, les reins ceints pour la guerre ; car tel est mon devoir, telle est ma foi, tel est l'ordre de notre sainte religion. »

Ayant parlé de la sorte au milieu du plus grand silence, car toute la cour prêtait l'oreille, le père Johannes se tut, et maître Sébaldus resta quelques instants stupéfait, la bouche béante.

Puis, se retournant vers sa femme, non moins étonnée :

« Grédel, lui dit-il, est-ce que tu as entendu parler de ces choses ? Est-ce que j'ai défié quelqu'un sans le savoir ? Je ne me rappelle rien, moi ! C'est terrible... terrible... la grande bataille va recommencer. »

Le père Johannes aussi regardait, attendant une réponse ; la stupéfaction se peignait sur toutes les figures ; on prévoyait des événements graves. Et comme tout le monde restait ainsi dans l'attente, Trievel Rasimus, clignant de l'œil, s'avança, sortit sa grande tabatière de carton noir du fond de sa poche et prit une bonne prise. Après quoi elle alla simplement se placer entre maître Sébaldus et Johannes, et leur dit :

« Écoutez, et ne vous fâchez pas contre Trievel Rasimus, car elle a fait ces choses pour la joie universelle. Vous êtes deux êtres remplis d'orgueil et d'obstination ; plutôt que de faire le premier pas, vous aimeriez mieux vous consumer d'ennui l'un et l'autre ; c'est abominable d'avoir des caractères pareils ! Comment ! deux vieux camarades, deux hommes du bon Dieu vont se tenir rancune à perpétuité, parce l'un a bu du vin rouge et l'autre du vin blanc? Ça n'a pas le sens commun. Donc, moi, voyant cela, je suis allée dire ce matin au père Johannes que maître Sébaldus le défiait de venir soutenir son Dieu de Jacob; ça l'a remué de fond en comble, et il est venu, hé! hé! hé!... Maintenant, monsieur Dick, vous savez que vous m'avez promis de m'accorder ce que je vous demanderais. Eh bien, embrassez votre vieux compagnon, et que la paix soit avec vous: — c'est le souhait de Trievel Rasimus! »

A mesure que parlait la vieille ravaudeuse, la bonne grosse figure de Sébaldus s'épanouissait de bonheur, et le front du capucin se déridait aussi. Ils se regardaient l'un l'autre avec attendrissement; et, quand elle eut fini, le gros maître de taverne, étendant les bras avec expression, se prit à bégayer tendrement:

« Père Johannes... père Johannes... est-ce que vous m'en voulez encore à cette heure? »

Alors le capucin, les bras étendus, la tête basse, pour cacher ses larmes, monta les trois marches de la taverne, et jeta ses grandes manches autour du cou de Sébaldus, la joue contre la joue, en sanglotant. Et tous les deux sanglotaient ensemble comme de véritables enfants, bégayant:

« Hé! hé! hé! Hi! hi! hi! Étions-nous bêtes... étions-nous bêtes! »

Tous les assistants, autour d'eux, pleuraient aussi et s'embrassaient l'un l'autre sans savoir pourquoi. Grédel embrassait Trievel, Toubac embrassait Hans Aden, et ceux qui ne pouvaient pas pleurer disaient:

« Je ne peux pas pleurer... mais ça me fait plus de mal qu'à ceux qui pleurent. »

D'autres se mouchaient; enfin on n'avait jamais rien vu de pareil.

Borbès était tout honteux de ne pouvoir pleurer; il alla se cacher dans la cuisine, et Bével Henné le traita de brigand, en lui disant:

« Je n'aurais jamais cru ça de toi; tu as un cœur de roche! »

Et lui ne savait que répondre.

Dans la cour on poussait des acclamations universelles, et dans la taverne on ne pouvait plus se calmer. Enfin, maître Sébaldus, levant la tête, se prit le ventre à deux mains, et poussa de tels éclats de rire, que les vitres de la taverne en grelottèrent. Il ne se possédait plus d'enthousiasme, et le père Johannes, à côté de lui, riait aussi, comme un vieux bouc qu'on ramène au bois après l'hiver, et qui respire l'odeur du chèvrefeuille; de douces larmes coulaient jusque dans sa barbe.

Les embrassades avaient cessé, Grédel s'essuyait les yeux avec le coin de son tablier, Christian et Fridoline s'étaient mis à danser, et toute la salle, du haut en bas, répétait en riant:

« Ha! ha! ha! le bon temps est revenu; les chopes, les canettes, les andouilles, les saucisses vont reprendre leur train jusqu'à la consommation des siècles.

— Trievel! Trievel! s'écria Sébaldus, tu m'as déjà sauvé d'Eselskopf, et maintenant tu me rends mon vieux compagnon Johannes, tu es la première femme du monde. »

Et prenant Johannes par le bras, il lui raconta comment Trievel l'avait sauvé; puis, tout à coup s'interrompant, il dit:

« Mais ce n'est pas tout, non, ce n'est pas tout, mon pauvre vieux capucin; tu arrives toujours au bon moment. Hé! Christian! Fridoline! approchez un peu. »

Il finissait à peine de parler, que l'orchestre du *Hareng Saur*, celui des *Trois Boudins* et celui du *Bœuf gras* arrivaient dans la cour; on entendit Rosselkasten crier dehors:

« Faites place! faites place! »

Puis la grosse caisse frappa trois coups, les cymbales frémirent, les clarinettes nasillèrent pour se mettre d'accord, et de grandes rumeurs annoncèrent que la multitude avait fini par monter sur les toits de la synagogue.

« Christian! Fridoline! répéta le digne maître de taverne, arrivez ici. »

Alors les deux enfants, tout émus, s'approchèrent, et maître Sébaldus, d'un ton grave, s'exprima en ces termes:

« Grédel, Johannes, Trievel Rasimus, et vous tous, écoutez-moi. Voici le plus beau jour de ma vie, car, grâce à Dieu, je commence à ravoir mon bon appétit, et puis j'ai retrouvé mon vieux compagnon Johannes. C'est pourquoi je suis content, et je veux que d'autres le soient aussi; je veux que la joie règne dans ma maison, et que nous soyons tous entre nous comme les oiseaux du ciel: les ramiers, les bouvreuils, les merles, les grives et les mésanges, qui nichent ensemble dans le même arbre, les uns en haut, les autres un peu plus bas, les autres tout à fait dans l'herbe au-dessous, comme les fauvettes, les perdrix et les cailles, mais tous en paix, tous sifflant, se réjouissant et célébrant la gloire du Seigneur. Il faut aussi que les jeunes s'accouplent et qu'ils produisent de nouvelles générations d'êtres bien portants, heureux, chantant et sifflant, afin que les bonnes espèces se multiplient à la face du ciel, selon la parole du Seigneur, n'est-ce pas, capucin? »

Johannes inclina la tête, et Christian et Fridoline devinrent rouges comme des pivoines.

La mère Grédel se remit à pleurer d'attendrissement, et la vieille Trievel se bourra le nez
de tabac avec enthousiasme.

« Or donc, reprit Sébaldus, voici deux jeunes
êtres qui m'ont l'air de s'aimer, et de s'accorder pour travailler ensemble à la vigne du
Seigneur. Ma fille Gretchen Fridolina Dick
entre dans sa dix-huitième année depuis hier,
et Kasper Christian Diemer aura vingt et un
ans à la Noël prochaine. Qu'en pensez-vous...
si nous les mariions? »

Alors il se fit une grande émotion dans la
salle, et Christian s'écria :

« Oh! maître Sébaldus! oh! maître Sébaldus! »

Mais il n'en put dire davantage, tant la joie
le suffoquait.

« Si nous les mariions, répéta le gros
homme, voudriez-vous les bénir, père Johannes?

—Ce sont de braves enfants, et que j'aime
bien, murmura le capucin attendri, je les bé-
nirais du fond de mon cœur.

—Eh bien donc! dit maître Sébaldus, Christian, embrasse Fridoline, ta fiancée. Dans
quinze jours, elle sera ta femme. »

A ces mots, Christian, levant sa toque, fit
entendre un cri de triomphe tel qu'on n'en
avait jamais entendu de pareil, et d'un bond
il embrassa Fridoline et la serra sur son cœur.

La pauvre enfant, toute confuse, n'osant
lever les yeux sur lui, cachait sa jolie figure
dans son sein; on aurait dit qu'ils allaient
s'envoler au ciel.

Et, chose étrange, aussitôt les trois orchestres
commencèrent à jouer la Flûte enchantée, de
Mozart : « O mon âme, mon âme adorée! »
soit que maître Sébaldus l'eût ordonné de la
sorte, soit que le Seigneur lui-même eût prévu
ces choses depuis l'origine des temps.

Tout se taisait donc pour entendre cette
noble harmonie, et cependant le digne maître
de la taverne, d'un accent ému, poursuivit :

« Je te la donne pour l'aimer, pour l'honorer
et la rendre heureuse. Mais écoute bien ceci,
Christian, tu n'abandonneras pas le grand art
de la peinture; tu vivras avec nous, loin de
tout souci, de toute inquiétude, de tout chagrin, mais tu seras peintre. Il faut toujours
que les hommes fassent quelque chose, et
qu'est-il de plus beau que de représenter les
œuvres de Dieu par de vives couleurs? Durant
mon voyage en Hollande, j'ai vu partout que
les grands peintres représentaient leurs tavernes; c'est là qu'ils buvaient l'ale et le
porter, c'est là qu'ils consommaient glorieuse-
ment le hareng et la morue frite dans l'huile
douce. Toi, tu boiras du vin du Rhin, tu con-

sommeras des andouilles, et tu seras le peintre
du Jambon de Mayence, de la cour des Trabans
et de l'antique synagogue.

—Ne vous inquiétez de rien, papa Sébaldus,
interrompit Christian, comme illuminé d'un
rayon du ciel, ne vous inquiétez de rien, je
serai peintre; et là... là... — fit-il en montrant
la haute muraille enfumée au fond de la taverne, — là, tout Bergzabern viendra contempler mon premier chef-d'œuvre : la côte ver-
doyante du Braumberg couverte de vignes
jusqu'aux nuages, les ceps noueux écrasés sous
les raisins vermeils, le père Johannes couronné
de pampres, en dieu Bacchus; et vous, papa
Sébaldus, tout rond, tout riant, tout barbouillé
de lie de vin, assis sur l'âne Eselskopf, qui
tirera la langue d'une aune, vous irez à la
conquête des nobles coteaux du Johannisberg
avec votre nourrisson. Vous aurez le ventre
en forme de cornemuse; vous serez le bon, le
digne, le vénérable Silénus, et tout le long de
la route, on verra des auberges, des hôtelle-
ries, des tavernes et des bouchons ouverts
tout au large pour vous recevoir, à perte de
vue.

—Ha! ha! ha! fit le gros homme, dont les
yeux s'étaient arrondis d'admiration, c'est un
beau dessin, Christian; fasse le Seigneur que
tu puisses l'exécuter comme je me le repré-
sente. Mais il est temps de se mettre à table,
nous recauserons de ces choses plus tard. »

En effet, l'église Saint-Sylvestre sonnait
alors midi.

Après l'ouverture de la Flûte enchantée, on
n'entendait plus qu'un immense murmure
dans la cour. Tous les cris avaient cessé, tout
le monde était à sa place : les convives autour
des tables, les musiciens sur les estrades, les
garçons tonneliers, le tablier de cuir aux genoux, auprès de leurs tonnes; les servantes en
petite jupe rouge et en manches de chemise,
les marmitons et les sommeliers à leur poste;
la foule partout, le long des rampes, aux lucarnes des greniers, sur les toits, sous la
voûte sombre des Trabans, et jusqu'à la cime
du clocher de Saint-Sylvestre, car le sonneur
Pétrousse avait loué des places.

Tout le monde attendait le signal du festin.

Alors Frantz Christian Sébaldus Dick ouvrit
la porte de la taverne à deux battants, et cet
immense coup d'œil frappa les regards. La
cour, comme une immense corbeille de feuillage, contenait la foule innombrable et fré-
missante; les estrades pliaient sous le poids
de la multitude; partout on ne voyait que des
têtes attentives, jeunes ou vieilles. Sur la
grande estrade, appuyés contre l'antique synagogue, se trouvaient les trois orchestres; la

grosse caisse, au-dessus de la foule, arrondissait son ventre dans les airs, et, tout autour, les trombones, les chapeaux chinois, les cors de chasse, les cymbales resplendissaient au soleil.

Mais, plus haut encore, sur le dernier gradin, se tenaient debout quatre trompettes, vêtus mi-partie de rouge, de jaune, d'azur et de violet, à l'ancienne mode des Trabans, et tels qu'on les voit encore sur les jeux de cartes; ils tenaient à leurs lèvres les longues trompes recourbées, à fanon de velours brodé d'argent et d'or, la toque sur l'oreille et le poing sur la hanche; on les eût pris de loin pour les quatre pitons en cariatides de la toiture sombre.

Or, à peine maître Sébaldus eut-il apparu sur le seuil de la taverne, que ces quatre *musikanten* se mirent à sonner l'antique fanfare du duc Rodolphe, entrant à Bergzabern en l'an 1575. Ces sons éclatants, renvoyés par les échos, firent passer sur toutes les figures une pâleur étrange; les vieilles générations éteintes de Bergzabern semblaient venir assister à la grande fête du *Jambon de Mayence*.

Mais ce que Johannes admira plus que tout le reste, ce fut la magnifique ordonnance du festin: les trois sangliers dans de larges bassins d'argent, une touffe de fenouil au grouin; les chevreuils, les coqs de bruyère, les paons ornés de leur queue en éventail, les gélinottes, les faisans, les vases de fleurs, les pyramides de fruits, les immenses soupières au large ventre fleuronné, envoyant au ciel leur fumée odorante, comme un pur encens, les buissons d'écrevisses, les hautes croquantes; tout cela, confusément d'abord, — avec les mille éclairs de la vaisselle d'argent, que le riche Sébaldus avait tirée pour la première fois de ses armoires, — tout cela frappa, éblouit, transporta le capucin, qui se prit à renifler, à écarquiller les yeux et à se lever sur la pointe des pieds pour voir de plus loin.

Les grands hanaps ciselés et les hautes aiguières à cou de cygne, pleines d'un vin rouge écumeux, n'étaient pas ce qui flattait le moins ses regards, et tout nous porte à croire que le digne capucin dut se féliciter d'avoir quitté son ermitage le matin, et pris congé définitif de ses pommes de terre cuites sous la cendre.

Maître Sébaldus, sa large tête grisonnante découverte, et tenant à la main Fridoline, traversait alors gravement la cour; puis, venaient à sa suite, et deux à deux, Christian et la mère Grédel, le père Johannes et Trievel Rasimus, Toubac et Bével Henné, enfin tous les vieux et solides amis de la maison. Lorsqu'ils furent arrivés à leurs places, tous les autres convives, debout derrière leurs chaises, s'assirent, et maître Sébaldus resta seul debout à l'extrémité de la table du milieu.

Alors, d'une voix grave, onctueuse, il dit:

« Chers amis et compagnons, et vous tous quels que vous soyez, habitants de cette bonne ville, ou même étrangers au pays, nous célébrons en ce jour du Seigneur notre heureux rétablissement, dont nous rendons grâce au ciel, et non pas au docteur Eselskopf, qui est un âne, c'est moi qui vous le dis, afin que chacun le sache et qu'on se le répète. — Nous célébrons aussi notre réconciliation avec le brave, le digne, le vénérable père Johannes, notre ami selon le cœur, et notre frère en Dieu. —Enfin, nous célébrons les fiançailles de notre chère fille Gretchen Fridolina, avec le jeune peintre Christian Diemer, et nous vous prévenons que, d'aujourd'hui en quinze, vous êtes tous invités à revenir ici célébrer les noces, qui seront dignes de la fille bien-aimée de Frantz Christian Sébaldus Dick. Sur ce, chers amis et compagnons, buvons, mangeons, réjouissons-nous, et jouissons de toutes les bonnes choses que le Seigneur a faites pour ses enfants! »

Mille cris d'enthousiasme s'élevèrent jusqu'aux nuages.

Et maître Sébaldus, s'étant assis en face du capucin, on plongea les grandes cuillers dans les bonnes soupes aux écrevisses.

FIN DE LA TAVERNE DU JAMBON DE MAYENCE

LES AMOUREUX

DE CATHERINE

I

Je ne crois pas qu'il y ait jamais eu meilleure cuisinière ni plus grand feu, dans toute l'Alsace, qu'à l'auberge de *la Carpe*, chez Catherine Kœnig, au village de Neudorf, près de Huningue.

En 1812, Catherine approchait de vingt-quatre ans; elle était fraîche, rieuse et bien nourrie en chair. On ne pouvait voir de figure plus appétissante; d'autant plus qu'elle se mettait toujours proprement à la mode de Neudorf : la jupe large à raies blanches et rouges, la taille longue, le corset orné de bretelles, et ses cheveux bruns soigneusement peignés et enfermés dans le bavolet de taffetas noir.

C'était vraiment une agréable personne; son menton, un peu gras, ses joues roses, son nez droit, légèrement relevé par le bout, ses dents blanches comme neige, et ses lèvres fraîches comme un bouquet de cerises, charmaient vos regards et vous faisaient naître des idées d'abondance, de jubilation et de satisfaction inexprimable.

Aussi, tous les gros Jacques du pays, tous les rouliers, tous les voituriers qui, dans ce temps-là, allaient et venaient sur la route de Mulhouse à Bâle, en Suisse, s'arrêtaient à l'auberge de *la Carpe*. Il fallait voir comment Catherine les recevait, comment elle les do-lotait, comment elle leur tapait sur l'épaule.

« Eh ! c'est Andreusse. Ah ! vous voilà. Que j'ai donc trouvé le temps long depuis votre dernier voyage ! Mais savez-vous, Andreusse, que vous devenez rare comme les beaux jours ! Qu'allez-vous prendre? Un petit déjeuner, n'est-ce pas? Oui... oui... c'est clair, il faut remonter la grosse horloge. Hé! Katel, Orchel, mettez la nappe pour l'ami Andreusse. J'ai là justement un gigot tout prêt; vous m'en donnerez des nouvelles. Kasper, conduis les chevaux à l'écurie et la voiture sous le hangar. N'oublie pas que c'est la voiture d'Andreusse; que la crèche soit pleine d'avoine. Allons, allons, tout va bien... Maintenant que vous êtes là, je suis tranquille. »

Elle riait; le roulier était content.

Quelle bonne vivante, que Catherine! On ne serait pas allé ailleurs pour un empire. Quand arrivait le moment de régler le petit compte, on n'osait pas marchander d'un *groschen* avec une si brave commère. Et puis, il faut bien le dire, Catherine tenait à ses pratiques; elle ne surfaisait jamais; son vin était toujours bon.

« Allons, compère Andreusse, à table; courage, bon appétit! »

Le roulier entrait dans la grande salle, où l'attendaient trois ou quatre de ses confrères arrivés le matin ou la veille; les verres tin-

« Ah ! monsieur Rebstock, soyez le bienvénu... (Page 90.)

taient, les bouteilles gloussaient, le gigot à
l'ail remplissait la maison de sa bonne odeur.
Et voilà comment Catherine Kœnig menait ses
affaires, voilà comment elle recevait son
monde; qu'il s'appelât Andreusse, Jean-Claude
ou Nicolas, n'importe, c'étaient toujours des
amis, de vieilles connaissances.

On pense bien que Catherine, avec ses dix
arpents de vigne, les plus beaux et les mieux
cultivés de la côte, sa grande prairie des
Trois-Chênes, sa magnifique auberge, ses
granges, sa distillerie, sa basse-cour, où chantait le coq au milieu d'un régiment de poules;
on pense bien que Catherine, avec sa bonne
mine, ses yeux vifs et doux, et son rire joyeux,
ne manquait pas d'amateurs au pays. Mon
Dieu ! elle en avait à revendre; c'était curieux
de les voir arriver à la file les dimanches et
les jours de fête, sous prétexte de prendre leur
petit pain blanc et leur chopine de vin avant
d'aller à la messe; on aurait dit une procession.

Cela commençait par Johann Noblat, le
brasseur, un solide gaillard à barbe blonde,
qui faisait cinq ou six tours dans la cuisine,
les mains sur le dos, en méditant sa déclaration d'amour, qu'il n'osait jamais faire. Il
demandait des nouvelles de la maison, des
vendanges, de ceci, de cela, toussait, jetait un
coup d'œil de côté sur Catherine, qui répondait
d'un air d'indifférence, et, finalement, il entrait dans la salle, se disant à lui-même :

« Ce sera pour un autre jour; elle n'a pas
l'air de bonne humeur ce matin. Dimanche
prochain, nous verrons. »

Le pauvre Walter avait des visions merveilleuses. (Page 92.)

Puis arrivait Conrad Schœffer, le marchand de chevaux, avec sa longue jaquette de laine grise, son large chapeau de crin et sa barbiche en pointe, saluant jusqu'à terre :

« Que le Seigneur vous bénisse, Catherine, disait-il en louchant comme un bouc ; vous êtes donc toujours fraîche et rose, contente et souriante ! Eh ! eh ! eh ! »

A quoi Catherine répondait :

« Vous êtes bien bon, monsieur Schœffer. Entrez, entrez ; votre petite chope de vin est déjà prête ; Johann Noblat vous attend. »

Schœffer hésitait ; il aurait bien voulu dire autre chose ; mais la présence de la servante le gênait. Il prenait donc le pas de Johann, tout rêveur, son grand chien sur les talons, la queue traînante et l'oreille basse.

Puis venait Michel Matter, le meunier de Tiefenbronn, en petite veste bleu de ciel, la figure épanouie, les cheveux roux frisés, et son gros bonnet de loutre sur l'oreille. Celui-là riait à faire trembler les assiettes ; ses petits yeux bruns se plissaient ; rien qu'à voir Catherine, il se sentait tout gaillard, et d'une voix tonnante, il s'écriait :

« Hé ! voisine, quand donc nous marierons-nous ? Ah ! ah ! ah ! Ça n'en finira donc jamais ? Ah ! Catherine, Catherine, vous me faites trop languir. Voyons, une bonne fois, parlez ! Est-ce que ça sera pour le mois prochain, pour la Saint-Jean, ou pour la semaine des trois jeudis ?

« Ah ! monsieur Michel, répondait Catherine, que me dites-vous là ? Vous n'y pensez pas, bien sûr.

—Je n'y pense pas! Oh! que si, j'y pense jour et nuit, » criait le meunier en prenant Catherine à la taille.

Alors elle se fâchait, les autres arrivaient de la salle et disaient, moitié riant, moitié furieux :

« Ce Michel ne sait pas vivre! Est-ce que ce sont des manières, cela?

—Mêlez-vous de vos affaires, criait Matter d'un ton bourru; est-ce que cela vous regarde? »

Et cela finissait pour lui comme pour les autres; il entrait dans la salle, fronçant le sourcil et maudissant les femmes, qui ne savent jamais ce qu'elles veulent, et dont personne ne peut avoir le dernier mot.

A peine Michel Matter était-il assis en face de sa chope, grommelant entre ses dents, que le vieux Rebstock, le maire de la commune, se présentait à son tour dans la cuisine. Rebstock, le plus riche vigneron de Neudorf, en habit carré, gilet rouge et culotte courte, la face enluminée, le nez pourpre, la tête chauve, deux boucles de cheveux gris autour des oreilles. Il levait son tricorne et s'arrêtait un instant sur le seuil d'un air d'extase, contemplant les hautes poutres brunes, la grande cheminée flamboyante, l'étagère où brillaient les plats fleuronnés, les soupières rebondies, et respirant l'odeur du gigot, de l'oie ou du lapereau à la broche, admirant les larges dalles bien balayées et la batterie de cuisine étincelant à la muraille; sa figure s'épanouissait.

« Ah! qu'on serait bien ici! » pensait-il.

Catherine l'avait bien vu, mais elle faisait mine de regarder ailleurs; elle écumait le bouillon, levait le couvercle des marmites, donnait des ordres à la vieille Salomé, et lui, l'observant, exhalait un long soupir et s'écriait :

« Hé! bonjour, Catherine; me voilà! »

Alors elle se retournait :

« Ah! monsieur Rebstock, soyez le bien venu... Je ne vous attendais pas encore... Mon Dieu! qu'est-ce qui vous fait venir de si bonne heure?

—Ce qui me fait venir de si bonne heure, Catherine, pouvez-vous me le demander? »

Et il clignait des yeux et toussait doucement en s'écriant :

« Pouvez-vous me le demander? Ne savez-vous pas ce que je souffre à cause de vous? Ah! Catherine, jamais, jamais mon pauvre cœur n'a tant souffert que cela... Non, pas même du temps de ma jeunesse, quand je courais après ma pauvre défunte. »

Elle baissait les yeux et prenait un air de jeune innocente, tout en salant la soupe. Puis,

après avoir écouté les soupirs du vieux Rebstock, elle répondait :

« Ah! monsieur Rebstock, vous êtes toujours le plus grand enjôleur du village. Faut-il de la vertu à ces pauvres femmes, leur en faut-il, Seigneur Dieu! Salomé, prends donc garde, le rôti brûle.

—Enjôleur! s'écriait le vieux vigneron, vous savez bien que c'est pour le bon motif... Voyons, je ne plaisante pas. »

Mais elle, voyant arriver une déclaration en règle, s'écriait :

« Ah! mon Dieu! moi qui oubliais de faire mettre la grosse tonne en perce... aujourd'hui dimanche. Pardon, monsieur Rebstock, il faut que je me dépêche. Kasper, arrive; Salomé, tu surveilleras le rôti. »

Et elle courait au cellier.

Rebstock alors hochait la tête, et d'un ton sec disait :

« Une chopine de vin blanc, Salomé, et un cervelas. »

Puis il entrait dans la grande salle de fort mauvaise humeur, envoyant Catherine à tous les diables; mais elle avait de si belles vignes, une maison si bien montée, de si beaux écus!

« Il faut qu'elle en aime un autre, se disait-il; oui, oui, ça ne peut pas être autrement... Bien sûr un jeune homme qui n'a pas le sou... Toutes les femmes sont les mêmes, elles ne regardent qu'à la figure. »

Là-dessus, le vieux vigneron s'asseyait au bout de la table, contre le mur tapissé de paysages de la Suisse, avec des montagnes vertes, des rivières bleues et des chemins rouges.

D'autres arrivaient encore : Nickel Finck, le ferblantier; Zaphéri Goëtz, le maréchal ferrant; Jacob Yaëger, le brigadier forestier; Joseph Kroug, Christophel Henné, que sais-je? Et, tous, Catherine avait l'esprit de les conduire doucement, sans leur faire perdre l'espoir, car elle tenait à vendre son vin, ses cervelas et ses pains blancs. C'était toujours autant de gagné les dimanches, il faut penser à tout. Oh! c'était une fine commère, et qui connaissait les hommes par bon sens naturel; cent fois elle s'était promis de ne jamais se marier, et l'on peut dire qu'elle avait bien raison. Vous n'avez qu'à regarder dans le village une maison après l'autre, pour voir que le mariage rapporte plus de coups de bâton que de bons morceaux, principalement aux femmes. Les hommes se rattrapent au cabaret; mais les femmes, Seigneur Dieu! faut-il que le dos leur démange, pour se hasarder dans une si terrible aventure!

Catherine n'avait donc pas envie de se marier, et pourtant de passer seule sa vie dans ce monde, c'est une chose bien dure. Il est vrai que le matin, quand on se lève pour aller à l'ouvrage, quand l'auberge bourdonne, que les chevaux piaffent à l'écurie, que les uns demandent à déjeuner avant de partir, que les autres arrivent au petit jour; quand il faut allumer du feu sur l'âtre, dans la grande salle et dans les chambres, courir à la cave remplir les bouteilles, à l'écurie garnir les râteliers, donner des ordres aux servantes et aux domestiques, écouter les réclamations : « Madame, voilà le boulanger... Voici le boucher... Madame, à quelle tonne faut-il tirer le vin pour Jacob, pour Christian? etc., etc. » — Quand celui-ci veut du rôti, cet autre une omelette et de la salade... il est bien vrai que tout cela fait passer le temps, et qu'on ne songe qu'à ses affaires. Mais, le soir, quand on est fatigué d'aller et de venir, quand on s'asseoit à son tour pour prendre son repas; et puis, quand tout le monde dort déjà et qu'on monte se coucher, oh! alors, il vous passe bien des idées par la tête, et d'être seule cela vous rend triste.

Je ne sais pas si Catherine songeait à ces choses; mais quelquefois le soir, en entrant dans sa chambre au-dessus de la porte cochère, après avoir déposé sa chandelle sur la table de nuit en soupirant, elle écartait ses rideaux et regardait, de l'autre côté de la rue, le jeune maître d'école Heinrich Walter, seul dans sa petite mansarde sous le pignon, en face de la lampe, lisant dans un gros bouquin à tranches rouges, et levant de quart d'heure en quart d'heure au plafond ses grands yeux mélancoliques. Elle voyait au fond son petit lit, à droite les quatre rayons de sa bibliothèque, sur le devant sa petite table de sapin avec l'écritoire dans l'ombre du toit; et cela lui semblait triste, mais triste à répandre des larmes.

Heinrich Walter pouvait avoir vingt-cinq ans. Dieu sait les peines qu'il s'était données depuis dix-huit mois pour instruire les enfants du village, pour leur apprendre l'orthographe, l'arithmétique, l'histoire sainte, la civilité puérile et honnête, pour leur défendre de se moucher dans les doigts, de crier dans les rues comme des aveugles, de voler les fruits de leurs voisins, et d'aller mendier le jeudi et le dimanche sur les grandes routes. Eh bien! le pauvre jeune homme ne pouvait pas se glorifier d'avoir réussi; au contraire, tout le village s'indignait contre lui; les femmes se moquaient de son vieil habit noir râpé jusqu'à la corde, de son petit tricorne usé, de son teint pâle, de sa vieille culotte et de ses bas rapiécés. Enfin, elles perdaient toute espèce de retenue

à son égard, et pourquoi? Parce qu'il lui était arrivé de dire un jour en classe à leurs enfants : « Mes chers amis, si cela continue, vous serez tous des ânes, comme vos papas et mamans; M. Imant, mon prédécesseur, n'a jamais pu leur fourrer dans la tête le B-A BA, et quant à vous, je ne vous apprendrai jamais à distinguer le numéro 1 du numéro 2. »

Et c'était la triste vérité; autant ces malheureux apprenaient vite à compter sur leurs doigts, autant ils avaient de peine à faire une addition sur l'ardoise.

Mais, à partir de ce jour, Walter eut la réputation d'être le plus sot, le plus pâle et le plus maigre des maîtres d'école d'Alsace. Il avait même été question, au conseil municipal, de lui retirer les deux cents francs de la commune, ce qui n'aurait pas été, je pense, un bon moyen de l'engraisser.

Tel était le pauvre garçon que Catherine regardait tous les soirs avant de se mettre au lit, et, chose singulière, plus elle le regardait, moins elle le trouvait laid; sa figure blanche, son front haut, entouré de cheveux bruns bouclés, ses lèvres tendres et mélancoliques, tout attendrissait Catherine, tout, jusqu'à ses manches trop courtes, d'où sortaient ses longues mains, un peu sèches, jusqu'à ses joues creuses, jusqu'à la teinte bleuâtre qui cernait ses grands yeux rêveurs.

« Qu'il a l'air doux, se disait-elle, et bon... et beau !... oui, il est beau... Je l'aime autant que Michel Matter avec ses larges épaules, et que Jacob Yaëger avec ses moustaches longues d'une aune. Qu'on dise ce qu'on voudra, ce n'est pas un vilain homme; il ne lui manque que de rire plus souvent; et s'il avalait le quart de chopes de Joseph Kroug ou du vieux Rebstock, il serait aussi frais, aussi bien portant que pas un autre du village. »

Ainsi raisonnait Catherine.

C'était peut-être la petite lampe qui lui montrait Walter en beau; mais une autre chose encore l'avait intéressée au pauvre jeune homme : c'est que Walter ne pouvait la voir, même de loin, sans rougir jusqu'aux oreilles, et que souvent, lorsqu'elle venait à passer au temps des récoltes ou des moissons, coiffée de son grand chapeau de paille, la faucille sous le bras ou le râteau sur l'épaule, pour aller faucher les blés ou retourner les foins, elle avait remarqué que Walter, au fond de son école et derrière les *exemples* pendues à des ficelles, pensant n'être pas vu, se dressait sur la pointe des pieds, pour la suivre d'un long et doux regard. Et alors elle s'était sentie toute fière; son cœur s'était mis à battre plus fort, et même elle n'avait osé tourner la tête et s'était dépêchée d'aller plus vite, pour n'avoir l'air de rien.

Et voilà pourtant comment sont les femmes : cette Catherine, si gaie, si riante à la cuisine, si bien avec Michel Matter, Joseph Kroug, Nickel et Finck, enfin tous les beaux hommes du pays, rêvait aux maigres épaules, aux grands yeux bruns d'un simple maître d'école. Et parfois même elle chantait tout bas un vieil air commençant ainsi : « O jeune homme pâle, tourne, tourne tes regards vers moi ! » et autres balivernes semblables. Elle en pleurait de tendresse et murmurait en se couchant : « Je suis pourtant sûr qu'il m'aime... Oui, j'en suis sûre ! » Ce qui lui procurait un doux sommeil.

Catherine ne se trompait pas. Heinrich Walter l'aimait, ou plutôt il l'adorait ; il ne pouvait rassasier sa vue de la voir ; il trouvait Catherine la plus belle, la plus gracieuse, la plus admirable créature du Seigneur en ce monde ; rien que d'entendre sa voix de loin, le pauvre garçon en tressaillait jusqu'au fond du cœur. Mais de pouvoir l'approcher un jour, lui toucher la main, oh ! jamais une idée pareille ne serait entrée dans son esprit ; lui, le fils d'un simple bûcheron de Hirschland, sans fortune, sans autre ressource que sa petite place d'instituteur, comment aurait-il pu concevoir des espérances si orgueilleuses ? Il en aurait rougi, il se serait regardé comme un présomptueux ; mais il aimait Catherine, il songeait à elle nuit et jour, même au milieu de ses classes.

C'était plus fort que lui ; surtout en été, vers le temps des foins et des moissons, dans ces beaux jours où chantent tous les oiseaux du ciel, où l'air bourdonne de mille insectes, où la chaleur est si grande, que nos paupières se ferment d'elles-mêmes, les deux coudes sur le pupitre de sa chaire, son front dans la main, le pauvre Walter avait des visions merveilleuses ; il s'oubliait des heures entières à rêver.

Et les enfants de son école, avec leurs grosses joues rouges, leurs yeux écarquillés, leur impatience de sortir, avaient beau causer, remuer, bâiller, éternuer, traîner leurs sabots sous les bancs, ils ne pouvaient le tirer de son extase. Il n'entendait rien ; sa pensée était au milieu des marguerites, des mille fleurs des prés agitant leurs tiges, leurs épis, leurs collerettes blanches ou bleues, leurs festons et leurs étoiles les unes par-dessus les autres ; il entendait bourdonner les abeilles, il voyait voltiger les sauterelles par milliards autour de lui, sa poitrine alors se soulevait de bonheur, il respirait l'air libre du dehors en rêve : au loin les petites jupes des faneuses flottaient

à la brise ; leurs grands chapeaux de paille se retroussaient ; leurs râteaux allaient et venaient en cadence ; leurs cous bruns, hâlés par le soleil, se balançaient au-dessus de la plaine, et Catherine, Catherine, plus svelte, plus élancée, plus gracieuse, apparaissait au milieu d'elles, les aidant, leur donnant ses ordres.

Oh ! qu'il était attentif à ce spectacle intérieur, et comme il se trouvait heureux !

Et vers le soir, quand les grands chariots, chargés jusqu'au-dessus des échelles, remontaient lentement le chemin de Neudorf, quand les faucheurs, leur faux luisante sur l'épaule, la pierre à repasser pendue aux reins, les manches de chemise retroussées, suivaient, respirant de leurs fatigues, et que les faneuses, assises sur la voiture, au milieu du foin, comme une couvée de rouges-gorges dans leur nid, entonnaient en chœur le vieux *lied* si mélancolique de *Rinaldo*, ou quelque autre vieil air du même genre, alors prêtant l'oreille, il reconnaissait entre toutes la voix de Catherine, qui lui paraissait celle d'un ange du paradis ; il n'osait respirer de peur d'en perdre un soupir, et c'est dans ce moment qu'il aurait fallu le voir se lever, se dresser sur la pointe des pieds et regarder par-dessus les *exemples*.

Tout le temps de décharger les foins, il ne bougeait pas, observant Catherine et l'admirant d'un air d'extase. Puis, quand elle était rentrée, il restait encore longtemps, le cou tendu, à contempler les beaux chevaux, la tête penchée sur le poitrail, et les grands bœufs sous le joug, la paupière close, bavant et sommeillant debout.

Il aimait ces bœufs et ces chevaux, parce qu'ils étaient à Catherine ; il comptait les bottes et les gerbes que la fourche luisante engouffrait dans le grenier, où la vieille Salomé les recevait les bras tout grands ouverts. Et il bénissait le Seigneur des grâces qu'il répandait sur la tête de Catherine.

Et quand arrivaient cinq heures et qu'au coup de la pendule tous les bambins se levaient, en saisissant leurs sacs et leurs bonnets, et roulaient du haut des bancs, criant d'un ton de triomphe :

« Bonsoir, monsieur Walter ! Bonsoir, monsieur Walter ! »

Alors lui, tout étonné et les yeux fixés sur le cadran, murmurait :

« — Déjà !... que le temps a passé vite aujourd'hui ! »

Puis, sur le seuil de la maison d'école, il suivait des yeux les enfants courant comme des lièvres et se dispersant dans les rues, les talons aux épaules et le nez presque à terre, tant ils étaient heureux de s'échapper.

« Ah ! le bon temps, le bon temps ! pensait-il ; voilà pourtant comme j'étais il y a quinze ans. »

Il regrettait ce temps, car d'être amoureux sans espoir, c'est bien triste, chacun sait cela. Les jours ordinaires étaient pourtant ses plus beaux jours, il pouvait au moins rêver à son aise ; mais les dimanches, lorsqu'il voyait tous les richards entrer à l'auberge de *la Carpe* et prendre leur chopine de vin dans la grande salle, c'est alors qu'il souffrait et qu'il s'indignait contre son triste sort :

« Seigneur Dieu ! pensait-il, quand on songe qu'il y a des êtres assez fortunés sur la terre pour s'asseoir dans cette maison, pour voir mademoiselle Catherine, et même pour causer avec elle ! On a bien raison de dire que les gens naissent avec une bonne ou une mauvaise étoile. »

Et voilà pourquoi Heinrich Walter était si mélancolique. Ah ! s'il avait pu savoir que Catherine le contemplait chaque soir assis devant ses livres, s'il avait pu savoir qu'elle ne le trouvait pas déjà si laid, et qu'elle pensait en elle-même : « Pauvre jeune homme, qu'il a l'air doux et timide, je l'aime mieux que Michel Matter, que Finck, etc., » s'il avait su que Catherine pensait ces choses en le regardant, c'est alors qu'il aurait remercié le ciel de l'avoir fait pâle et maigre, pauvre et mélancolique, afin d'attirer les yeux d'une personne si compatissante. Mais il n'en savait rien et renfermait son amour en lui-même, pour ne pas exciter la malveillance des notables, qui n'auraient pas manqué de demander son renvoi, s'ils s'étaient doutés de quelque chose. Et d'ailleurs, voyant tous les villageois gros et gras, et se voyant pâle et maigre, il se trouvait laid et pour ainsi dire contrefait. Chacun sait que de grosses joues rouges et des oreilles écarlates sont indispensables pour être un bel homme dans le Brisgau, et qu'en dehors de cela, il n'y a pas de salut.

Or, il advint que le vieux Rebstock, allant tous les jours de grand matin à ses vignes, remarqua Heinrick Walter adossé contre le mur de l'école et perdu dans des réflexions si profondes, qu'il ne voyait pas même les gens qui passaient sur la route. Heinrich avait l'habitude de balayer la salle et de dresser son pot-au-feu au petit jour. Cela fait, il sortait pour regarder le soleil se lever derrière les montagnes bleues du Schwartz-Wald. Il écoutait au loin la caille sonner le réveil dans les champs d'orge, les coqs se saluer d'une ferme à l'autre. C'était un vrai bonheur pour lui de voir les alouettes monter dans les blanches

vapeurs, où le jour étendait sa pâle lumière, puis de les entendre, une fois au-dessus et scintillant comme des étincelles dans la brume, de les entendre commencer leurs babillages d'amour et leurs chants de triomphe.

— Et les chiens qui sortent de leurs niches, rôdant de porte en porte autour des fumiers ; et le premier son de la corne du pâtre, réunissant le troupeau près de la fontaine ; et les petites maisonnettes qui s'ouvrent une à une ; les commères qui s'appellent en se grattant le chignon ; les enfants en chemise qui s'avancent nu-pieds, rentrent et ressortent, regardent et trottent comme des nichées de lapins blancs ; et enfin le grand troupeau qui se met en route à la file, deux à deux, quatre à quatre, les chèvres en tête, la barbiche levée, leurs gros yeux or pâle pleins de lumière étrange, trottant à petits pas et chevrotant d'un ton doctoral ; et les pauvres moutons qui pleurnichent et se plaignent toujours ; les belles vaches et les grands bœufs, qui mugissent du fond de leur poitrail, le cou tendu, la bouche béante ; et les porcs, le dos rond, la queue en trompette, qui fouillent du groin toutes les ordures ; et tout ce troupeau confus, qui s'allonge ou se resserre, qui galope ou se ralentit, selon que le chien est devant ou derrière ; ce tourbillon qui s'éloigne sur la route poudreuse, aux heures pourpres du crépuscule : tout cela c'était la vie, le bonheur de Walter, car, voyant ces choses, il rêvait à Catherine, il se la représentait éternellement jeune et belle, ignorant son amour, mais accompagnée de tous ses vœux à travers une longue et calme existence.

On ne pouvait lui faire un crime de ces contemplations, elles ne nuisaient à personne ; mais Rebstock, le voyant ainsi plusieurs jours de suite, conçut des soupçons, et ces soupçons grandirent un matin qu'il aperçut Catherine, en petite jupe de laine, qui choisissait quelques légumes derrière la haie de son jardin. De très-loin, car il avait la vue bonne, il lui sembla qu'elle se levait de temps en temps, pour jeter un regard furtif vers la maison d'école, et s'était approché tout doucement ; il ne conserva bientôt plus aucun doute.

« Ah ! ah ! se dit-il, je comprends maintenant pourquoi Catherine ne veut pas de moi, elle aime le maître d'école ; oui, oui, c'est clair. »

Le vieux renard savait bien que les femmes s'obstinent quand on les contrarie, et que même on leur donne quelquefois des idées qui ne leur seraient pas venues ; aussi se garda-t-il de rien dire, mais il prit la résolution de se débarrasser de Heinrich Walter.

C'est pourquoi, cinq ou six jours après, on entendit un beau matin la cloche de la mairie qui convoquait le conseil municipal. C'était vers le commencement du mois d'août, au temps des grandes récoltes; aussi tout le monde fut-il étonné, car, en cette saison, chacun aime mieux aller à ses affaires que de délibérer sur celles de la commune : le conseil se réunit rarement. Malgré cela, chacun, pensant qu'il s'agissait d'une affaire grave, revêtit son habit des dimanches et se coiffa de son tricorne pour aller voir.　.

Vers huit heures, tous les membres du conseil étaient présents, savoir : Conrad Schœffer, Michel Matter, Christophe Henné, etc. Et tous s'étant assis, le père Rebstock se leva, déposa son tricorne sur la table et, d'un ton grave, se prit à dire :

« Que c'était une abomination de nourrir des fainéants aux frais de la commune, des gens qui restent assis depuis sept heures du matin jusqu'à midi, et d'une heure à cinq, près d'un bon feu en hiver, et les fenêtres ouvertes, au frais, en été, tandis que des centaines de gens laborieux sont à grelotter devant leur porte, en fendant des bûches, ou à suer sang et eau dehors en fauchant, faucillant ou piochant, les reins au soleil. »

Puis il s'écria :

« C'est de Heinrich Walter que je parle, de cet individu qui traite d'ânes les pères de famille et les meilleurs bourgeois de Neudorf, dont le moindre vaut cent mille fois mieux que lui. Ces bruits n'étaient pas encore arrivés à mon oreille; sans cela, depuis longtemps, je sais ce qu'il aurait fallu faire. Qu'est-ce donc que ce Walter, pour mépriser tout le monde? Un va-nu-pieds qui vit à nos dépens, sans rendre le moindre service à la commune.

« Autrefois, au moins, nous avions la consolation d'entendre le maître d'école chanter au lutrin; le vieux Imant, malgré son âge, avait une voix magnifique; mais celui-ci chante comme un grillon dans l'herbe desséchée, on ne l'entend pas; notre pauvre curé est forcé de chanter pour quatre, et de risquer d'avoir un coup de sang, parce que ce Walter ne veut pas se donner la peine d'ouvrir la bouche.

« Ce qu'il y a de pire, c'est que les gens, en allant le matin à l'ouvrage, voient le grand landrin qui respire le frais, les mains dans ses poches, et qui regarde du côté de l'auberge de la Carpe, comme si les alouettes rôties devaient lui tomber dans le bec. Il ne salue pas seulement ceux qui vont lui déterrer des pommes de terre; ah! bien oui, un si grand seigneur se croirait déshonoré de vous tirer le chapeau. C'est étonnant qu'il ne demande pas encore des subventions, pour qu'une servante vienne lui faire la soupe, lui couper le pain et les carottes. Écoutez, cela ne peut pas durer plus longtemps; il faut que nous demandions un autre maître d'école, un homme d'âge, ayant de bons poumons, un homme raisonnable. De cette façon, un maître d'école sera bon à quelque chose. Mais allez donc demander à M. Walter de gagner les deux cents francs qu'on lui donne ! Je vous le dis, il faut demander un autre maître d'école, et qui soit marié... voilà mon opinion. »

Alors Rebstock s'assit et, comme le temps pressait, tous les autres furent de son avis. Le secrétaire Vendling choisit aussitôt le modèle des décisions à l'unanimité; chacun mit sa signature au-dessous, de sorte qu'on put aller à l'ouvrage tout de suite, et que Walter, entre huit et neuf heures, sans avoir été entendu et qu'il y eût de sa faute, fut en quelque sorte destitué.

Mais la grande nouvelle ne se répandit que le soir, car, en ce jour, la moitié de Neudorf était dehors à lier les blés.

Heureusement Rebstock et les autres amis de la Carpe n'étaient pas au bout de leurs peines. On a bien raison de dire que l'homme propose et que Dieu dispose; je crois même que l'homme ferait mieux de le laisser proposer et disposer tout seul; il n'aurait pas l'occasion de se repentir si souvent.

II

Ce jour-là, pas une âme ne restait à l'auberge de la Carpe, excepté la vieille Salomé et sa maîtresse; Orchel et Kasper étaient partis de grand matin avec les bœufs et la voiture, et comme les rouliers avaient aussi de l'ouvrage chez eux, le tourne-broche reposait pour la première fois depuis trois semaines.

Il faisait un temps si lourd et si chaud, que les volets étant fermés vers la rue, à cause du soleil, et les fenêtres ouvertes dans l'ombre sur le jardin, pour donner de l'air, cela ne vous empêchait pas de suer à grosses gouttes. Catherine se sentait tout inquiète et abattue; elle ne savait à quel saint se recommander; elle montait et descendait l'escalier comme une âme en peine; elle ouvrait ses armoires, visitait ses piles de linge, rêvait et regardait la vieille Salomé, qui sommeillait au coin de l'âtre, au lieu de peler ses pommes de terre, puis de temps en temps ouvrait les yeux à demi, prenait une grosse prise de tabac et se remettait à l'ouvrage.

Enfin, au bout d'une heure, et comme neuf heures sonnaient à l'église, Catherine ouvrit tout doucement un volet sur la rue et regarda vers la maison d'école. Walter, les coudes au bord de la fenêtre, était là tout pâle, et tout rêveur; il regardait dehors d'un air de tristesse inexprimable. Catherine, après l'avoir long-temps contemplé dans l'ombre, retira le volet sans bruit et s'approcha de Salomé, qui venait décidément de s'endormir et ronflait comme un tuyau d'orgue.

Un rayon de soleil, tout fourmillant de poussière, traversait la cuisine obscure et tremblotait au fond de la cheminée, sur les oreilles et le dos du chat, qui dormait aussi, les poings fermés sous le ventre. Dehors on entendait un grand bourdonnement, mais pas d'autre bruit.

Catherine, debout, regardait toujours sa servante, et tout à coup, lui touchant l'épaule, elle l'éveilla. Salomé alors, regardant les yeux écarquillés, vit sa maîtresse devant elle.

« Ah! pardon, madame, je dormais... il fait si chaud... je vais me dépêcher.

—Non, Salomé, non, dit Catherine d'une voix douce, ce n'est pas pour ça que je t'éveille, je t'aurais bien laissé dormir, mais... mais il faut que je te consulte sur quelque chose. Je sais que tu es portée pour moi, oui, j'en suis sûre!

—Si je suis portée pour vous! Ah! madame, vous seriez ma propre fille, que je ne prendrais pas plus vos intérêts. »

Puis, reniflant une bonne prise, elle mit sa tabatière dans la poche de son tablier et demanda :

« Mais, Seigneur Dieu! qu'est-ce qu'il y a donc?

—Viens, fit Catherine, entrons dans la grande salle, il fait plus frais. Tire le verrou, que personne n'entre. »

En disant cela, Catherine fermait elle-même le verrou, puis entrait dans la salle, où les bancs et les tables se voyaient à peine dans l'ombre, tandis que le trou des volets brillait comme de l'or. Un de ces volets restait en-tr'ouvert, et deux grandes roses blanches se balançaient dehors contre le mur. De temps en temps une abeille venait bourdonner dans cette lumière, puis regagnait les champs.

C'était une fine commère que cette Salomé, et qui savait bien des choses; dans le temps, elle avait été mariée à un certain hussard chamboran, nommé Barabas Heck, qui la menait, comme on dit, au doigt et à la ba-

guette; aussi comprit-elle tout de suite qu'il se passait des événements extraordinaires, et même elle devina presque ce dont il s'agissait.

« Asseyons-nous, » fit Catherine en lui montrant une chaise et s'asseyant elle-même au coin du banc, près de la fenêtre.

On ne pouvait voir de plus jolie fille que Catherine en ce moment, avec ses grands yeux bleus et son air embarrassé. La vieille servante fourrait ses cheveux gris dans sa cornette et la regardait en silence.

Longtemps Catherine ne dit rien, ne sachant par où commencer; enfin, élevant la voix, elle dit :

« Oui, je suis sûre que tu m'aimes, Salomé, et voilà pourquoi je veux te demander quelque chose. Tu sais que tous les garçons du village, les jeunes et les vieux, Yaëger, Matter, Schœffer, Johann Noblat, et même Rebstock, courent après moi.

—Ah! ah! pensa Salomé, j'en étais sûre, c'est bien ça. »

Puis elle dit :

« Mon Dieu! madame, ce n'est pas étonnant, car, pour une fille bien faite, riante et avenante comme vous, on serait bien embarrassé d'en trouver deux au village, et peut-être dans les environs; sans parler de vos biens, de vos terres...

—Oui, interrompit Catherine; mais voyons, lequel me conseillerais-tu de choisir, si je voulais me marier; car, de vivre comme cela, Salomé, sans famille, c'est bien dur... Pourquoi est-ce qu'on travaille?...

—C'est pour être contente et satisfaite, dit Salomé, et pour se passer toutes les douceurs de la vie; ça, c'est sûr, madame, et même je me suis déjà bien des fois étonnée que vous n'y ayez pas pensé plus tôt.

—Alors, dit Catherine, tu me conseilles de me marier?

—Ça va sans dire, ça va sans dire. Le mariage, voyez-vous, madame, c'est tout ce qu'il y a de plus agréable quand on tombe bien; car les gueux ne manquent pas; on trouve assez de Barabas, comme j'en avais un, pour vous échiner; mais un mari jeune, bien tourné, qui fait tout ce que vous voulez, qui vous mène à la danse, ça, madame, c'est le bonheur de la vie; à côté de ça, tout le reste ne vaut pas la peine qu'on en parle! »

Alors elles se regardèrent l'une l'autre durant quelques secondes, et Catherine, d'un ton rêveur, dit :

« Je crois que tu as raison, Salomé; mais lequel choisir?

—Oh! pour ça, c'est difficile de vous répondre; ça dépend des goûts et des couleurs,

« Cela devait arriver tôt ou tard... Ah! l'amour... l'amour!... » (Page 100.)

madame. Il y en a des bruns, des blonds, des châtains, il y en a des roux, des gris et même de tout blancs qui valent bien leur prix; mais c'est rare. Moi, je ne suis pas pour les gris et les blancs; par exemple, comme le père Rebstock, tout bien conservé qu'il ait l'air d'être. Et puis, voyez-vous, la vieillesse rend avare; c'est triste, ça tousse, ça reste dans un fauteuil, ça n'est jamais de bonne humeur, ou si rarement que c'est encore une chance tous les trente-deux du mois. Outre ça, madame, les gris et les blancs sont jaloux comme des ânes rouges; ça voit tout, ça se défie de tout, ça mâche du jus de réglisse. Non, pour l'amitié que je vous porte, croyez-moi, défiez-vous des gris et des blancs.

—Et les roux? demanda Catherine.

—Les roux, c'est autre chose, ça possède des qualités, les roux, oui, mais gare au bâton. Ainsi, par exemple, le meunier Matter, je suppose; eh bien! je suis sûre qu'il ne plaisanterait pas souvent avec sa femme, s'il avait le bonheur d'en avoir une. Maintenant il rit bien; il veut vous embrasser; il crie: Ha! ha! ha! hé! hé! hé! — C'est bon, c'est bon, je connais ça; mon Barabas était roux et il ne me refusait pas les coups de trique. C'est pourtant bien triste de ne savoir jamais sur quel pied danser. Et puis, c'est défiant en diable, comme les vieux, et ce qu'il y a de pire, c'est traître: vous croyez qu'il faut rire, justement ça les fâche, ça ne vous dit jamais ce que ça pense. Mais si vous avez du goût pour Matter...

Et vous pensez que de cette façon tout sera réparé? (Page 102.)

—Non! interrompit Catherine, ce n'est pas dans mes idées.

—Eh bien! madame, vous avez raison, dit la vieille, cent fois raison! Défiez-vous des roux, que le ciel vous en préserve, c'est la couleur du diable. Mais les bruns, à la bonne heure, parlez-moi de ça; oh! les bruns, surtout les bruns frisés. »

Catherine rougit, Walter était brun frisé, et Salomé vit tout de suite que ce conseil lui convenait; c'est pourquoi elle poursuivit avec un redoublement d'enthousiasme :

« Les bruns frisés... oh! l'agréable couleur! c'est doux, c'est vif, ça vous a toujours le mot pour rire, et puis c'est dur au travail. Tenez, sans vous commander, Jacob Yaëger, le brigadier forestier qui vient tous les dimanches,

je suis sûre que cet homme-là fait ses dix et même ses douze lieues par jour sans s'en apercevoir. C'est agréable d'avoir un homme qui se porte bien, car la bonne santé fait la bonne humeur.

—Sans doute, dit Catherine avec indifférence, sans doute Jacob Yaëger est un brave homme, un homme gai; mais un forestier, c'est toujours en route, et quand on se marie...

—Ah! je vois bien, dit la rusée Salomé, que vous aimez les blonds, et pour dire la vérité, je ne peux pas blâmer votre goût. D'abord les blonds ont le cœur tendre et les yeux bleus; ils vous regardent jusqu'au fond de l'âme, les pauvres blonds! Ils sont craintifs avec leur femme, ils obéissent comme des moutons; ils auraient peur de vous dire un mot de travers, et puis, ils ont le teint rose comme une jeune fille. Dire qu'ils ne valent pas les bruns, ce serait aller un peu loin, car même je crois qu'ils sont plus tendres. Enfin, madame, enfin, moi, voyez-vous, entre les blonds et les bruns, je serais bien embarrassée; Jacob Yaëger est plus vieux que Johann Noblat, mais ce bon Johann...

—Eh! qui te parle de Johann Noblat? Je me moque bien de lui!

—Mais alors, qui donc? Est-ce que ce serait Zaphéri Goëtz, le maréchal ferrant; Conrad Schœffer, le marchand de chevaux; Joseph Kroug...?

—Non, dit Catherine, aucun de ces gens-là ne me plaît. »

Puis, d'un accent de tendresse inexprimable, les yeux levés au plafond, les joues roses, elle dit :

« Ce que j'aimerais, Salomé, ce serait un bon jeune homme, doux, un peu craintif, et qui m'aimerait comme je l'aime; qui ne penserait pas du matin au soir à gagner de l'argent, et qui me chanterait, d'une voix douce, de vieux airs; un pauvre jeune homme qui saurait beaucoup de choses et qui me trouverait la plus belle!

—Mais, madame, s'écria la vieille servante stupéfaite, il n'y en a pas comme cela dans le monde, il n'y en aura jamais; celui que vous me dites doit être blond comme la paille, il doit avoir des ailes!

—Non, il est brun, dit Catherine tout bas.

—Brun? ça n'est pas possible!

—Si, c'est possible.

—Alors il doit tousser du matin au soir; il doit être tout à fait maigre et pâle; il doit être malade. »

Catherine ne put s'empêcher de sourire; et, se levant :

« Salomé, dit-elle, tu es folle; j'ai voulu rire, et voilà que tu prends toutes ces choses au sérieux.

—Ah! madame, madame, dit la vieille servante en levant le doigt, vous n'avez pas confiance en moi, et vous avez tort; maintenant je sais qui vous aimez... Il regarde bien assez souvent par ici, le pauvre jeune homme! »

Catherine rougit jusqu'aux oreilles.

« Tu te trompes peut-être, Salomé, » dit-elle.

Puis, se ravisant :

« Et de celui-là, que penses-tu? »

Salomé allait répondre, lorsqu'on entendit une lourde voiture s'avancer dehors, et, dans le même temps, quelqu'un essayer d'ouvrir la porte de la cuisine.

« Hé! voici Kasper qui rentre, dit Salomé; allons, allons, il faut ouvrir la grange. »

Alors, poussant le volet, elle vit la grande voiture, couverte de gerbes jusqu'au premier étage, étendre son ombre sur la façade de l'auberge; Kasper, Orchel et les journaliers autour, le cou nu, la poitrine découverte et baignés de sueur, attendant qu'on vînt leur ouvrir, et les grands bœufs, l'œil hagard, les jambes écartées, le cou dans les épaules.

« Hé! vite, bien vite, cria Catherine; monte au grenier ouvrir la grande lucarne; moi, je descends à la cave chercher du vin pour nos gens. »

Et la maison fut ranimée. Tout le monde se mit à l'ouvrage pour décharger la voiture.

Dehors on entendait les enfants de l'école crier en chœur : B-A BA, B-E BE.

Et la vieille Salomé à la lucarne, en recevant les gerbes, se disait :

« Ce pauvre Walter, il ne se doute pas du bonheur qui l'attend. Ah! ce garçon-là peut se vanter d'avoir de la chance! »

III

Les voitures continuèrent d'arriver depuis midi jusqu'à six heures; à peine l'une était-elle déchargée qu'il en venait une autre. C'était un grand ouvrage, mais il faut profiter du beau temps; jamais les récoltes ne sont mieux qu'au grenier, dans la grange ou sous le hangar; qu'il vente, qu'il pleuve ou qu'il grêle, alors on peut louer le Seigneur de ses bénédictions.

Enfin vers sept heures tout était fini; les gerbes s'élevaient en muraille des deux côtés de la grange. C'est pourquoi Catherine fit monter une petite tonne de sept à huit pots, et Kasper, Orchel, Brémer, tous les moissonneurs et moissonneuses, en manches de chemise, les joues, la nuque et le dos trempés de sueur, entrèrent dans la cuisine boire un bon coup.

La tonne était placée au coin de la table, le vin pleuvait dans les verres; on causait des belles récoltes, de la bonté des grains, des prochaines vendanges, qui promettaient d'être magnifiques.

« Allons, Brémer, allons, Kasper, disait Catherine, encore un coup! »

Et naturellement ils ne demandaient pas mieux; car chacun aime à se faire du bien, surtout quand cela ne vous coûte que la peine de lever le coude.

La nuit arrivait; Salomé venait d'allumer la lampe, et plusieurs, jetant leur veste sur l'épaule, s'apprêtaient à sortir, lorsque Kasper, se retournant vers sa maîtresse, dit :

« Vous connaissez la grande nouvelle, madame ?

—Quelle nouvelle, Kasper ? demanda Catherine.

—Hé ! notre maître d'école s'en va ; le conseil municipal lui donne son congé ! »

Catherine, à ces mots, ne put s'empêcher de rougir, et durant plus d'une minute elle ne dit rien. La vieille Salomé, dans l'ombre, la regardait, et comme le silence continuait, Kasper reprit :

« Oui, Michel Matter nous a raconté ça d'abord, sur la route ; ensuite, la mère Frentzel et ses deux filles, qui glanaient derrière nous ; il paraît qu'on est las de lui.

—Pourquoi ? dit Catherine ; qu'est-ce qu'il a fait ? »

Orchel, Kasper, Brêmer et les autres se regardèrent du coin de l'œil sans répondre ; puis Brêmer s'écria :

—« Des mensonges, des misères ! Il ne faut pas croire ce que disent les gens. »

Catherine se sentit toute troublée, car elle voyait bien qu'on lui cachait quelque chose. Elle alla s'essuyer les mains à la serviette, derrière la porte, et demanda d'un air d'indifférence :

« Et qu'est-ce que les gens disent ? »

Alors le père Brêmer prit sur lui de tout raconter :

« On le chasse, dit-il, parce qu'au lieu de s'occuper de son école, Rebstock lui reproche de regarder toute la sainte journée du côté de cette maison, et que même il se lève de grand matin pour se planter le nez en l'air devant vos fenêtres ; mais je sais bien que c'est faux.

—Oui, c'est faux, dit Kasper, et surtout ce que chantait Matter. »

Catherine, en entendant cela, rougissait de plus en plus.

« Et qu'est-ce qu'il chante donc ce Michel Matter ? fit-elle.

—Hé ! que vous regardez aussi par-dessus la haie du jardin, en ayant l'air de couper des choux, et qu'il était temps de faire partir l'autre.

—Ah ! c'est parce qu'il regarde ici qu'on chasse ce pauvre jeune homme, dit Catherine d'un air étrange ; on devrait donc me chasser aussi, moi ?

—Oh ! vous, madame, vous êtes la maîtresse dans votre auberge.

—C'est bien heureux, fit-elle, c'est bien heureux ! »

Alors tout le monde se tut, et Brêmer, au bout de quelques instants, s'écria :

« Quel tas de gueux on trouve pourtant dans le monde ! Mais tout cela ne nous regarde pas. Allons, bonsoir, vous autres ; bonsoir, Catherine.

—Attendez donc, dirent les moissonneurs, nous sortons avec vous. »

Tous vidèrent leurs verres et sortirent.

Aussitôt Catherine monta dans sa chambre, et la vieille Salomé fit du feu sur l'âtre.

Catherine redescendit à huit heures pour souper et remonta tout de suite après. Kasper et Orchel allèrent dormir ; ensuite Salomé, vers dix heures.

C'est ainsi que les choses se passèrent en ce jour, et chacun peut se figurer l'indignation de Catherine ; mais sa douleur était encore peu de chose auprès du désespoir de Walter : elle était riche, elle pouvait mettre Rebstock, Matter, Schœffer, tout le conseil municipal à la porte ; lui, perdait à la fois son unique bonheur et son pain.

Dès onze heures, le pauvre garçon avait tout appris. Comme il regardait les enfants sortir de l'école, selon son habitude, des femmes s'étaient écriées en passant :

« Hé ! bon voyage, monsieur Walter, bon voyage ! »

Puis elles s'en étaient allées riant entre elles. Plusieurs autres passants l'ayant ensuite salué d'un air moqueur, il avait conçu des inquiétudes. Et comme Wendling, le secrétaire de la mairie, après avoir écrit la demande du conseil municipal à M. le sous-préfet, s'en retournait chez lui des papiers sous le bras et le cou dans les épaules, Walter l'avait arrêté quelques instants pour savoir ce qui se passait. Alors le petit bossu, le regardant, non sans quelque pitié, s'était écrié de sa voix glapissante :

« Monsieur Walter, écoutez, vous êtes jeune... bien jeune ! Je ne vous en dis pas davantage.

—Mais qu'ai-je donc fait, monsieur Wendling ?

—Ce que vous avez fait !... Ne le savez-vous pas mieux que moi ?

—Au nom du ciel, quelle faute ai-je donc commise ?

—Non, non, monsieur Walter, vous avez beau dire, tout cela ne doit pas vous étonner ; c'est votre faute, vous ne connaissez pas les hommes ; j'étais sûr qu'un jour ou l'autre M. le maire demanderait votre changement...

—Mon changement ?

—Eh oui, c'est une affaire terminée, la décision est prise ; je viens d'écrire la demande du conseil à M.* le sous-préfet. Mon Dieu! cela me fait de la peine, car vous êtes un honnête garçon; mais, je vous le répète, c'est votre faute; cela devait arriver tôt ou tard... Ah! l'amour... l'amour! »

Et le digne bossu, agitant sa grosse tête jaunâtre d'un air de commisération profonde, poursuivit son chemin en bredouillant des paroles confuses.

Walter, pâle comme la mort, le regarda s'éloigner, puis il rentra dans la salle; ses genoux tremblaient, il eut à peine la force de pousser le verrou et de monter dans sa petite chambre en se tenant à la rampe.

« Qu'ai-je donc fait? se disait-il. Ces malheureux enfants ne travaillent pas, c'est vrai, mais en suis-je cause? Si le conseil me renvoie, je suis perdu; un instituteur révoqué sur la demande d'un conseil municipal ne peut plus rien espérer! »

Ces idées frappèrent d'abord Walter; il se voyait chassé, rentrant à Hirschland, chez son vieux père infirme, qu'il avait l'habitude de secourir, et qui, maintenant, serait forcé de le faire vivre de sa propre misère; car, de manier la hache, de scier des troncs, de *schlitter* du bois, Walter ne s'en sentait point capable; il était trop faible pour un si rude état.

« Que faire? que faire? » murmurait-il, allant et venant la mort dans l'âme.

Il voulait aller trouver M. le maire, M. l'adjoint, M. l'inspecteur, leur exposer son innocence; et ce n'est que bien tard, vers dix heures, qu'il prit la résolution d'aller voir le lendemain M. le curé Dimones, avant l'office, pour le supplier d'intercéder en sa faveur.

« Oui, c'est le mieux, pensait-il; on écoutera M. le curé, on reviendra sur cette décision trop prompte. Il est juste qu'on m'entende; les règlements veulent qu'on m'entende. »

Il s'était assis, les coudes sur la table, la tête entre les mains; malgré sa confiance en M. le curé, il se sentait désespéré.

Jusqu'alors toute sa joie, tout son bonheur en ce monde, avait été de voir Catherine, de se la figurer dans son auberge, dans sa petite chambre, dans la cour au milieu de ses poules, toujours fraîche et souriante. Une sorte de pressentiment l'avertissait que ses malheurs venaient de là, mais il n'avait pas la force de regretter son amour; au contraire, il s'y complaisait encore au milieu de sa souffrance.

L'image du vieux Rebstock, de Michel Matter, de Schœffer, de tous ces gens qui venaient le dimanche à l'auberge, sous prétexte de prendre une chopine, frappa son esprit, et, pour la première fois, il ne douta point que tout ce monde ne vînt se disputer la main de Catherine; il comprit les dernières paroles du greffier Wendling et maudit sa triste destinée; il voulut courir à son tour chez Catherine et crier :

« Mais, je vous aime! on me chasse parce que je vous aime; je vaux mieux que ces gens... Je ne demande qu'un de vos regards pour être heureux... qu'ils prennent vos terres, vos vignes, tous vos biens, et me laissent mon seul bonheur... Ah! les misérables, je suis sûr qu'ils ne vous aiment pas comme je vous aime! »

Et, se penchant sur la table, les bras ployés et la face dessus, il fondit en larmes.

« Non, murmurait-il, aucun ne l'aime comme je l'aime; c'est celui qui l'aime le plus qu'elle doit préférer. »

Mais ensuite, songeant à sa misère profonde, au mépris des notables qui l'accablait, au ridicule de sa vieille capote et de son tricorne tout usés, il fut comme anéanti.

Longtemps il resta dans cette attitude désolée, en face de la lampe, rêvant à l'insolence, à la joie, aux richesses de ceux qui n'ont ni cœur, ni honte, ni tendresse, et qui ne craignent pas de prendre tout ce qui leur plaît, sans se demander s'ils le méritent, et sans s'inquiéter du désespoir des autres.

« Heureux, se disait-il, ceux qui n'ont pas d'âme, qui naissent sans pudeur; ceux-là sont les maîtres de la terre; c'est pour eux que tout a été créé; aux autres il ne faudrait qu'une fleur pour être heureux; ces fortunés la cueillent, et tout est dit. Si quelqu'un s'y oppose, ils le dénoncent à tort, ils le font chasser comme un mendiant; ils ont pour eux tous les gueux, et les gueux font le grand nombre. »

Or, tandis que Walter pleurait et se désolait de la sorte, Catherine, ayant éteint sa chandelle pour ne pas être vue, le regardait de sa petite fenêtre en face; elle le voyait étendre ses regards désolés vers l'auberge, elle devinait ses pensées, et, sentant tout ce qu'il y avait de tendresse pour elle dans le cœur du pauvre Walter, elle l'en aimait davantage, et, tout en le plaignant, elle se trouvait heureuse d'un pareil amour.

Enfin, après une longue rêverie, Walter songeant qu'il faudrait aller voir M. le curé de bonne heure le lendemain, se leva, éteignit sa lampe et se coucha. Mais chacun peut bien penser qu'il ne dormit guère, et que les plus tristes préoccupations le poursuivirent dans le sommeil.

IV

Le lendemain, qui se trouvait être un dimanche, tous les habitués de *la Carpe*, en tricornes, en feutres noirs ou gris, habits carrés, gilets rouges et bas de laine, défilaient l'un après l'autre dans la cuisine, selon leur habitude. Ils regardaient à droite et à gauche, pour faire leur compliment à Catherine, mais elle n'était pas là. Kasper, en manches de chemise et la pipe à la bouche, dépouillait un vieux lièvre roux accroché par les pattes de derrière à la porte de la cour, et la vieille Salomé, debout devant l'évier, récurait sa batterie de cuisine.

« Hé! faisaient-ils, qu'est-ce qui se passe donc ce matin, Salomé? Est-ce que mademoiselle Catherine est malade, qu'on n'a pas le plaisir de la voir? »

Salomé, sans même se retourner pour répondre, disait :

« Malade? hé! hé! hé! je ne crois pas! Non, monsieur Yaëger; non, monsieur Matter, Dieu merci; elle se porte comme un charme; elle ne s'est jamais mieux portée, la pauvre chère enfant. — Kasper, une chopine de vin blanc pour monsieur Yaëger. »

Eux, alors, entraient dans la salle tout rêveurs et s'asseyaient devant leur chope. Plusieurs parlaient de la déconfiture du maître d'école, d'autres jouaient aux cartes, mais ils ne tapaient pas sur la table comme à l'ordinaire et semblaient inquiets.

Sur le coup de neuf heures, Catherine descendit enfin, légère comme une hirondelle. Elle avait mis sa petite jupe coquelicot, son beau casaquin bleu de ciel et son petit béguin de velours à broderies d'or et grands rubans de moire. Catherine n'avait pas fermé l'œil durant toute la nuit; elle s'était retournée bien des fois dans son lit, ne sachant à quoi se résoudre; mais, à cette heure, elle avait pris sa résolution, et toute sa gaieté naturelle lui était revenue; jamais elle n'avait été si fraîche, si vive, si animée.

« Salomé, dit-elle, tu vas préparer un bon petit dîner... nous aurons du monde aujourd'hui. Moi, je sors... j'ai à faire... tu m'entends?

— Oui, madame, répondit la vieille servante, avec un sourire qui voulait dire bien des choses; vous pouvez être tranquille... votre monde sera content! »

Au même instant, Rebstock entrait dans la cuisine.

« Hé, bonjour, mademoiselle Catherine! s'écria-t-il en ouvrant sa grande bouche jusqu'aux oreilles; que vous êtes donc belle ce matin!

— Vous trouvez, monsieur Rebstock?

— Oui, Catherine, oui, je trouve!

— Eh bien, ça me fait joliment plaisir! C'est que, voyez-vous, monsieur Rebstock, je veux plaire aujourd'hui.

— Vous voulez plaire!... et à qui donc?

— Ah! voilà, c'est mon secret, vous saurez cela plus tard! »

Et, tournant le dos au vieux vigneron, elle entra dans l'allée qui donne sur la rue.

Le pauvre Heinrich Walter, dans son long habit noir râpé, son petit tricorne sous le bras, sortait justement pour se rendre chez M. le curé Dimones.

Catherine, descendant l'escalier, lui cria de sa jolie voix claire :

« Monsieur Walter! monsieur Walter! »

Alors lui, voyant celle qu'il aimait, devint tout pâle et resta la main sur le loquet.

« Monsieur Walter, lui dit Catherine en souriant, entrons chez vous, s'il vous plaît; j'aurais à vous parler. »

Walter était tellement saisi qu'il ne put répondre et tourna la clef dans la serrure en silence. Catherine entra, puis le pauvre garçon, qui ne se tenait plus sur ses jambes.

Voilà ce que virent, à leur grande stupéfaction, les amoureux de Catherine, le nez aplati contre les vitres de l'auberge; — et voici maintenant ce qui se passa dans la salle d'école.

Catherine était toute rouge; il lui avait fallu du courage pour faire une démarche pareille, mais on voyait dans ses beaux yeux brillants qu'elle était bien contente tout de même. Walter, appuyé contre la chaire, était pâle comme la mort; il n'osait la regarder; il avait chaud et froid, ne sachant pourquoi elle était venue.

« Monsieur Walter, dit Catherine en prenant son petit air sérieux, j'ai de grands reproches à vous faire.

— A moi! mademoiselle, fit le maître d'école tout consterné.

— Oui, monsieur Walter; votre conduite imprudente me fait beaucoup de tort; voilà plus

d'un an que vous regardez du côté de l'auberge; tout le monde en parle... Hier, on n'entendait que cela dans le village.

—Oh! pardonnez-moi, dit le pauvre garçon,
les mains jointes; oui, je le reconnais, j'aurais
dû réfléchir qu'un maître d'école... mais,
c'était plus fort que moi, mademoiselle...
j'étais si abandonné, si malheureux, dans ma
triste position... de vous voir un instant le
matin, cela me faisait du bonheur pour toute
la journée... je ne pensais pas que cela pourrait vous nuire... Mon Dieu! j'en suis bien
puni... puisqu'on me chasse... puisqu'il faut
que je parte! »

Il sanglotait; de grosses larmes brillantes
coulaient sur ses joues pâles.

Catherine, le voyant ainsi, sentait son cœur
se fondre dans sa poitrine.

« Mon Dieu! monsieur Walter, reprit-elle
avec douceur, je ne suis pas plus méchante
qu'une autre... Je ne demande pas la mort du
pécheur... nous sommes tous faibles! Mais si
je vous pardonne... si j'oublie... que ferez-
vous pour réparer vos torts?

—Je partirai! s'écria le pauvre jeune homme
d'une voix déchirante; oui, quand je devrais
en mourir, je quitterai le village pour toujours... Vous n'entendrez plus parler de moi!

—Et vous pensez que de cette façon tout sera
réparé, monsieur Walter? Vous croyez que
votre départ empêchera les mauvaises langues
d'aller leur train?

—Mais alors que faut-il donc faire? s'écria-
t-il vraiment désespéré.

—Ce qu'il faut faire? Mon Dieu, ce n'est pas
moi qui devrais vous l'apprendre... mais,
puisque vous m'y forcez, monsieur Walter, il
faut bien que je vous le dise : quand un honnête homme a compromis une jeune fille, il
ne se sauve pas, il la demande en mariage. »

Alors le pauvre garçon, croyant avoir mal
entendu, leva la tête; mais à la vue de Catherine, qui le regardait avec un doux sourire,
et les yeux humides de tendresse, toutes les
joies du ciel furent dans son âme.

Oui, la plus grande félicité qu'il soit donné
à l'homme de connaître sur cette terre. Walter l'éprouva, lorsque, sans savoir comment
cela s'était fait, il pressa Catherine sur son
sein, et que leurs lèvres se touchèrent dans
un premier baiser. A côté de ce bonheur-là,
c'est moi qui vous le dis, tous les autres sont
peu de chose. Et si quelqu'un prétend le contraire, croyez qu'il est bien à plaindre; car
c'est le Dieu bon et miséricordieux qui a fait

l'amour pour ses enfants. N'est-ce pas lui qui
leur a dit : — Aimez-vous! Croissez et multi-
pliez! Remplissez la terre et l'assujettissez, et
dominez sur les poissons de la mer et sur les
oiseaux du ciel, et sur toute bête qui se meut! »
— Or, puisque Dieu lui-même a trouvé cela
bien, quel être assez insensé pourrait le trouver mauvais?

Walter et Catherine étaient là depuis une
minute, se regardant jusqu'au fond de l'âme,
et ne songeant qu'au bonheur de se voir, lorsqu'une ombre, vers la fenêtre, les étonna; et,
levant les yeux, ils virent tous les amis de *la
Carpe* qui les observaient, le nez long d'une
aune sous leurs grands tricornes, et l'œil arrondi comme en face d'une vision.

« Ah! ah! cria le vieux Rebstock d'une voix
enrouée, en tapant du doigt contre la vitre,
voilà donc comment se comporte mademoiselle Catherine Kœnig? »

Catherine, d'abord un peu émue, se remit
aussitôt et ouvrit la fenêtre.

« Oui, monsieur Rebstock, dit-elle en riant
de bon cœur, c'est la surprise que je vous ré-
servais; voilà justement pourquoi je m'étais
faite si belle ce matin : je voulais plaire à
M. Walter. Vous lui avez ôté sa pauvre petite
place par méchanceté; eh bien, moi, je lui en
donne une autre beaucoup meilleure. »

Et comme personne n'avait rien à répondre,
et que tous restaient ébahis, Walter et Catherine sortirent de la salle, bras dessus, bras
dessous, et traversèrent la rue. Ils étaient si
rayonnants, qu'on aurait dit que tout le soleil
donnait sur eux.

C'est ainsi qu'ils entrèrent dans l'auberge,
et, comme la vieille servante les regardait
tout émerveillée :

« Salomé, lui dit Catherine d'une voix
joyeuse, voici notre maître! Nous allons prévenir M. le curé de publier les bans, et puis nous
viendrons dîner. Tâche que tout soit bon! »

Je pourrais encore en raconter longtemps
sur le bonheur de Walter et de Catherine,
mais tout homme de bon sens comprendra le
reste. Trois semaines après, ils se marièrent;
M. le maire Rebstock étant malade ce jour-là,
ce fut l'adjoint Baumgarten qui remplit ses
fonctions. Aucun des amoureux de Catherine
n'assistait à la cérémonie. Cela n'empêcha pas
la noce d'être très-gaie, et les convives de célébrer, le verre à la main, le bonheur des nouveaux mariés : je vous laisse à penser si les
vieux vins de Rangen et de Drahenfeltz coulè-
rent en cette circonstance.

FIN DES AMOUREUX DE CATHERINE.

ENTRE DEUX VINS

Pendant la messe de minuit de l'an 1847, à Phalsbourg, le petit greffier de la justice de paix, Conrad Spitz et moi, nous vidions notre troisième bol de punch au café Schweitzer, près de la porte d'Allemagne. Tout le monde était à l'église. La veuve Schweitzer, avant de partir, avait éteint les quinquets; la chandelle, placée entre Spitz et moi, éclairait vaguement un angle du billard, notre bol et nos verres : le reste se perdait dans l'ombre. La servante Grédel chantait à voix basse dans la cuisine, et nous venions d'entendre une chaise tomber au milieu du silence.

En ce moment, le petit greffier se prit à dire :
« Comment se fait-il, mon cher monsieur Vanderbach, qu'à cette heure indue, sans nous être dérangés de notre place au café Schweitzer, nous nous trouvions transportés chez Holbein, le tisserand, au coin de la halle aux grains et des vieilles boucheries? »

Ces paroles m'étonnèrent. Je regardai autour de moi, et je reconnus qu'en effet nous étions assis dans une petite chambre tellement basse, que les poutres enfumées du plafond nous touchaient presque la tête. Les petites vitres à mailles de plomb étaient ensevelies sous la neige. Un métier de tisserand en forme de buffet, des écheveaux de chanvre suspendus à des traverses, un lit à baldaquin drapé de serge grise, un antique fauteuil à fond de cuir poli comme un plat à barbe, trois chaises effondrées, des ficelles tendues en tous sens, où pendaient des guenilles : voilà ce que je vis dans ce recoin du monde! Enfin, entre le métier et le pied du lit, une perruque jaunâtre s'élevait et s'abaissait tour à tour, et je reconnus que c'était la tête du grand-père Holbein, tombé en enfance, et qui dormait toujours à la même place, plus jaune, plus ratatiné qu'une momie du temps de Sésostris.

Mais ce qui m'étonna le plus, c'est qu'en me retournant vers Conrad Spitz, pour lui témoigner ma surprise, je me trouvai face à face avec une vieille pie chauve, posée sur le bâton supérieur de la chaise du greffier, le bec droit, la tête enfoncée entre les épaules, les yeux recouverts d'une pellicule blanche qu'elle relevait de temps en temps, et ses petites pattes sèches et noires, cramponnées au bois vermoulu. Elle était immobile et rêveuse.

Je me dis aussitôt que Spitz, connu par son humeur caustique, s'était transformé en pie pour jouir de ma confusion; rien de plus naturel, il avait profité du moment où je tournais la tête. Du reste, son habit noir, sa cravate blanche, son nez pointu, ses petites mains nerveuses, lui donnaient les plus grandes facilités à cet égard. « Oh! oh! camarade, lui dis-je, si tu veux jouir de mon embarras, tu te trompes. Ce n'est pas moi qui m'étonne de ces choses-là. Il y a bel âge que j'ai entendu raconter de semblables histoires! »

—« Ce n'est pas pour cela que j'ai pris cette forme, dit-il, c'est parce qu'elle m'est plus commode. Ces chaises mal rempaillées ne me conviennent pas. Je suis bien mieux sur ce petit bâton; il semble avoir été fait tout exprès pour moi. »

Je compris que ses raisons pouvaient être bonnes. Cependant, sa nouvelle physionomie me parut bizarre, et je le considérais avec une curiosité singulière. « Conrad, repris-je en dissimulant mes véritables pensées, je m'étonne que Holbein, sa femme et sa grande fille borgne, abandonnent ainsi leur maison au milieu de la nuit, car enfin, si nous n'étions pas d'honnêtes gens, nous pourrions fort bien enlever ces écheveaux de chanvre et cette pièce de toile : il y a tant de coquins dans ce monde! »

—Oh! fit-il, je suis ici pour garder la maison.

Ce fut pour moi un trait de lumière. J'avais souvent remarqué sur le seuil de la vieille cassine une pie chauve. J'avais observé cet animal avec une vague défiance, ainsi que la mère Holbein, aux mains sillonnées de grosses veines bleuâtres, aux cheveux plus blancs que le lin. « Hé! hé! me disait la vieille en branlant la tête… vous regardez mon oiseau. Vous voudriez bien l'avoir, mais il est de la famille ! »

Je ne doutai pas alors que cette pie ne fût Conrad Spitz lui-même; le petit greffier venait se reposer là de ses fatigues, se voyant bien accueilli par ces braves gens. Je lui communiquai ma supposition. « Hé! fit-il, vous êtes plus perspicace que je ne l'aurais cru, monsieur Vanderbach. En effet, c'est bien moi! Que voulez-vous? la vieille Ursule me soigne bien; elle se priverait plutôt que de me laisser manquer. Chacun cherche ses avantages. »

Nous causions ainsi, quand la voix du père Holbein se fit entendre au dehors, criant : « Orchel, tu as oublié de fermer notre porte. Que le diable emporte la vieille folle. Nous sommes peut-être volés ! »

Walter et Catherine sortirent de la salle bras dessus bras dessous. (Page 102.)

En même temps il entra, et me voyant assis en face de la lampe : « Hé ! fit-il, c'est monsieur Vanderbach ! » Puis la vieille, avec son livre de prières ; puis la fille, secouant la neige attachée au bas de sa robe, entrèrent à leur tour, en me saluant d'un : « Dieu vous bénisse ! »

La pie s'envola sur l'épaule de la vieille, et Holbein, me regardant, dit à sa femme : « Hé ! hé ! hé ! ce bon M. Vanderbach ! Comment diable est-il ici ? Il m'a l'air d'avoir fait le réveillon.

—Oui, dit la femme, conduis-le chez lui.

—Allons, monsieur, dit le tisserand, il est tard... Prenez mon bras.

—Oh ! je retournerai bien tout seul, lui répondis-je.

—C'est égal... c'est égal... faites-moi le plaisir de vous appuyer un peu. »

Nous venions de sortir. Il y avait deux pieds de neige. « Et Spitz ? lui dis-je en marchant.

—Qui, Spitz ?

—Le greffier ?... la pie ?...

—Ah ! fit-il, oui... oui... je vous comprends... la pie va dormir... Vous avez causé avec elle... C'est un animal bien intelligent. »

Et le brave homme me conduisit jusqu'à la porte de ma maison. Ma servante m'attendait; elle le remercia. Cette nuit-là, je dormis comme un bienheureux. Le lendemain, quand je rencontrai Spitz, il ne se souvenait plus de rien; il prétendit que j'étais sorti seul du café, et que j'étais entré en trébuchant chez les Holbein. Du reste, il ne voulut jamais convenir de sa transformation, et s'indigna même de mes propos à ce sujet !

Paris. — Imp. Gauthier-Villars.

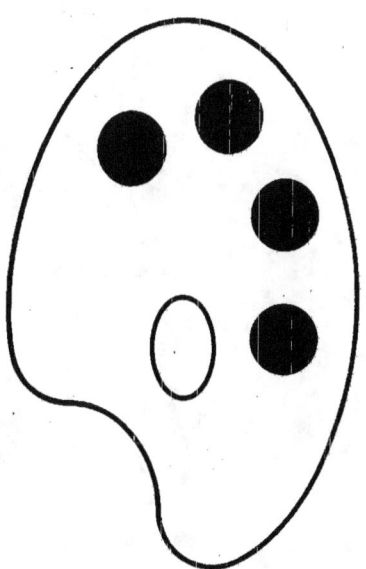

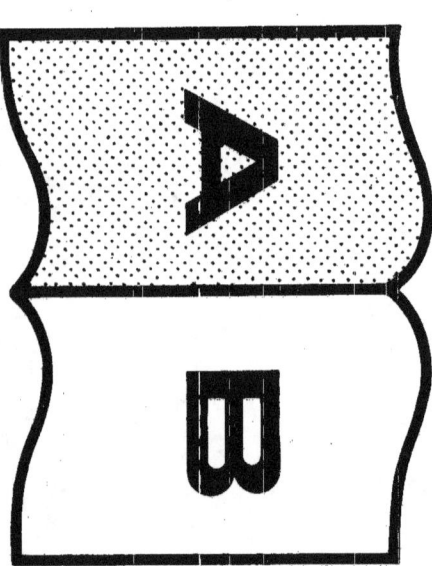

Contraste insuffisant
NF Z 43-120-14

Texte détérioré — reliure défectueuse

NF Z 43-120-11

Reliure serrée

www.ingramcontent.com/pod-product-compliance
Lightning Source LLC
Chambersburg PA
CBHW060836250626
47162CB00005B/2079